“道路交通安全智能化管控关键技术与集成示范”项目技术丛书
课题六　低等级公路安全防控关键技术研发与集成示范

低等级公路交通安全防控技术

陈　瑜　吴京梅　矫成武　张铁军　王峻极　编著

人民交通出版社股份有限公司
China Communications Press Co.,Ltd.

内 容 提 要

本书在分析我国低等级公路交通安全主要问题的基础上，从低等级公路交通安全评估技术、防护设施设置、路线交叉安全改善、城乡接合部和村镇路段横向抗干扰与冲突分离、农村客运安全保障、交通安全综合处置和改善以及驾驶人交通行为改善技术，为低等级公路交通安全水平提升工作提供全方位的技术支持。

本书可供交通运输工程领域特别是从事交通安全教学、科研、管理的人员使用，也可供交通工程、交通运输、土木工程、市政工程专业高年级本科生、研究生参考。

图书在版编目（CIP）数据

低等级公路交通安全防控技术 / 陈瑜等编著. —北京：人民交通出版社股份有限公司，2017.12

ISBN 978-7-114-13645-0

Ⅰ. ①低… Ⅱ. ①陈… Ⅲ. ①公路运输—交通运输安全—交通设施 Ⅳ. ①U491.5

中国版本图书馆 CIP 数据核字(2017)第 191676 号

书　　名：低等级公路交通安全防控技术
著 作 者：陈　瑜　吴京梅　矫成武　张铁军　王峻极
责任编辑：戴慧莉
出版发行：人民交通出版社股份有限公司
地　　址：(100011)北京市朝阳区安定门外外馆斜街 3 号
网　　址：http://www.ccpress.com.cn
销售电话：(010)59757973
总 经 销：人民交通出版社股份有限公司发行部
经　　销：各地新华书店
印　　刷：北京市密东印刷有限公司
开　　本：787 × 1092　1/16
印　　张：16.25
字　　数：370 千
版　　次：2017 年 12 月　第 1 版
印　　次：2017 年 12 月　第 1 次印刷
书　　号：ISBN 978-7-114-13645-0
定　　价：68.00 元

丛书编委会名单

丛书前言

自人类进入汽车社会以来，道路交通事故就如影随形，道路交通安全问题已经成为当今世界一个严重的社会问题。为了遏制道路交通事故的发生，降低道路交通事故的危害，人类做出了不懈的努力。进入21世纪，国际社会对道路交通安全问题愈发重视，在全球范围内掀起了提高道路交通安全性的新高潮。但是遏制道路交通事故发生、缓解道路交通安全压力仍是一项长期、漫长和艰巨的任务。

高速公路是公路交通运输系统的“大动脉”，承担了我国70%以上的公路运输交通量，已成为我国综合交通运输系统的重要组成部分。然而，随着高速公路的迅速发展，高速公路交通安全状况不容乐观。一是事故死亡人数占比较大，根据公安部发布的统计数据，2014年我国高速公路事故死亡人数占比达到了9.71%。二是事故率和死亡率仍然较高，2014年亿车公里事故率和死亡率分别为1.8和1.3，虽然低于普通国、省干线公路，但近年来有所上升，且仍远高于发达国家。与高等级公路相比，低等级公路数量大、覆盖面广，是农民群众出行的主要通道，甚至是唯一途径，对促进地区发展和便于农民出行有着极其重要的作用。低等级公路事故总量占比不高，但重特大事故比例较大。统计数据显示，2010至2014年一次死亡10人以上的特大交通事故中，41.52%发生在低等级公路上。随着我国机动化进程的不断加快，机动车数量和居民人均出行量进一步快速增长，改善道路交通安全的压力和难度仍在增大。

交通安全是道路交通研究永恒的主题，科技进步和新技术应用则是解决道路交通安全问题的重要手段。由科技部、公安部、交通运输部三个部委联合组织实施的《国家道路交通安全科技行动计划》一期项目“重特大道路交通事故综合预防与处置集成技术开发与示范应用”已于2012年正式通过验收，项目形成了大量具有先进性和实用性的研究成果，示范效果明显，示范路网内事故数平均下降了20.1%，重特大事故数降幅为21.4%，死亡人数平均降幅27%。正是基于此，2014年国家又启动了《国家道路交通安全科技行动计划》二期项目“道路交通安全智能化管控关键技术与集成示范”，其目标是在一期项目的基础上，利用传感网、大数据研判等先进信息技术，围绕道路交通安全的主要矛盾和突出问题，打造安全、有序的高速公路交通行车环境，实现交通行为全方位有效监管，促进重点驾驶人安全驾驶行为和习惯的养成、交通秩序根本性好转，全面提升重特大交通事故的主动防控能力。在低等级公路上重点制订低成本安全设施改善方案和设施安全规范，遏制重特大事故发生。

课题一《高速公路行车条件提升关键技术及装备研发》、课题六《低等级公路安全防控关键技术研发与集成示范》是“道路交通安全智能化管控关键技术与集成示范”的重要组成部分。课题一根据高速公路行车条件提升的长期需求和国内外交通安全技术的发展，充分分析我国高速公路交通安全的现状和特点，通过自主创新和高速公路行车条件提升技术的集成应用，研发高速公路设施风险动态评估技术及系统，研究连续下坡等高风险路段以及大雾冰雪等不利行车条件下的安全预警、智能诱导、设施处置和装备应用等一系列主被动安全提升技术，重点完善安全防护设施可靠性设计和研发以及指路标志系统性设计等关键技术，并从车路适应的角度，提出车辆运行安全技术条件，形成综合安全保障技术体系，全面提升高速公路行车环境。在此基础上形成一系列标准、规范和技术指南，并应用于全行业。课题六重点针对安全问题突出的低等级公路以及农村客运，形成涵盖设计、运营、管理以及高风险路段安全提升等领域的路网、路段两级交通安全防控技术体系，形成适合低等级公路使用的安全防控成套技术，有效遏制特大交通事故多发态势，综合提升低等级公路的安全保障水平。

在科技部、公安部和交通运输部三部委的高度重视下，调动了在各相关方向有专长的科研单位、大学、企业及行业管理单位等30余家单位、400余位研究人员，共同参加《高速公路行车条件提升关键技术及装备研发》《低等级公路安全防控关键技术研发与集成示范》两个课题研究、示范工程建设及标准规范制修订工作，取得了丰富的研究成果，并通过“产、学、研、用”相结合的方式，保证研究成果达到了“实际、实用、实效”的要求。本丛书是对《高速公路行车条件提升关键技术及装备研发》《低等级公路安全防控关键技术研发与集成示范》课题部分成果的总结，是《国家道路交通安全科技行动计划》项目的重要成果之一。本丛书涉及公路风险评估、道路交通流理论与运行管理、道路交通安全设计、在用护栏评价与再利用、低等级公路交通安全综合处置以及农村客运安全发展等方面。

丛书将为公路行业的运营管理及交通安全改善工作提供指导，有助于进一步提升高速公路和低等级公路的交通安全保障能力，具有重要的指导意义和实用价值。

丛书在编写过程中，得到了交通运输部总工程师周伟，交通运输部公路局李华，交通运输部科教司庞松，交通运输部公路科学研究院王笑京、何勇、牛开民、傅宇方等领导的鼎力支持，得到了陈永耀、王彦卿、姜廷顺、杨新苗、邵春福、冯明怀、刘浩学、韩凤春和夏方庆等专家的热情指导，交通运输部公路科学研究院等30余家课题参加单位领导、同仁给予了大力配合，在此表示衷心感谢！书中参阅了大量的国内外文献，引述文献已尽量予以标注，但难免存在疏漏，在此对各文献作者一并致谢！

交通作为人民群众日常生活和国民经济运行的基本支撑，交通安全是一项长期和艰巨的工作，希望通过大家的共同努力，为我国交通安全事业的发展贡献微薄之力。

前　言

低等级公路是我国公路网的重要组成部分，也是实现公路交通“门到门”服务功能的重要载体及促进我国农村地区经济和社会发展的重要纽带，但是其道路交通安全形势一直非常严峻。然而，我国针对低等级公路交通安全水平提升的研究相对较少。低等级公路客运服务正在低等级公路逐步开展和深入，低等级公路客运在迎来空前发展的同时，也面临着安全问题的极大挑战。

本书以《低等级公路安全防控关键技术研发与集成示范》（课题编号：2014BAG01B06）的研究成果为基础，针对我国低等级公路交通安全现状与改善需求总结和凝练而成。课题《低等级公路安全防控关键技术研发与集成示范》是国家科技支撑计划项目“道路交通安全智能化管控关键技术与集成示范”（项目编号：2014BAG01B00）的重要组成部分，目的是基于我国低等级公路交通安全特点，突破低等级公路交通安全评估、农村地区驾驶人交通行为改善和低等级公路交通安全设施设置技术，研发低等级公路交通安全数据采集、行车安全预警、驾驶人安全教育、驾驶人安全信息服务等技术装备，重点针对安全问题突出的城乡接合部和过村镇路段以及农村公路旅客运输，开展安全保障专项技术创新与集成应用，形成低等级公路安全防控成套技术，有效遏制低等级公路恶性交通事故多发态势，保障我国基层路网交通安全、可持续发展。

本书在分析我国低等级公路交通安全主要问题的基础上，从低等级公路交通安全风险评估、防护设施设置、路线交叉安全改善、城乡接合部和村镇路段横向抗干扰、农村客运安全保障以及驾驶人交通行为改善等方面，提出低等级公路交通安全综合处治和改善技术，为低等级公路交通安全水平提升工作提供全方位的技术支持。

本书由陈瑜、吴京梅、矫成武、张铁军、王峻极编著，由陈瑜负责统稿。本书除署名作者以外，王睿、胡晗、张岚参与了第2章的编写；于海霞、刘恒权、王成虎、郭敏参与了第3章的编写；刘洪启、陆建、张园、马永峰参与了第4章的编写；唐伯明、刘唐志、张惠玲、尚婷参与了第5章的编写；晁遂、李佳辉、郭达参与了第6章的编写；王芳、姜明、郭雯参与了第7章的编写；许锡忠、江海龙、尤志栋、周穆雄参与了第8章的编写。

本书编写过程中得到了交通运输部公路科学研究院唐琤琤研究员和周荣贵研究员的大力支持和热情指导，在此表示诚挚的谢意！同时，本书参考并引用了大量的国内外相关文献，在此向这些文献的作者一并表示诚挚的谢意！

由于作者水平所限，书中难免有疏漏、不妥之处，敬请各位读者批评指正。

编著者

2017年3月

目　录

第1章 概 述

1.1 研究背景

作为我国公路网的主体，低等级公路是不少农村地区唯一的出行路径，起着沟通城乡、服务地方和发展社会的作用。低等级公路作为重要的交通基础设施，也是实现公路交通"门到门"服务功能的重要载体及促进我国农村地区经济和社会发展的重要纽带。近年来，党中央、国务院、交通运输部把加快基础设施建设作为带动贫困地区经济发展的重要举措之一。党的十八大以来，习近平总书记分别对独龙江公路隧道贯通、农村公路发展和川藏青藏公路建成通车60周年分别做出重要指示批示，明确要求进一步把农村公路建好、管好、护好、运营好的目标落到实处。在湖南、陕西、贵州等地调研时，习近平总书记反复强调，要加快农村地区、贫困地区、革命老区、民族地区和边疆地区的交通建设。习近平总书记的重要指示批示，充分体现了党中央对交通运输发展的亲切关怀和殷切期望。

然而，在低等级公路建设和农村客运迅速发展的同时，其安全问题也逐步凸显。尽管在党中央、国务院的领导下，经过交通、公安、医疗、教育等各部门以及各地区的共同努力，我国公路交通事故形势总体有所改善。但是，由于低等级公路设计指标相对偏低，路况普遍表现出路窄坡陡、临崖临水、弯多弯急、气候条件复杂多变、地形复杂、视距不良等特点，而且普遍存在防护不到位、养护力度不足的问题，其运输的危险性和困难性较高，交通事故特别是恶性交通事故时有发生。根据公安部交通管理局统计，2014 年发生在低等级公路上的交通事故高达 49703 起，造成 71543 人伤亡，约占公路事故总量的 45%，造成直接经济损失约 1.67 亿元。我国近几年低等级公路交通事故占公路交通事故的比例如图 1-1 所示。2007 ~ 2009 年 3 年间一次死亡 10 人以上重特大事故资料表明，农村公路交通事故死亡人数已占到 20% 以上。

2014 年，国务院办公厅印发《国务院办公厅关于实施公路安全生命防护工程的意见》（国办发〔2014〕55 号），要深入贯彻党的十八大和十八大三中、四中全会精神，落实国务院的决策部署，牢固树立以人为本、安全发展的理念，坚守发展绝不能以牺牲人的生命为代价的红线意识，以防事故、保安全、保畅通为目标，以落实安全生产责任为主线，以加强基层基础设施建设为抓手，坚持公路建设、管理、养护、安全并举，紧紧抓住农村公路这一工作重心，按照"消除存量、不添增量、动态排查"方针，大力整治公路安全隐患，不断完善安全设施，依法强化综合治理，全面提升公路安全水平，促进全国道路交通安全形势向稳中求好转变。据此提出:2015 年年底前,全面完成公路安全隐患的排查和治理规划工作,健全完善严查车辆超限超载的部门联合协作机制,并率先完成通行客运班线和接送学生车辆集中的农村公路急弯陡坡、临水临崖等重点路段的安全隐患治理。2017 年年底前,全面完成农村公路急弯陡坡、临水临崖等重点路段安全隐患治理。2020 年年底前,基本完成乡道及以上行政等级公路安全隐患治理,实现农村公路交通安全基础设施明显改善、安全防护水平显著提高,公路交通安全综合治理能力全面提升的目标。

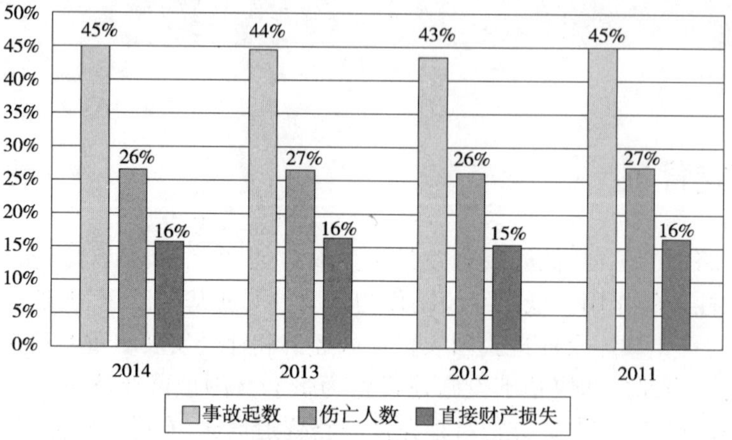

图 1-1　我国低等级公路交通事故占公路交通事故的比例

目前,我国针对公路交通安全问题的研究已取得很大进步,在公路安全保障、线形设计、运营管理等方面已经有了丰硕的研究成果。然而,以往成果的研究重点主要集中在国、省干线公路,对低等级公路的研究则相对较少。低等级公路客运服务正在低等级公路逐步开展和深入,低等级公路客运在迎来空前发展的同时,也面临着安全问题的极大挑战。

1.2　低等级公路交通安全主要问题

(1)技术等级低、路况复杂,安全驾驶风险高。

截至 2015 年年底,我国三级及三级以下低等级公路通车里程共计 400.24 万 km,约占公路总里程的 87%,其中,94% 为农村公路(图 1-2)。随着我国公路网的逐步提级改造,国省干线公路技术等级不断提高,但是低等级国省干线依然存在,且大部分为经济发展落后或自然地形条件受限造成的提级改造困难路段。“十一五”以来,低等级农村公路建设得到了党中央、国务院和各级政府的高度重视,低等级农村公路里程大幅增加,但受资金限制,低等级农村公路技术等级依然偏低,尤其是山区农村公路,在一些地理位置险要、经济发展落后的地区,部分农村公路是在原有山路的基础上直接加铺路面修建而成的,其线形条件较差。

由于技术等级低,不同程度地存在着路面狭窄、线形差、急弯、陡坡、连续下坡、视距不良、路侧险要等安全隐患(图 1-3 ~ 图 1-5),且所占路段比例较大;自然条件比较恶劣,存在大风、大雾等恶劣天气,为交通安全带来了较大隐患,驾驶人一旦操作失误,极易引发后果严重的交通事故。

(2)交通安全设施普遍缺乏,安全驾驶保障能力不足。

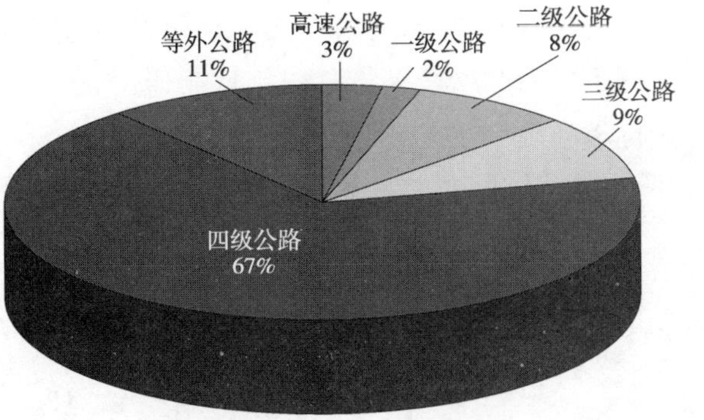

图 1-2 我国公路技术等级构成

a) b)

图 1-3 低等级公路急弯路段

a) b)

图 1-4 低等级公路视距不良路段

低等级农村公路交通安全设施配套建设相对不足。由于早期建成的农村公路将有限的资金都用在公路主体的建设上，加之部分管理者忽视交通安全设施的作用，使得农村公路在交通安全设施上的投入得不到保障，造成农村公路上交通安全设施不足以保障车辆的安全运行。同时，由于农村公路养护能力不足、养护监管不到位，仅有的安全设施缺乏必要的维护，部分安全设施破坏后得不到及时的修复，造成了农村公路安全防护能力较弱（图 1-6）。

（3）沿线群众交通安全意识不强。

低等级公路沿线基本为农村地区，随着我国机动车保有量的不断增加，低等级公路交通量也逐渐增加，但沿线群众交通安全意识不强，其不安全用路、占路等行为，加重了低等级公路上行人、非机动车与来往车辆之间的冲突，引发交通事故的风险也相应增加。

a)

b)

图 1-5　低等级公路落石、路基沉降路段

a)

b)

图 1-6　低等级公路缺乏必要的安全设施或防护能力不足

同时，随着农民群众生活水平的提高和农村公路通行条件的改善，摩托车、三轮汽车、低速载货汽车、手扶拖拉机等作为农民群众出行的代步工具越来越普及。这些车辆安全性能相对较差，发生事故后不能为乘客提供有效保护。由于农村购买力低，一些非法拼装车、城市报废车大量流入农村，还有大量无牌无证的车辆充斥在农村。同时，由于农村短途客运发展相对滞后，农民出行往往只能搭乘三轮车、低速载货汽车、拖拉机、摩托车等交通工具，这也在一定程度上使得货车违法载客有了市场，也使得发生群死群伤等恶性交通事故的可能性增加。

在农村驾驶机动车的人员中有相当一部分人没有经过正规培训，有些人甚至是在“实践”中练出来的。这些驾驶人交通安全意识淡薄，紧急情况下应急反应能力差，导致农村公路上超速超载、酒后驾车、逆向行驶、违章超车、三轮车及轻型载货汽车违法载客等交通违法违规现象频发。这些现象破坏了低等级公路应有的行车秩序，一定程度上致使低等级公路事故多发。

第2章　低等级公路交通安全评估技术

公路交通安全是一个涵盖人、车、路、环境(管理)等诸多因素的复杂的系统工程,这些因素相互协调、相互作用,任何因素出现问题,都有可能导致交通事故的发生。有效把握低等级公路的交通安全状态,准确识别高风险路段,才能有针对性地实施安全改善措施,有效提高低等级公路的安全水平。本章主要介绍应用风险评估技术开展低等级公路交通安全评估的方法,为低等级公路交通安全防控提供诊断工具。

2.1　风险评估技术概述

2.1.1　风险评估概念

从广义的角度讲,风险评估就是对各种危险的严重程度进行评估,找出高风险区和关键风险因子,推算出总体的风险水平,并通过评估使这些风险控制在可接受的范围内。

基于安全系统工程的理论,风险评估也是对系统所处的发生事故和面临灾害的危险状态进行估计和评定,也就是说,风险评估是指在对过去损失资料进行分析的基础上,进行系统辨识和安全分析,对系统的安全性或危险性,按一定的标准、规范、安全指标予以衡量,对危险的程度进行分级,以便据此结合现有的条件和水平,提出控制系统危险性的安全措施。

关于风险评估还有很多其他的理解:如 Lave 认为,风险评估的目的是生成与特定风险诱因有关的信息,这些诱因具有不确定性,但有可能产生影响。风险评估的最终结果是对风险的判断,它以模型影响的概率分布表现出来。风险评估的不同阶段随着风险来源的不同而改变。Kolluru 与 Brook 的观点是,风险评估是用来说明什么处在危急中,计算想要的结果和不想要的结果的可能性,将两种组成成分合并到一维中。刘新立认为风险评估是指在对过去损失资料进行分析的基础上,运用概率论和数理统计的方法对某一(或几个)特定风险事故发生的概率(或频数)和风险事故发生后可能造成损失的严重程度做定量分析。

基于安全工程理论关于风险评估的定义,结合公路网的实际特点,本书的路网风险评估内涵为以公路基础信息、交通运行信息为基础,针对路网各组成部分进行的交通安全风险评级工作。

2.1.2　风险评估研究概况

2.1.2.1　国外安全风险评估研究

安全风险分析与评价最初起源于 20 世纪 30 年代的美国保险业。第二次世界大战后,随着工业过程日趋大型化和复杂化,尤其是化学工业的发展,生产中的火灾、爆炸和毒气泄漏等重大事故不断发生,事故预防和安全风险分析日益受到重视。全面的安全风险分析系统研究始于20世纪60年代。1964年美国道化学公司首先开创了化工生产危险度安全评价方法。该公司提出火灾爆炸指数法后,世界各地都竞相研制,进一步推动了这项技术的发展,并在此基础上又提出了一些不同的风险分析与评价方法,如英国帝国化学公司在吸收了美国道化学公司评价方法的优点后,于1976年提出了蒙德评价法。同时,日本厚生劳动省也提出了"六阶段评价法",苏联提出了化工过程危险评价法等。这些方法均为指数法,至今仍在运用发展之中。

20世纪60年代后期,随着航空、航天、核工业等高技术领域的发展,以概率风险评估为代表的系统安全分析评价技术迅速发展。英国在20世纪60年代中期就建立了故障数据库和可靠性服务所来开展概率风险研究工作。1975年,美国正式发表了商用核电站轻水反应的风险分析报告。此后,这类风险分析技术在许多工业发达国家的许多项目得到了广泛的应用,并推出了一系列以概率论为基础的安全评估方法。在1986年苏联切尔诺贝利核电站发生爆炸事故以后,安全风险分析与评价技术更是得到了各国的普遍重视,推动了这项技术的进一步发展。

2.1.2.2 国内安全风险评估研究

我国于20世纪80年代初期开始安全风险与评价研究工作。化工、冶金、机电、航空、交通等行业陆续开始在企业中实施安全风险分析与评价工作。1988年,机械电子工业部颁布《机械工厂安全性评价标准》,该标准在机械行业100多家工厂进行了应用,取得良好的效果;1990年,贵州省冶金防护研究所完成了《工业企业安全性评价——全面安全管理的事故隐患评价法》;1992年,化工部制订了《化工厂危险程度分级》;1995年,劳动部、北京理工大学完成《易燃、易爆、有重大危险源的安全评价技术》。与此同时,我国很多的科研院校、企业也相继开展了安全风险分析研究工作。其中北京交通大学、东北大学、武汉安全环保研究院、鞍山钢铁公司等提出了一些有价值的安全风险评价理论及方法,如指数法、模糊综合评判法、概率法、安全检查表等;计算机数据库、安全控制论等也得到了应用。目前,我国对安全风险分析的研究方兴未艾,科研院校及有关企业正在进行深层次的探讨研究,以便更准确地对本领域的系统进行定性、定量安全风险分析与评价。

2.1.3 风险评估的分类与方法

2.1.3.1 风险评估分类

目前,对风险评估尚无标准的分类方法。比较常见的风险评估分类有以下几种。

(1)按风险因子分类:风险因子的性质可以是自然因素(包括物理因素、化学因素、生物因素等),也可以是社会因素(包括政治因素、经济因素等)。

(2)按风险危及对象分类:可危及的对象有人、生态系统及社会行为;危及人的一般为健康风险评估,健康风险评估又可依据健康损害的种类分为致癌风险评估、生殖风险评估、致畸风险评估等;危及生态系统的一般为环境风险评估;危及社会行为的一般为工程风险评估、投资风险评估、保险风险评估等。

(3)按风险评估结果性质分类:分为定量风险评估、半定量风险评估及定性风险评估。

2.1.3.2 风险评估方法

正确的风险评估方法是风险管理成功的必要条件,风险评估要达到识别风险、量化风险和制订有效的规避措施的目标,必须选择行之有效的方法。风险评估的方法在处理人类行为或自然事件所带来的潜在损害方面,已经成为成熟的、强有力的工具。风险评估技术方法选择主要有如下准则:①必须以用最少的时间、资金和人力支出获得最大效用为目标;②以整个风险分析为目标的应用或决策过程;③风险分析技术的实际输出,技术输出的精确程度、详细层次等应当完全与风险决策所需的信息相匹配。为更好地掌握项目风险评估技术,同时能指导在实践中对评价方法的选择,相关研究对风险评估进行了初步的总结,主要讨论风险评估方法的选用。表2-1是常用的风险评估和分析的工具,主要从应用范围、条件、优劣几个方面对常用的风险评估方法进行了比较。

常用的风险评估方法比较 表2-1

序号	方法名称	应用范围		应用方式		优劣比较
		风险识别	风险评价	定性分析	定量分析	
1	故障树	▲		△		采用该方法简单易行,常用于直接经验很少的风险识别
2	头脑风暴	▲		△		适用于所探讨的问题比较单纯、目标比较明确的情况。如问题牵涉面太广,包含的因素太多,首先要进行分析和分解
3	专家调查	▲	△	△		该方法能集中大多数专家的意见,但偏于保守,可能妨碍新思想的产生
4	情景分析	▲		△		适用于提醒决策者注意某种措施政策可能引起的风险或危机性的后果;研究某些关键性因素对未来过程的影响;提醒注意某种技术的发展会带来哪些风险
5	核对表	▲		▲		该方法优点在于使工作变得较为简单,容易掌握;但对单个风险来源描述不足,没有揭示风险来源之间的互相依赖关系
6	面谈	△		△		通过风险管理人员和项目相关人员直接面谈交流,有助于识别那些在常规计划中容易被忽视的风险因素
7	风险矩阵	△	▲	△	▲	可进行定性和定量分析
8	敏感性分析		▲			主要用于确定性风险因素,在决策阶段使用该法较为常见
9	态势分析(SWOT)	▲	△	△		可随环境变化做动态系统分析,减少决策风险,可操作性强
10	蒙特卡罗		△		▲	可大大简化复杂问题的计算,显著提高计算效率,但是费用比较高,一般在进行较精细的系统分析时才使用

续上表

序号	方法名称	应用范围		应用方式		优劣比较
		风险识别	风险评价	定性分析	定量分析	
11	影响图		△		▲	可以和其他很多技术结合使用,方法直观
12	层次分析	△	▲	△	▲	适用于多目标决策的系统,可以应用于很多领域,能给决策者提供直观量化的支持
13	贝叶斯		▲	△	△	一般比较适用于历史数据缺乏或不足的情况,通过一定的数学手段,使决策所依据的信息更接近于实际,减少了决策风险,但是风险始终没有消除
14	模糊综合评价		△	△	△	综合评价模糊性事务或对象的通用方法,它可使带有主观评判的结果更符合客观实际,方法简便易行
15	外推法	△	△	△		适用于没有历史资料的情况,也可以通过历史经验和数据或者类似项目的数据进行推断

注:△表示辅助应用;▲表示主要应用;空白表示没有应用或应用较少。

2.1.3.3 风险评估的流程

虽然由于风险来源和组织文化的不同,构建风险评估程序时也会存在非常明显的差别,但是任何风险评估仍有三个核心组成部分是相同的,即风险源识别、风险评估和风险等级的评定。

风险评估的一般流程如图 2-1 所示。

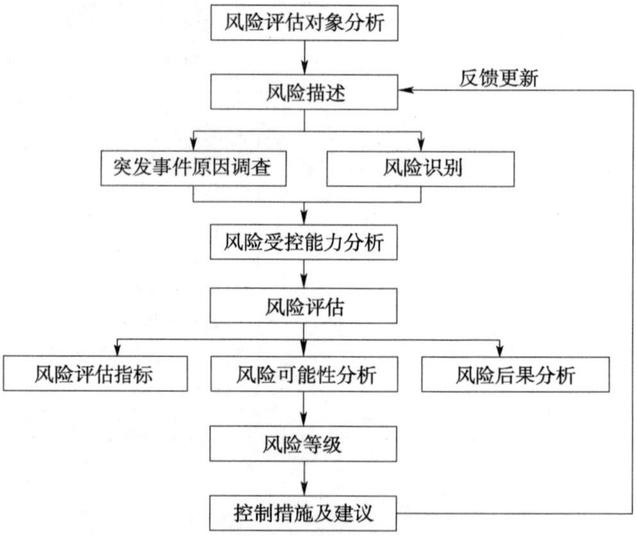

图 2-1 风险评估流程图

2.1.4 风险评估在交通行业的应用

真正将风险理论引入公路交通中始于 20 世纪末 21 世纪初,早期的文献较少。2002 年陈艳艳、刘小明、任福田将风险评价与管理引入交通路网灾害影响分析当中,主要是针对地震、洪水等自然灾害,恶劣气候及严重交通事故等交通路网灾害进行风险评价,进而可根据风险程度及减灾措施的效益成果来评价减灾措施的可行性。这里仅仅用风险度量的方法对交通路网的自然灾害进行初步的评价,其意义在于将风险度量引入公路交通灾害的评价中。

何寿奎在综合考虑交通安全风险影响因素的前提下,从设施脆弱性、道路运行承载能力、环境条件、人员、组织与管理方法、车辆6个方面建立了城市交通安全风险三级评价指标体系,利用D-S论据融合法确定指标权重,进行交通安全风险的模糊多属性评价并进行实证分析。该研究将风险评价引入道路交通安全的研究中,提出城市交通安全风险评价指标体系,选择了相应的评价方法,提出了确定各地区的交通安全风险评价等级的思路与方法。这些内容的研究使得道路交通安全的风险研究突破了前期研究范围,向纵深和内涵两方面发展。

马海红等人在《奥运交通风险评价与实例分析》一文中给出了奥运交通风险的定义,明确了奥运交通风险评价对象的具体内容,提出奥运交通风险评价以风险事件识别、风险事件分析、风险等级划分、应对措施制订为主线的工作流程,针对评价对象进行风险事件的详细识别,以道路积水风险事件为例,进行评价实例分析。该研究首次将道路交通安全风险的理论研究转向技术应用,为道路交通安全风险技术应用进行了有益的探索。

昊义虎等从唯象学的角度出发,用汽车追尾的概率来评估追尾风险的大小,建立了汽车追尾概率预测模型。王金梅等为了进行全红清空时间对交叉口内闯红灯违规和滞留车辆影响的风险评估,分别建立了有全红和无全红的经验模型。

Kim等收集了1997～2002年间发生在美国北卡罗来纳州脚踏车与汽车碰撞的事故资料进行风险评估,将事故严重程度分为4个等级(分别为死亡、重伤、轻伤、极可能受伤/未受伤),并以多元罗吉特模式探讨影响事故严重程度的因素,分析发现不良天气、黑暗无街灯的环境、对撞、与速度有关的碰撞、遭卡车撞击、汽车驾驶人或骑自行车人酒醉驾车或骑车及骑自行车的老年人等因素有较高致死概率。

施伯杰指出,公路驾驶人的行为以及公路、铁路管制设备的妥善与否,可能是造成平交路口交通事故的关键因素。故针对平交路口风险因素进行分析,利用文献回顾探索过去有关平交路口事故风险评估、风险因素等的分析方法与成果,并利用切实的资料收集,辅以提供的设备故障、平交路口事故等统计资料,构建故障树与事件树等图形,来分析平交路口风险因素与可能造成的后果。

除了前述研究成果外,关于交通安全风险评估技术,国内还有交通运输部西部交通科技建设项目"西部地区公路交通安全评价"和"公路交通安全手册研究"进行的相对系统的研究。这两个项目从定性和定量两个方面构建了我国公路交通安全评价的体系,完成了高速公路、有中央分隔带4车道公路和双车道公路的安全性预测模型的构建,针对平面交叉口、互通式立交、一般公路路段和高速公路路段分别编制了安全评价清单和评价程序。

其他研究中直接针对安全风险评估的很少,多与安全评价相关。如刘东等提出道路交通安全综合评价指标体系总体框架和19项具体评价指标,并界定了评价指标的含义和评价的具体内容。刘涛等对国内外道路交通安全水平的评价和预测方法进行了对比和分析,提出了适合国内现阶段管理体制的以模糊数学综合评价模型为基础的评价和预测方法。该方法采用模糊评价综合模式,计算评价目标区8个评价指标最大概率所对应的等级,通过层次分析计算各指标间的权重系数，在此基础上计算得到区域道路交通安全的综合评价指标——道路安全指数 IRS。运用时间序列预测法、灰色系统预测法和回归分析法预测 8 个评价指标的变化及未来的 IRS 值。朱顺应等用因子分析法和层次分析法组合起来对道路交通安全进行评价(F-AHP)。用因子分析法来构造评价指标间的层次关系，用其分析值度量同层指标的重要性；采用层次分析法计算各层次指标对目标的权重，用线性加权法对评价对象的安全水平进行客观评价。周志刚在分析现有各种道路交通事故评价指标的基础上，采用主成分分析方法，构建了山区公路交通事故评价指标，该指标能凸显该地区交通事故的变化趋势和主要特征。范翔讨论了山区公路事故特点，给出山区公路事故多发点的鉴别方法。从设计角度出发，采用理论与实际相结合的方法探讨了公路几何线形、路面、交叉口、交通设施以及特殊环境对山区公路交通安全的影响，提出山区公路模糊综合评价法，根据山区公路的特点在理论上建立了山区公路模糊综合评价指标体系。

综合国内外的研究情况，在风险评估基本理论框架下，风险评估在越来越多的领域内得到了实践应用。尽管公路交通安全风险研究才刚刚开始，但其在交通领域的应用需求和前景十分广阔，故建立一套实用的、具备可操作性的路网风险评估流程，以及综合定量和定性成果的评估模型，对于公路交通安全水平的改善意义重大。

2.2 公路网通用交通安全风险评估技术

山区公路网通用交通安全风险评估模型包括基于事故的风险评估模型和基于道路交通设施特征的风险评估模型两类。基于事故的风险评估模型应用较为直观简便，但容易受事故数据质量的影响而导致评估结果可靠性降低。基于道路交通设施特征的风险评估模型从道路本身的角度衡量风险水平，能够更为深刻地揭示道路自身条件存在的安全隐患，且评估结果不受事故数据的影响，但应用较为复杂。在实际工作中，通常综合应用两种模型来取得更为全面可靠的评估结果。

2.2.1 基于事故的风险评估模型

基于事故数据进行公路网的交通安全风险评估，首先需要将公路网划分成若干特征相似的评估路段，然后针对每个评估路段计算其评估指标值，最后按照风险分级标准确定公路网中各评估路段的风险等级。

2.2.1.1 评估路段划分

评估路段划分的合理与否直接关系到评估结果的合理性和可靠性。

(1)基于事故数据偶发性、小概率的特点，为保障评估的可靠性，评估路段的划分应符合以下条件。

①路段的公路基础设施特征应相似，如具有相同的车道数、车道宽度、技术等级等。

②路段的设计车速和交通量相同或相似。具体来说，同一评估路段内，设计速度差异小于 10km/h，交通量差异小于 2000pcu/d 或 20%。

③路段的管理主体应相同。

(2)路段划分的方法与步骤如下。

①按照交通量观测站起终点、交叉口起终点、公路技术状况表中路段起终点三类特征点划分路段。

②将划分好的路段，对应事故数据表、交通量统计表和公路路线基本情况明细表查找相应的路段特征信息。

③对照评估路段的条件，筛选出不符合条件的路段。

④对于不符合评估条件的路段，按照合并条件与相邻路段合并。

⑤合并后的路段，重新计算路段特征值，其中 AADT 采用里程加权平均值，设计速度取较小值。

(3)与相邻路段合并的条件如下。

①技术等级相同。

②车道数相同。

③管理主体相同。

④设计速度差异小于 10km/h。

⑤交通量差异小于 2000pcu/d 或 20%。

2.2.1.2　评估指标

基于事故对公路网中各路段的交通安全风险进行评估是最直接的评估方法。根据国内外常用的事故指标对比，结合我国事故数据的特征，确定采用以下两项事故指标进行风险评估。从保障风险评估的准确性、可靠度和实用性等多方面分析，事故统计年限一般不少于3年。

(1)路段每年每公里发生的重特大事故数 R_1，反映了路网中各路段的总风险，见式(2-1)：

$$R_1 = \frac{N}{L \times T} \tag{2-1}$$

式中：N——路段在统计年限内发生的重特大事故总数；

L——路段的长度(km)；

T——事故统计的年限。

(2)路段每年每车公里发生的重特大事故数 R_2，反映了单个道路用户在路网中各路段所面临的风险，见式(2-2)：

$$R_2 = \frac{N \times 10^7}{L \times T \times 365 \times \text{AADT}} \tag{2-2}$$

式中：N——路段在统计年限内发生的重特大事故总数；

L——路段的长度(km)；

T——事故统计的年限；

AADT——路段年平均日交通量(自然数)。

2.2.1.3　风险分级标准

基于事故的风险评估等级的划分采用如下统计分析方法。不同风险等级的指标阈值根据初始评估年份公路网中风险的累计分布规律来确定，一旦各风险等级的阈值确定，将在一定时期内保持固定不变，从而反映出在一定的公路安全改善措施条件下公路网风险等级随时间的变化以及公路网风险等级的空间分布变化。表 2-2 是一种风险评估等级划分方法的示例。

基于事故的风险评估等级划分方法示例　　表 2-2

风险等级	相应比例
低	低风险路段占路网中所有路段的 30%
较低	较低风险路段占路网中所有路段的 20%
中	中等风险路段占路网中所有路段的 20%
较高	较高风险路段占路网中所有路段的 20%
高	低风险路段占路网中所有路段的 10%

2.2.2　基于道路交通设施特征的风险评估模型

2.2.2.1　模型的内涵

道路交通系统是由人、车、路和环境多因素相互作用而构成的复杂系统，每种因素都可能是诱发交通事故的原因，其中，交通事故的发生与道路交通设施特征具有内在的、密切的联系。事故在公路沿线的不均匀分布特征有力地证明了道路交通设施本身的安全性能对公路交通系统的运行安全具有重要影响。

前述基于事故的风险评估模型，通过事故的统计分析所得到的评估结果难以体现安全问题的根源。此外，作为不同的道路交通管理者，其关注的重点不同，执法部门关注的是行人和驾驶人的安全特性，车辆管理部门关注的是车辆的安全特性，而公路管理部门关注的是公路设施的安全性能。构建基于道路交通设施特征的风险评估模型，通过对道路交通设施特征的安全影响进行科学的评估，可以明确道路交通设施本身的安全状况，便于除去人、车方面的因素而重点从道路因素角度识别路网中潜在的安全隐患路段，从而能够为公路网基础设施安全性能的持续改善和提高提供更加可靠的依据，为公路安全保障工程的深入开展提供技术支持。

基于我国山区公路网道路交通人文环境特征，针对主要的道路用户（包括客车、货车、摩托车、行人），深入分析主要的重特大事故类型（包括碰撞、追尾、路侧事故、行人事故等）的致因和形成机理，研究和辨识与各类重特大事故发生的概率和严重程度相关的公路基础设施和交通运行特征因素，从而构建基于道路交通设施特征的风险评估指标体系。基于收集的大量公路基础设施特征、交通运行特征和相应的重特大事故数据，研究各项评估指标与重特大事故发生的概率和严重程度之间的定量相关关系，建立风险评估指标的量化模型，最终构建了基于道路交通设施特征的风险评估模型。

基于事故的风险评估和基于道路交通设施特征的风险评估具有本质的区别。首先，二者的评估对象不同，前者是对人、车、路构成的公路交通系统的整体安全状况进行评估，而后者只是对公路交通系统中的道路本身的安全性能进行评估。其次，二者的评估目的不同，前者是为了掌握整个公路交通系统的安全状况，从而采取相应的综合措施提高公路交通系统整体的安全水平，后者是为了掌握公路交通系统中公路设施的安全状况，从而采取相应的道路工程措施提高公路设施的安全水平。另一方面，二者又有一定的联系。首先，评估方法有联系，公路交通系统中的人、车、路是相互影响、相互作用的，对公路设施的安全特性进行评估，不能离开人、车相关因素进行孤立地分析，而且也只有针对特定的道路用户和特定的交通流，评估公路基础设施的安全特性才是有意义的。其次，评估结论有联系，如果排除人、车因素的差异，二者的评估结果应当具有一致性。

2.2.2.2　建模思路

纵观国内外道路交通安全研究组织及学者在相关技术领域的研究，得到广泛认同的主要有两种风险评估的建模思路和方法：一种是以美国 AASHTO 组织研究出版的《公路安全手册》中的事故预测模型为代表，另一种是以国际道路评估组织 iRAP 在全球推广的风险评估模型为代表。

(1)美国的事故预测模型及风险评价原则。

美国的事故预测模型建模以两个假设为基础。

第一个假设认为事故与交通量是正相关的，在交通量较低的情况下，事故率较低，随着交通量的增大，事故率增长速度加快，但当交通量增大到一定程度，事故率增长变缓，甚至趋于下降趋势。相关研究举例如下。

Hauer 用非参数的 Kernel 回归分析得到了事故率与交通量的关系，如图 2-2 所示。

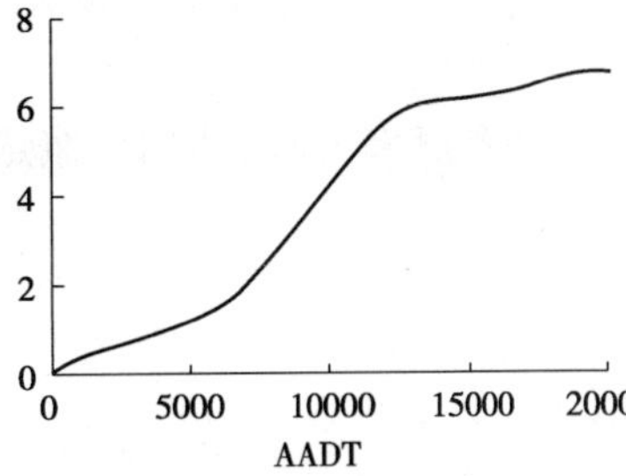

图 2-2　Hauer 得到的事故率与交通量的关系

Kononov 用神经网络—径向基函数得到的事故率与交通量的定量关系模型，如图 2-3 所示。

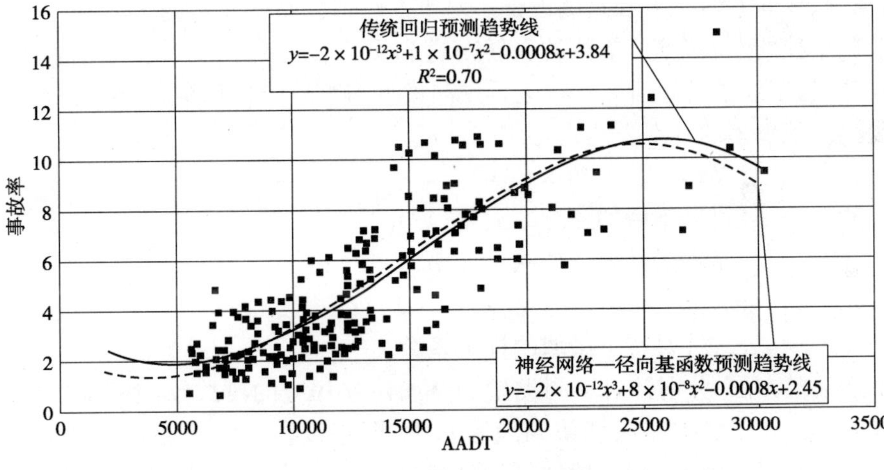

图 2-3　Kononov 得到的事故率与交通量的定量关系模型

第二个假设认为道路交通事故这一随机变量服从泊松分布或负二项分布。如果假设随机变量服从泊松分布，其方差和均值应该是相等的。然而从事故数据的分析来看，这种假设并不总是成立，很多情况下，事故数据的方差大于均值。因此，负二项分布更多地被用来描述事故模型。

在上述假设的基础上，选取海量的具有代表性的道路交通特征数据和事故数据，将道路分为属性相同或相似的若干段，针对每一分段提取安全相关的特征变量，如交通量、平曲线、路面宽度、路肩宽度以及路面摩阻系数等，采用极大似然法来估计事故预测模型中的待估参数，一般采用泊松对数极大似然函数来估计。

设事故预测模型为：

$$\mu = \mathrm{AADT}^{\beta_0}(1+\beta_1\mathrm{AADT}+\beta_2\mathrm{AADT}^2+\cdots) \tag{2-3}$$

式中：μ——由事故预测模型预测的某路段的期望事故率(起/公里/年)；

β——待估回归参数。

因为μ服从泊松分布，其均值和方差都为μ，即

$$E(y)=\mu, Var(y)=\mu, \sigma=\sqrt{\mu}$$

设路段i的事故率观测值为y_i，则其概率为$P(x=y_i)=\frac{\mu_i^{\ y_i}}{y_i!}e^{-\mu_i}$，从而各路段事故率观测值的联合概率分布，即泊松似然函数为$L(\mu_P)=\prod_{i=1}^{n}\left(\frac{\mu_i^{\ y_i}e^{-\mu_i}}{y_i!}\right)$，两端取对数得泊松对数极大似然函数见式(2-4)。

$$\mathrm{Ln}(L)=\sum_{i=1}^{n}(y_i\ln\mu_i-\mu_i-\ln y_i!) \tag{2-4}$$

该模型以事故频率与年平均日交通量的回归关系为基本模型，辅以标定系数和修正系数。标定系数使模型符合当地条件，修正系数考虑了年平均日交通量以外的其他影响因素(主要是道路几何设计和交通控制特征)。修正系数通过历史事故数据、回归分析、横向比较、前后分析和专家评价等方法来获得。事故修正因素包括单项因素，也包括组合因素。其中，对于双车道公路路段的事故修正因素包括车道宽度、路肩宽度和类型、平曲线、坡度、车道密度、超车道、双向左转车道和路侧设计。对于双车道公路交叉口的事故修正因素包括偏角、交通控制、单独的左转车道、单独的右转车道和交叉口视距。该方法还考虑了历史事故资料的存在情况，用经验贝叶斯方法将上诉预测模型与事故资料相结合，对安全性能进行更为准确地预测。该模型的基本表达式见式(2-5)。

$$Nrs = Nbr \times Cr \times (AMF_{1r} \times AMF_{2r} \times \cdots \times AMF_{nr}) \tag{2-5}$$

式中：　Nrs——经过修正后的预测事故率(1/年)；

Nbr——在基本条件下的预测事故率(1/年)；

$AMF_{1r} \cdots AMF_{nr}$——事故修正系数；

Cr——公式针对特定区域的标定系数。

运用上述建模方法，分别针对不同类型的路段建立相应的事故预测模型。事故预测模型预测的事故率代表了各类路段期望的风险水平，即路段在一定交通量下的期望事故率。某路段的实际事故率与期望水平的偏离程度反映了该路段的风险水平。根据偏离程度，以1.5倍标准差的偏离量为界限，将路段的风险水平分为4个等级，如图2-4所示，路段的风险等级定性描述见表2-3。

路段风险等级定性描述　　表2-3

风险等级	定性描述
R - Ⅰ	风险很低，事故率再降低的潜力不大，维持既有水平即可
R - Ⅱ	风险低于期望水平，在维持既有水平的基础上，可适当采取措施进一步降低风险
R - Ⅲ	风险高于期望水平，事故率再降低的潜力较大，须采取改善措施
R - Ⅳ	风险很高，事故率再降低的潜力很大，安全问题急需改善

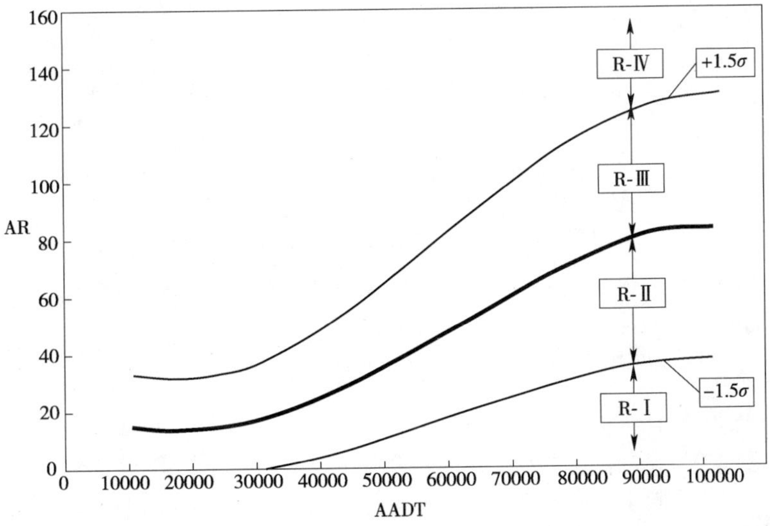

图 2-4　路段风险等级划分示意图

(2)iRAP 的风险评估模型。

iRAP 的风险评估模型是将道路事故风险抽象为一个空间三维模型。三维坐标分别为可能发生事故的行为数量(Exposure,通常指年平均日交通量),事故发生的概率和严重程度。这三个因素决定了道路事故的总体风险,如图 2-5 所示。

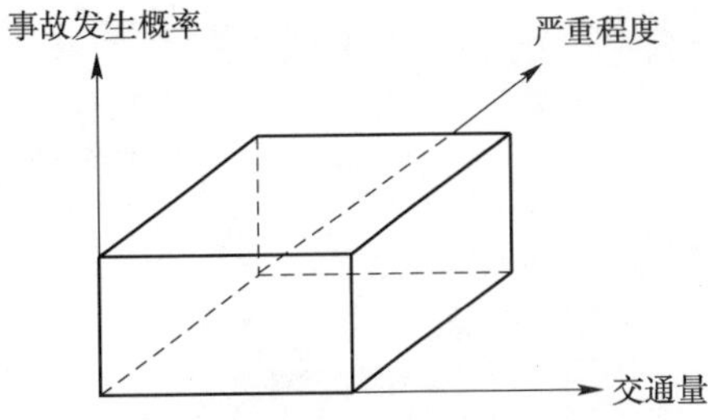

图 2-5　道路事故风险三维模型

根据图 2-5 知,风险评估指标的选取可以从事故发生概率和严重程度两个方面考虑,深入分析各类道路用户发生各类型事故的影响因素,并进而构建评估指标体系。iRAP 风险评估模型中的指标体系如图 2-6所示。

基于各影响因素与安全的相关研究成果,对评估指标进行量化。最终构建风险评估模型。如 iRAP 风险评估模型中平曲线弯曲程度这一指标的量化值见表 2-4。

iRAP 风险评估模型指标量化示例　　表 2-4

平曲线弯曲程度	风 险 系 数	平曲线弯曲程度	风 险 系 数
直线或轻微弯曲	1.00	急弯	3.50
中等弯曲	2.20	非常急的弯	6.00

2.2.2.3　评估路段的划分

基于道路交通设施特征进行风险评估时,同样应按照一定的原则(道路设施和交通流特征的相似性)将公路网划分成若干评估路段。

首先,根据道路交叉情况以及道路两侧村庄的分布情况,将公路网划分为普通路段、交叉口路段和村庄路段三种类型的路段(分类标准详见 2007 年《西部地区公路交通安全评价》课题研究报告),村庄路段和交叉口路段在原有物理长度的基础上两侧各外延 100m。

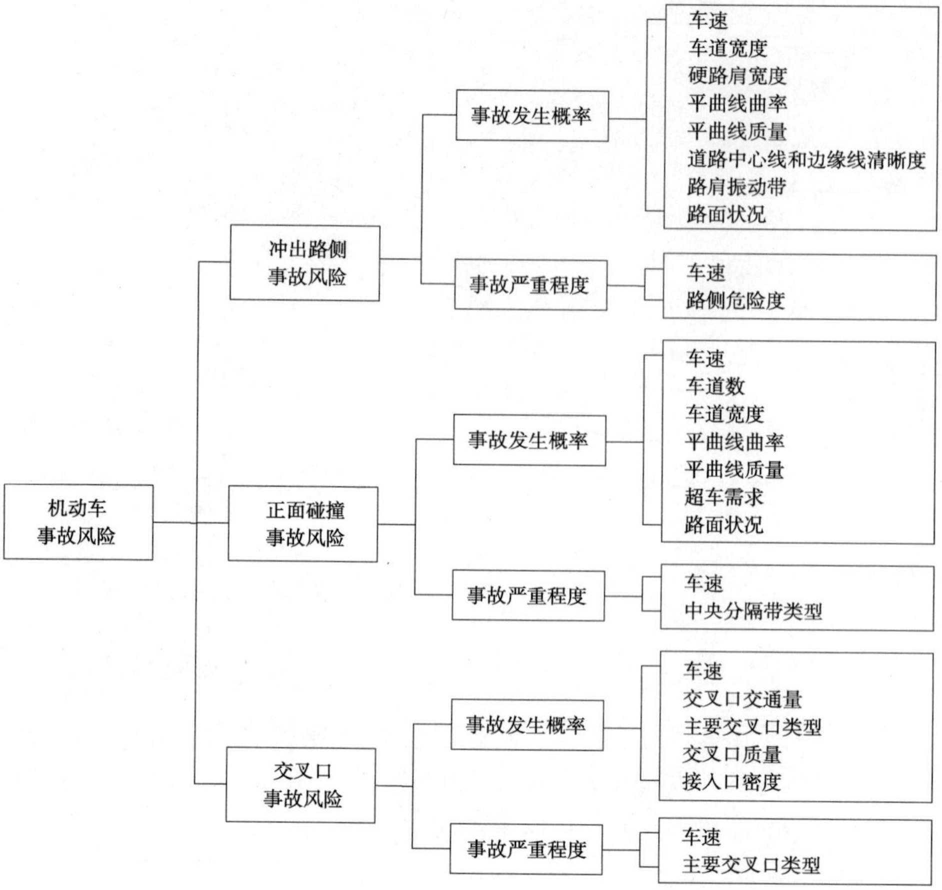

图 2-6　iRAP 风险评估模型指标体系

(1)平面交叉路段。

平面交叉路段以平面交叉口中心两侧各 100m 作为平面交叉路段的起终点,采用拓宽设计的平面交叉路段,以交叉口拓宽段两侧各 100m 作为平面交叉路段的起终点(图 2-7)。平面交叉路段即为一个评估路段。

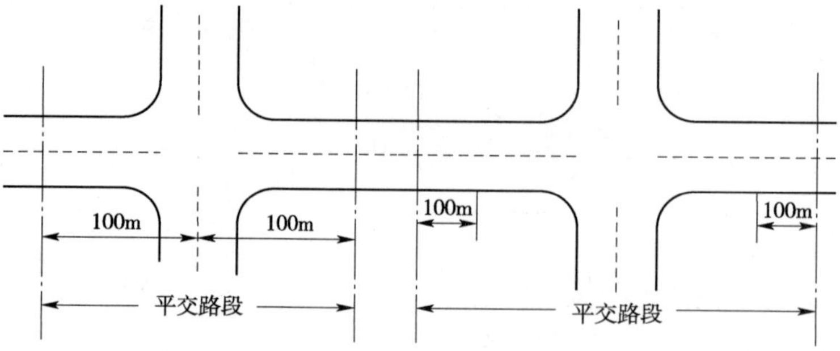

图 2-7　平面交叉路段示意图

(2)村庄路段。

村庄路段以村庄起点和终点各向外扩展100m(图2-8)。村庄路段即为一个评估路段。

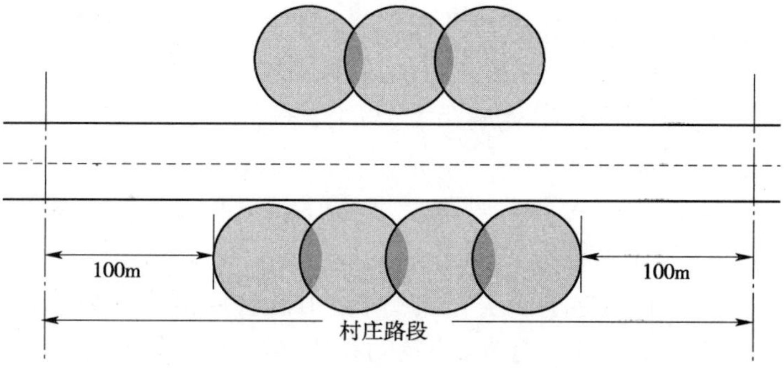

图2-8　村庄路段示意图

(3)基本路段。

进行公路基础设施安全性能评估时,首先划分出平面交叉路段和村庄路段,其余为普通路段。

在此基础上,将普通路段依据公路技术状况、交通量、线形、路侧、桥隧结构物等特征,进一步划分成具有特征一致性的评估路段。交叉口路段和村庄路段即为一个评估路段,不需进一步划分。

2.2.2.4　基于道路交通设施特征的风险评估模型结构形式

采用前述道路交通事故风险空间三维模型的建模思路来构建山区公路网交通安全风险评估模型。三维坐标分别为可能发生事故的行为数量(即交通曝露度,通常采用年平均日交通量进行计算)、事故发生的概率和伤亡严重程度。

(1)模型结构形式确定。

根据道路交通伤害三维模型图,初步确立基于道路交通设施特征的风险评估模型的结构形式如下:

①与各种事故类型的发生概率和严重程度相关的各项指标是相互独立的,各项指标对事故伤害(即各类型事故单项风险)的影响效果是相乘的关系。

②基于道路交通设施特征的风险为各类型事故单项风险的总和。

因此,公路交通基础设施安全性能指数RPS的计算公式如下:

$$\begin{aligned}\mathrm{RPS} &= \sum_{i=1}^{n}\mathrm{RPS}_i \\ &= \sum_{i=1}^{n}P_i \times S_i \times \mathrm{expo}_i \\ &= \sum_{i=1}^{n}\prod_{j=1}^{m}P_i^j \times \prod_{k=1}^{l}S_i^k \times \mathrm{expo}_1\end{aligned} \tag{2-6}$$

式中:RPS——针对某道路用户和某类型路段,道路交通基础设施特征所对应的安全性能指数;

RPS_i——针对某道路用户和某类型路段可能发生的第 i 种事故类型,道路交通基础设施特征对应的安全性能指数;

expo_i——针对某道路用户、某类型路段的第 i 种事故类型的交通曝露度;

P_i——针对某道路用户和某类型路段,某道路交通基础设施特征变量所对应的与第

i 种事故类型的发生频率相关的风险系数；

S_i——针对某道路用户和某类型路段，某道路交通基础设施特征变量所对应的与第 i 种事故类型的严重程度相关的风险系数；

P_i^j——针对某道路用户和某类型路段，与第 i 种事故类型的发生频率相关的第 j 个因素对应的风险系数，$i=1,\cdots,n;j=1,\cdots,m$；

S_i^k——针对某道路用户和某类型路段，与第 i 种事故类型的严重程度相关的第 k 个因素对应的风险系数，$i=1,\cdots,n;k=1,\cdots,l$。

根据对山区公路用户和交通事故类型的分析，山区公路网交通安全风险评估涉及的道路用户主要有客车、货车、摩托车和行人，涉及的路段类型主要有普通路段、村庄路段和交叉口路段，涉及的事故类型主要有碰撞事故、追尾事故、路侧事故和行人事故。对于事故形态，基于公安交通管理部门的事故形态分类标准，主要进行如下归类。

a. 碰撞事故：包括正面碰撞和对向剐擦、侧碰、二次碰撞。

b. 追尾事故：包括追尾和同向剐擦。

c. 路侧事故：包括冲入沟中和冲出路外、撞固定物、撞静止车辆等。

d. 行人事故：指有行人参与的事故。

e. 其他事故：包括碾压、翻车、侧滑等。

（2）总体风险值计算。

针对公路网的特定道路用户，公路网总体风险为普通路段、交叉口路段和村庄路段三类路段单元的风险之和，计算公式如下：

$$\begin{aligned}\mathrm{RPS} &= \sum \mathrm{RPS}_i \\ &= \sum \mathrm{RPS}_1 + \sum \mathrm{RPS}_2 + \sum \mathrm{RPS}_3\end{aligned} \tag{2-7}$$

式中：RPS_1——普通路段风险分值；

RPS_2——交叉口路段风险分值；

RPS_3——村庄路段风险分值。

其中，某类型路段的风险值计算公式如下：

$$\begin{aligned}\mathrm{RPS}_i &= \sum \mathrm{RPS}_{in} \\ &= \sum P_{in} \times S_{in} \times \mathrm{expo}_{in} \\ &= P_{i1} \times S_{i1} \times \mathrm{expo}_{i1} + P_{i2} \times S_{i2} \times \mathrm{expo}_{i2} + \ldots\ldots + P_{in} \times S_{in} \times \mathrm{expo}_{in}\end{aligned} \tag{2-8}$$

式中：RPS_i——i 类单元风险分值；

RPS_{in}——i 类单元的 n 类事故形态风险分值；

P_{in}——i 类单元的事故形态 n 对应事故概率；

S_{in}——i 类单元的事故形态 n 对应严重程度；

expo_{in}——i 类单元的事故形态 n 对应曝露程度。

$i=1$，普通路段；$i=2$，交叉口路段；$i=3$，村庄路段。$n=1$，碰撞事故；$n=2$，追尾事故；$n=3$，路侧事故；$n=4$，行人事故。

某影响因素对应的事故概率系数计算公式如下：

$$\begin{aligned}P_{in} &= \mathrm{BP}_{in} \times P_{inr} \\ &= \mathrm{BP}_{in} \times P_{in1} \times \cdots\cdots \times P_{inm}\end{aligned} \tag{2-9}$$

式中：BP_{in}——P_{in}的基础事故概率；

P_{inr}——P_{in}的实际事故概率；

P_{inm}——P_{in}的第 m 个影响因素的实际事故概率系数。

某影响因素对应的事故严重程度系数计算公式如下：

$$\begin{aligned} S_{in} &= BS_{in} \times S_{inr} \\ &= BS_{in} \times S_{in1} \times \cdots\cdots \times S_{inm} \end{aligned} \tag{2-10}$$

式中：BS_{in}——S_{in}的基础事故严重程度；

S_{inr}——S_{in}的实际事故严重程度；

S_{inm}——S_{in}的第 m 个影响因素的实际事故严重程度。

(3)分用户风险计算。

在实际应用中，有时需要从不同道路用户角度来评估路网的安全水平。根据事故形态与事故相关道路用户的对应关系，不同道路用户的风险值，可按事故形态分布特征进行折算。行人风险计算则仅考虑行人事故一种事故形态，直接计算，不需折算。

根据上述分析，不同道路用户的风险计算公式如下：

$$RPS_k = \sum (\alpha_k \times RPS_i) \tag{2-11}$$

式中：RPS_k——k 类道路用户的风险值；

α_k——K 类道路用户在 i 类事故中所占的比例。

经过统计分析，山区公路不同事故形态对应的道路用户构成比例见表2-5。

不同事故形态对应的道路用户构成情况 表2-5

事故形态	用户		
	客车(%)	货车(%)	摩托车(%)
碰撞	32.47	27.32	40.21
追尾	33.33	29.17	37.50
路侧	75.00	25.00	0.00

2.2.2.5 风险分级标准

与事故资料的风险等级划分标准类似，基于道路交通设施特征的风险评估分级标准也可采用统计分析方法，并根据管理需求制订，示例见表2-6。

基于道路交通设施特征的风险评估等级划分方法示例 表2-6

风险等级	相应比例
低	低风险路段占路网中所有路段的30%
较低	较低风险路段占路网中所有路段的20%
中	中等风险路段占路网中所有路段的20%
较高	较高风险路段占路网中所有路段的20%
高	低风险路段占路网中所有路段的10%

2.3 低等级公路风险评估指标和影响因素

2.3.1 低等级公路风险评估指标体系和模型

通过对低等级公路交通事故车型构成的分析知道，低等级公路上主要是以客货车、摩托车和行人为主(图2-9),由于当前缺少有效的摩托车专用安全设施,在建模时重点考虑了机动车,对村镇等路段加入了行人等影响。

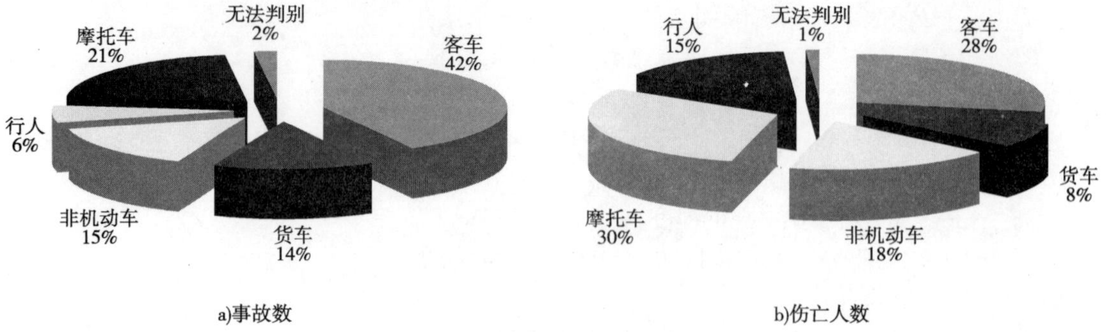

图2-9　低等级公路伤害事故按车型构成分布图

根据事故类别分析,对于低等级公路,总体事故形态分布中碰撞事故占到了绝对高的比例,此外就是交叉口、路侧和行人事故,其中事故分析结果也表明平原区交叉口和行人事故相对于山区有更高的比例,而碰撞和路侧事故山区更高(图2-10、图2-11)。基于事故分析结果,综合考虑事故形态构成,在风险评估模型中,关于风险事故形态应重点考虑碰撞、路侧和交叉口三类,其中对交叉口又考虑了接入口的情况。

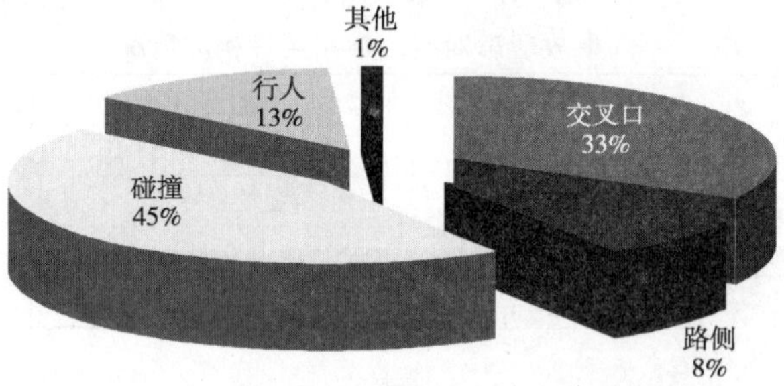

图2-10　平原地区低等级公路伤害事故按类别构成分布

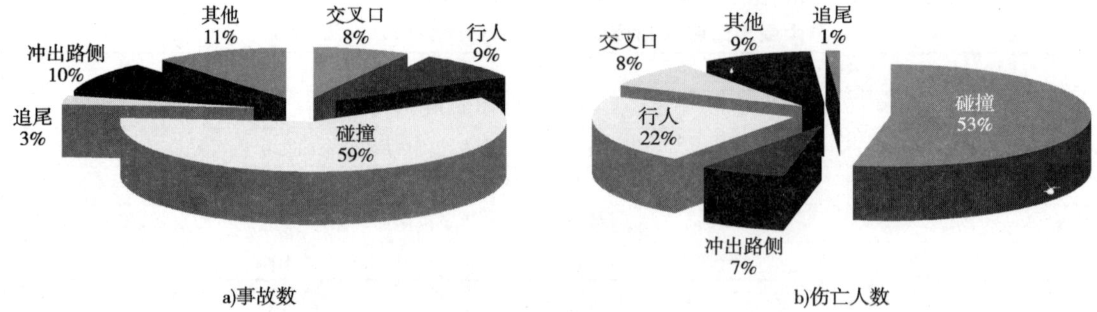

图2-11　山区低等级公路事故次数和伤亡人数按类别构成分布

因此,综合对国内外研究成果的归纳总结、与国内外专家的交流以及低等级公路交通安全评估和改善的工作经验,整理确定的低等级公路风险评估理想指标体系如图2-12所示。

基于理想指标体系,对因素进行细化和分析后,再基于风险中事故严重程度和事故概率构成情况,确定模型成果中低等级公路风险指标计算模型如图2-13所示。

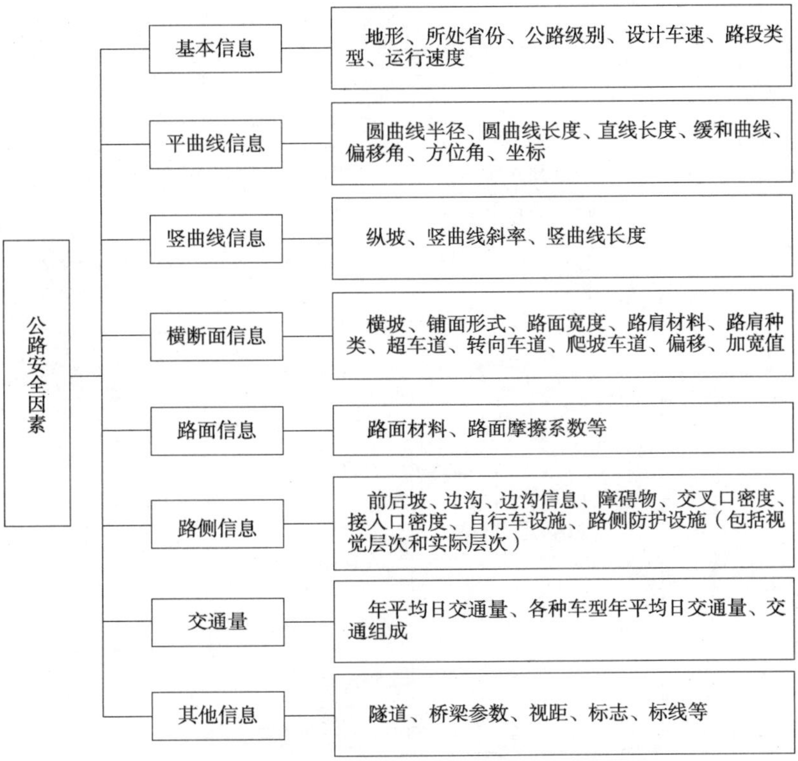

图 2-12　低等级公路风险评估理想指标体系

2.3.2　影响因素

风险评估模型构成系统中的具体因素，是风险评估模型的基础，模型中因素的系数值，主要是根据影响因素值的分布情况确定一个基础条件，并划分其他的表达区间，从而确定其他表达区间相对于基础条件的事故概率情况。如对于视距，分成视距良好和视距不足两类，视距良好的风险系数为 1，视距不足的风险系数为 1.42，可表示在影响因素皆相同的情况下，视距不良条件下的事故概率为良好的 1.42 倍。

对于模型具体因素分析系数的确定，主要来源于国内外研究成果的总结。在国内外交通安全因素的影响规律研究中，有统计、工程分析、专家经验等多种方法，但由于受分析方法、研究对象、事故随机性等诸多因素的影响，很多时候难免出现统计结果与工程经验不一致，或者工程经验存在偏差的情况。为此，通过 5 个方面来综合确定事故概率系数和严重程度系数：一是统计角度，即根据综合建模结果来确定；二是国内外对安全影响因素的相关研究成果进行的综述和总结；三是前后对比分析结果；四是《低等级公路安全防控关键技术研发与集成示范》课题内意见的征集及归纳总结；五是行业内各领域专家意见的征集及归纳总结。

事故概率系数和严重程度系数的确定，吸纳了 2003 年《西部地区公路交通安全评价》、2004 年《公路交通安全手册研究》、2004 年《公路交通安全应用技术研究》、美国《公路交通安全手册》《NCHRP Report 617》《iRAP 用户手册》等综合性、代表性成果中的部分内容。模型指标属性取值和风险系数取值见表 2-7 ~ 表 2-9。

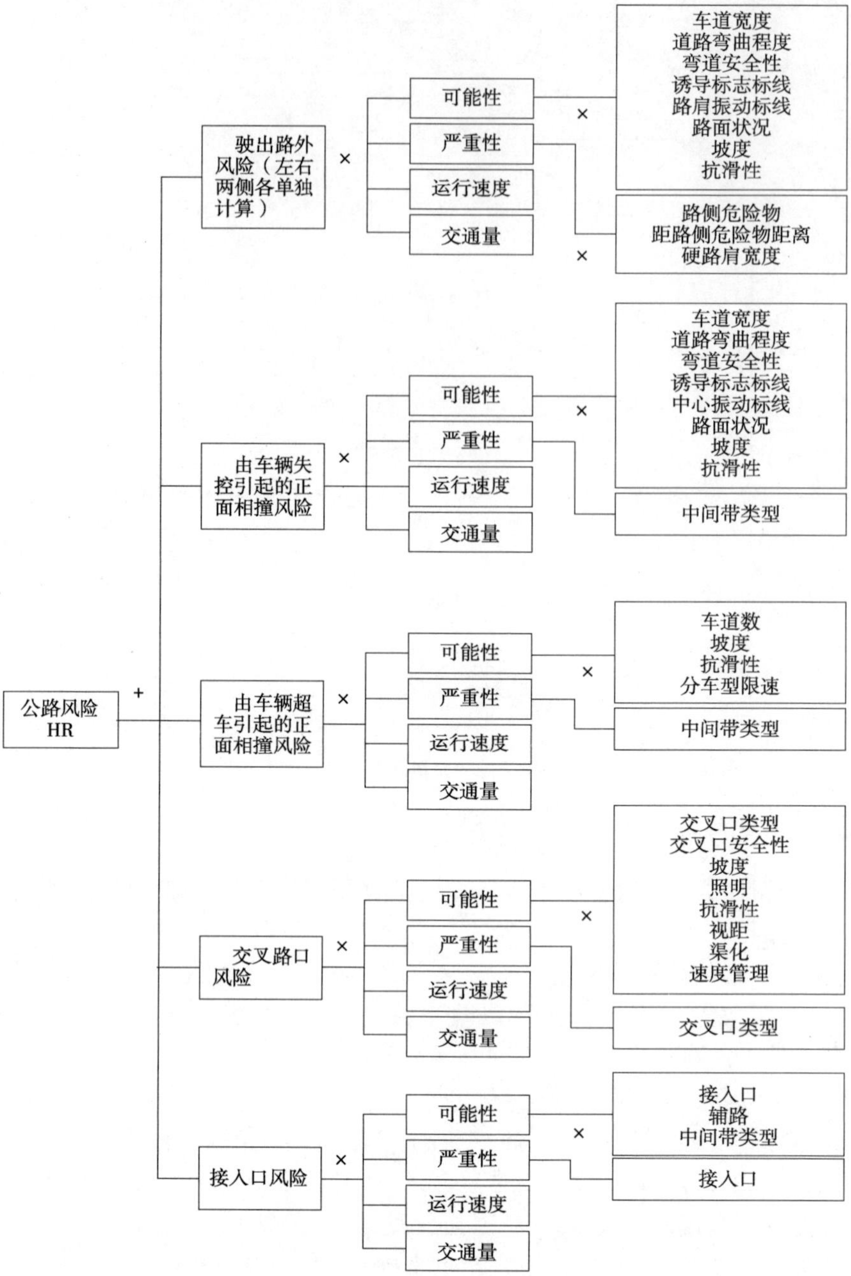

图 2-13　低等级公路风险指标计算模型

模型指标属性取值和风险系数取值　　表 2-7

公路指标	公路属性	风险系数	
		普通路段	穿村路段
分车型限速	无	1	1
	有	1.2	1.2

续上表

公路指标	公路属性	风险系数	
		普通路段	穿村路段
中间带类型（计算由车辆失控引起的正面相撞风险-严重度用）	波形梁钢护栏	0	0
	混凝土护栏	0	0
	实体中央分隔带宽度≥20m	2	2
	实体中央分隔带宽度 10.0~20.0m	10	10
	实体中央分隔带宽度 5.0~10.0m	35	35
	实体中央分隔带宽度 1.0~5.0m	80	80
	实体中央分隔带宽度 <1.0m	90	90
	临时示警桩	90	90
	中央渠化线(>1m)	83	83
	中心线	100	100
	单行道	0	0
	较宽的中心线(0.3~1m)	95	95
	缆索护栏	0	0
中间带类型（计算由车辆超车引起的正面相撞风险-严重度用）	波形梁钢护栏	0	0
	混凝土护栏	0	0
	实体中央分隔带宽度≥20m	0	0
	实体中央分隔带宽度 10.0~20.0m	0	0
	实体中央分隔带宽度 5.0~10.0m	0	0
	实体中央分隔带宽度 1.0~5.0m	0	0
	实体中央分隔带宽度 <1.0m	0	0
	临时示警桩	0	0
	中央渠化线(>1m)	82.5	82.5
	中心	100	100
	单行道	0	0
	较宽的中心线(0.3~1m)	100	100
	缆索护栏	0	0
中间带类型（计算接入口风险-可能性用）	波形梁钢护栏	0.7	0.7
	混凝土护栏	0.7	0.7
	实体中央分隔带宽度≥20m	0.7	0.7
	实体中央分隔带宽度 10.0~20.0m	0.7	0.7
	实体中央分隔带宽度 5.0~10.0m	0.7	0.7
	实体中央分隔带宽度 1.0~5.0m	0.7	0.7
	实体中央分隔带宽度 <1.0m	0.7	0.7
	临时示警桩	1	1

续上表

公路指标	公路属性	风险系数	
		普通路段	穿村路段
中间带类型（计算接入口风险-可能性用）	中央渠化线（>1m）	1	1
	中心标线	1	1
	单行道	0.7	0.7
	较宽的中线（0.3~1m）	1	1
	缆索护栏	0.7	0.7
中心振动标线	有	1	1
	无	1.2	1.2
左侧路侧危险物距车道边缘线距离（m）	[0,1)	1	1
	[1,5)	0.8	0.8
	[5,10)	0.35	0.35
	≥10	0.1	0.1
左侧危险物	波形梁钢护栏	12	12
	混凝土护栏	15	15
	摩托车友好的安全护栏	12	12
	缆索护栏	9	9
	垂直的山体	55	55
	边坡－（15°～75°）	45	45
	边坡－（≥75°）	40	40
	深排水渠	55	55
	边坡（>－15°）	45	45
	临水临崖	90	90
	直径大于10cm的树	60	60
	直径大于10cm的标志牌、桩或者杆	60	60
	坚硬的结构物、桥梁或者建筑物	60	60
	易碎的结构物或者建筑物	30	30
	无防护的护栏端头	60	60
	大石（高≥20cm）	60	60
	无危险物	35	35
右侧路侧危险物距车道边缘线距离（m）	[0,1)	1	1
	[1,5)	0.8	0.8
	[5,10)	0.35	0.35
	≥10	0.1	0.1

续上表

公路指标	公路属性	风险系数	
		普通路段	穿村路段
右侧危险物	波形梁钢护栏	12	12
	混凝土护栏	15	15
	缆索护栏	9	9
	垂直的山体	55	55
	边坡 -（15°~75°）	45	45
	边坡 -（≥75°）	40	40
	深排水渠	55	55
	边坡（> -15°）	45	45
	临水临崖	90	90
	直径大于10cm的树	60	60
	直径大于10cm的标志牌、桩或者杆	60	60
	坚硬的结构物、桥梁或者建筑物	60	60
	易碎的结构物或者建筑物	30	30
	无防护的护栏端头	60	60
	大石（高≥20cm）	60	60
	无危险物	35	35
路肩振动标线	无	1.25	1.25
	有	1	1
左侧硬路肩宽度（m）	宽（≥2.4）	0.77	0.77
	中等[1.0,2.4）	0.83	0.83
	窄[0,1.0）	0.95	0.95
	无	1	1
右侧硬路肩宽度（m）	宽（≥2.4）	0.77	0.77
	中等[1.0,2.4）	0.83	0.83
	窄[0,1.0）	0.95	0.95
	无	1	1
交叉口类型（计算交叉口风险-可能性用）	合流匝道	6	6
	环岛	15	15
	3肢交叉-无信号灯-有转弯车道	13	13
	3肢交叉-无信号灯-无转弯车道	16	16
	3肢交叉-有信号灯-有转弯车道	9	9
	3肢交叉-有信号灯-无转弯车道	12	12
	4肢交叉-无信号灯-有转弯车道	16	16
	4肢交叉-无信号灯-无转弯车道	23	23

续上表

公路指标	公路属性	风险系数	
		普通路段	穿村路段
交叉口类型(计算交叉口风险-可能性用)	4肢交叉-有信号灯-有转弯车道	10	10
	4肢交叉-有信号灯-无转弯车道	15	15
	无路口	0	0
	铁道交叉-被动式(仅有标志)	1	1
	铁道交叉-主动式(闪烁警示灯和闸门)	0.5	0.5
	中分带开口-非正式	0.5	0.5
	中分带开口-正式	0.3	0.3
	小型环岛	16	16
交叉口类型(计算交叉口风险-严重度用)	合流匝道	15	15
	环岛	15	15
	3肢交叉-无信号灯-有转弯车道	45	45
	3肢交叉-无信号灯-无转弯车道	45	45
	3肢交叉-有信号灯-有转弯车道	45	45
	3肢交叉-有信号灯-无转弯车道	45	45
	4肢交叉-无信号灯-有转弯车道	50	50
	4肢交叉-无信号灯-无转弯车道	50	50
	4肢交叉-有信号灯-有转弯车道	50	50
	4肢交叉-有信号灯-无转弯车道	50	50
	无路口	0	0
	铁道交叉-被动式(仅有标志)	150	150
	铁道交叉-主动式(闪烁警示灯和闸门)	150	150
	中分带开口-非正式	45	45
	中分带开口-正式	45	45
	小型环岛	35	35
交叉口渠化	无	1.2	1.2
	有	1	1
	无交叉口	0	0
交叉口流量(辆)	≥15000	1	1
	[10000,15000)	0.5	0.5
	[5000,10000)	0.25	0.25
	[1000,5000)	0.125	0.125
	[100,1000)	0.063	0.063
	[1,100)	0.005	0.005
	无交叉口	0	0

续上表

公路指标	公路属性	风险系数	
		普通路段	穿村路段
交叉口安全性	足够	1	1
	缺乏	1.2	1.2
	无交叉口	0	0
接入口（计算接入口风险-可能性用）	商业性接入≥1个	2	2
	居住性接入≥3个	1.3	1.3
	居住性接入1个或2个	1.1	1.1
	无接入口	1	1
接入口（计算接入口风险-严重度用）	商业性接入≥1个	50	50
	居住性接入≥3个	50	50
	居住性接入1个或2个	50	50
	无接入口	0	0
车道数	一车道	1	1
	二车道	0.02	0.02
	三车道	0.01	0.01
	四车道及以上	0.01	0.01
车道宽度(m)	宽(≥3.25)	1	1
	中等[2.75,3.25)	1.2	1.05
	窄[0,2.75)	1.5	1.1
道路弯曲程度	平直或大半径	1	1
	中等弯度曲线	1.8	1.8
	急弯	3.5	3.5
	严重急弯	6	6
弯道安全性	好	1	1
	差	1.25	1.25
	未应用	1	1
坡度(%)	[0,7.5)	1	1
	[7.5,10)	1.2	1.2
	≥10	1.7	1.7
路面状况	好	1	1
	中	1.2	1.2
	差	1.4	1.4
抗滑性	硬化路面-抗滑性好	1	1
	硬化路面-抗滑性中	1.4	1.4
	硬化路面-抗滑性差	2	2
	未硬化路面-抗滑性好	3	3
	未硬化路面-抗滑性差	5.5	5.5

续上表

公路指标	公路属性	风险系数	
		普通路段	穿村路段
诱导标志标线	好	1	1
	差	1.2	1.2
照明	无	1.15	1.15
	有	1	1
速度管理	无	1.25	1.25
	有	1	1
辅路	无	1.5	1.5
	有	1	1
视距	好	1	1
	差	1.42	1.42

运行速度风险系数取值　　表 2-8

计算"驶出路外风险"用				
运行速度(km/h)	普通路段	穿村路段	普通路段+临水临崖	穿村路段+临水临崖
≤30	0.008	0.008	0.2	0.2
35	0.013	0.013	0.233	0.233
40	0.019	0.019	0.267	0.267
45	0.027	0.027	0.3	0.3
50	0.037	0.037	0.333	0.333
55	0.049	0.049	0.367	0.367
60	0.064	0.064	0.4	0.4
65	0.081	0.081	0.433	0.433
70	0.102	0.102	0.467	0.467
75	0.125	0.125	0.5	0.5
80	0.152	0.152	0.533	0.533
85	0.182	0.182	0.567	0.567
90	0.216	0.216	0.6	0.6
95	0.254	0.254	0.633	0.633
100	0.296	0.296	0.667	0.667
105	0.343	0.343	0.7	0.7
110	0.394	0.394	0.733	0.733
115	0.451	0.451	0.767	0.767
120	0.512	0.512	0.8	0.8
125	0.579	0.579	0.833	0.833
130	0.651	0.651	0.867	0.867

续上表

运行速度(km/h)	普通路段	穿村路段	普通路段+临水临崖	穿村路段+临水临崖
135	0.729	0.729	0.9	0.9
140	0.813	0.813	0.933	0.933
145	0.903	0.903	0.967	0.967
≥150	1	1	1	1
计算“由车辆失控引起的正面相撞风险”用				
运行速度(km/h)	普通路段	穿村路段	普通路段+中央分隔带	穿村路段+中央分隔带
≤30	0.008	0.008	0.008	0
35	0.013	0.013	0.013	0
40	0.019	0.019	0.019	0
45	0.027	0.027	0.027	0
50	0.037	0.037	0.037	0.012
55	0.049	0.049	0.049	0.016
60	0.064	0.064	0.064	0.021
65	0.081	0.081	0.081	0.027
70	0.102	0.102	0.102	0.068
75	0.125	0.125	0.125	0.083
80	0.152	0.152	0.152	0.101
85	0.182	0.182	0.182	0.121
90	0.216	0.216	0.216	0.216
95	0.254	0.254	0.254	0.254
100	0.296	0.296	0.296	0.296
105	0.343	0.343	0.343	0.343
110	0.394	0.394	0.394	0.394
115	0.451	0.451	0.451	0.451
120	0.512	0.512	0.512	0.512
125	0.579	0.579	0.579	0.579
130	0.651	0.651	0.651	0.651
135	0.729	0.729	0.729	0.729
140	0.813	0.813	0.813	0.813
145	0.903	0.903	0.903	0.903
≥150	1	1	1	1
计算“由车辆超车引起的正面相撞风险”用				
运行速度(km/h)	普通路段		穿村路段	
≤30	0.008		0.008	
35	0.013		0.013	

续上表

运行速度(km/h)	普通路段	穿村路段		
40	0.019	0.019		
45	0.027	0.027		
50	0.037	0.037		
55	0.049	0.049		
60	0.064	0.064		
65	0.081	0.081		
70	0.102	0.102		
75	0.125	0.125		
80	0.152	0.152		
85	0.182	0.182		
90	0.216	0.216		
95	0.254	0.254		
100	0.296	0.296		
105	0.343	0.343		
110	0.394	0.394		
115	0.451	0.451		
120	0.512	0.512		
125	0.579	0.579		
130	0.651	0.651		
135	0.729	0.729		
140	0.813	0.813		
145	0.903	0.903		
≥150	1	1		
计算“交叉路口风险”用				
运行速度(km/h)	普通路段	穿村路段	普通路段+公铁相交	穿村路段+公铁相交
≤30	0.008	0.008	0.2	0.2
35	0.013	0.013	0.233	0.233
40	0.019	0.019	0.267	0.267
45	0.027	0.027	0.3	0.3
50	0.037	0.037	0.333	0.333
55	0.049	0.049	0.367	0.367
60	0.064	0.064	0.4	0.4
65	0.081	0.081	0.433	0.433
70	0.102	0.102	0.467	0.467
75	0.125	0.125	0.5	0.5

续上表

运行速度(km/h)	普通路段	穿村路段	普通路段+公铁相交	穿村路段+公铁相交
80	0.152	0.152	0.533	0.533
85	0.182	0.182	0.567	0.567
90	0.216	0.216	0.6	0.6
95	0.254	0.254	0.633	0.633
100	0.296	0.296	0.667	0.667
105	0.343	0.343	0.7	0.7
110	0.394	0.394	0.733	0.733
115	0.451	0.451	0.767	0.767
120	0.512	0.512	0.8	0.8
125	0.579	0.579	0.833	0.833
130	0.651	0.651	0.867	0.867
135	0.729	0.729	0.9	0.9
140	0.813	0.813	0.933	0.933
145	0.903	0.903	0.967	0.967
≥150	1	1	1	1

交通量风险系数取值 表2-9

计算“驶出路外风险”用				
每条车道AADT	无中央分隔带 1车道	无中央分隔带 2车道	无中央分隔带 3车道	无中央分隔带 4车道及以上
0～2000	0.474	0.451	0.431	0.413
2000～4000	0.448	0.408	0.377	0.355
4000～6000	0.422	0.37	0.336	0.313
6000～8000	0.397	0.339	0.306	0.284
8000～10000	0.372	0.312	0.285	0.262
10000～12000	0.347	0.29	0.27	0.25
12000～14000	0.322	0.273	0.26	0.25
14000～16000	0.298	0.261	0.255	0.25
16000～18000	0.274	0.253	0.252	0.25
>18000	0.25	0.25	0.25	0.25
每条车道AADT	有中央分隔带 1车道	有中央分隔带 2车道	有中央分隔带 3车道	有中央分隔带 4车道及以上
0～2000	0.5	0.5	0.5	0.5
2000～4000	0.5	0.5	0.5	0.5
4000～6000	0.5	0.5	0.5	0.5
6000～8000	0.5	0.5	0.5	0.5

续上表

每条车道 AADT	有中央分隔带 1 车道	有中央分隔带 2 车道	有中央分隔带 3 车道	有中央分隔带 4 车道及以上
8000 ~ 10000	0.5	0.5	0.5	0.5
10000 ~ 12000	0.5	0.5	0.5	0.5
12000 ~ 14000	0.5	0.5	0.5	0.5
14000 ~ 16000	0.5	0.5	0.5	0.5
16000 ~ 18000	0.5	0.5	0.5	0.5
> 18000	0.5	0.5	0.5	0.5
计算“由车辆失控引起的正面相撞风险”用				
每条车道 AADT	无中央分隔带 1 车道	无中央分隔带 2 车道	无中央分隔带 3 车道	无中央分隔带 4 车道及以上
0 ~ 2000	0.052	0.099	0.139	0.173
2000 ~ 4000	0.104	0.185	0.246	0.291
4000 ~ 6000	0.155	0.259	0.327	0.373
6000 ~ 8000	0.206	0.323	0.388	0.433
8000 ~ 10000	0.256	0.376	0.431	0.475
10000 ~ 12000	0.306	0.419	0.461	0.5
12000 ~ 14000	0.355	0.453	0.48	0.5
14000 ~ 16000	0.404	0.478	0.491	0.5
16000 ~ 18000	0.452	0.493	0.497	0.5
> 18000	0.5	0.5	0.5	0.5
每条车道 AADT	有中央分隔带 1 车道	有中央分隔带 2 车道	有中央分隔带 3 车道	有中央分隔带 4 车道及以上
0 ~ 2000	0.052	0.099	0.139	0.173
2000 ~ 4000	0.104	0.185	0.246	0.291
4000 ~ 6000	0.155	0.259	0.327	0.373
6000 ~ 8000	0.206	0.323	0.388	0.433
8000 ~ 10000	0.256	0.376	0.431	0.475
10000 ~ 12000	0.306	0.419	0.461	0.5
12000 ~ 14000	0.355	0.453	0.48	0.5
14000 ~ 16000	0.404	0.478	0.491	0.5
16000 ~ 18000	0.452	0.493	0.497	0.5
> 18000	0.5	0.5	0.5	0.5

续上表

计算“由车辆超车引起的正面相撞风险”用				
每条车道 AADT	无中央分隔带 1 车道	无中央分隔带 2 车道	无中央分隔带 3 车道	无中央分隔带 4 车道及以上
0 ~ 2000	0.01	0.01	0.01	0.01
2000 ~ 4000	0.02	0.02	0.02	0.02
4000 ~ 6000	0.03	0.03	0.03	0.03
6000 ~ 8000	0.042	0.042	0.042	0.042
8000 ~ 10000	0.06	0.06	0.06	0.06
10000 ~ 12000	0.086	0.086	0.086	0.086
12000 ~ 14000	0.116	0.116	0.116	0.116
14000 ~ 16000	0.148	0.148	0.148	0.148
16000 ~ 18000	0.18	0.18	0.18	0.18
> 18000	0.2	0.2	0.2	0.2
每条车道 AADT	有中央分隔带 1 车道	有中央分隔带 2 车道	有中央分隔带 3 车道	有中央分隔带 4 车道及以上
0 ~ 2000	0	0	0	0
2000 ~ 4000	0	0	0	0
4000 ~ 6000	0	0	0	0
6000 ~ 8000	0	0	0	0
8000 ~ 10000	0	0	0	0
10000 ~ 12000	0	0	0	0
12000 ~ 14000	0	0	0	0
14000 ~ 16000	0	0	0	0
16000 ~ 18000	0	0	0	0
> 18000	0	0	0	0

计算“交叉路口风险”用		
交叉口 AADT	普通路段	穿村路段
0	0	0
1 ~ 100	0.005	0.005
100 ~ 1000	0.063	0.063
1000 ~ 5000	0.125	0.125
5000 ~ 10000	0.25	0.25
10000 ~ 15000	0.5	0.5
≥15000	1	1

续上表

计算“接入口风险”用		
接入口个数	普通路段	穿村路段
0	0	0
居住性接入 1 或 2	0.01	0.01
居住性接入≥3	0.02	0.02
商业性接入≥1	0.03	0.03

2.4 低等级公路交通安全风险评估流程

低等级公路交通安全风险评估可按照以下步骤进行。

(1)基础数据采集。

低等级公路交通安全风险评估需要采集的基础数据包括:公路沿线视频(以公路中心线为中心,辐射公路两侧 170°范围)、对应的里程桩号信息、GPS 信息(应同步标注与公路里程桩号的匹配关系)、交通量信息和运行速度信息等。

(2)数据标准化处理。

按照表 2-6 ~ 表 2-8 给出的分类和取值方法,将公路指标及对应公路属性分类和量化,按 100m 为一个单元进行数据标准化处理。

(3)评估计算。

利用标准化处理后的信息数据,将 100m 路段范围内存在的属性风险系数按照图 2-13 所示的计算模型进行计算,即可求得路段的公路风险 HR。

(4)风险分级。

公路风险分为 5 级,分别用罗马数字Ⅰ、Ⅱ、Ⅲ、Ⅳ、Ⅴ表示。Ⅰ级为低风险,Ⅴ级为高风险。根据我国低等级公路风险特征和提升改善需求,分级标准可按照表 2-10 确定,也可以根据实际管理需求进行调整。

低等级公路推荐风险分级标准 表 2-10

风险等级	风险状况	公路风险指标范围
Ⅴ级	高	HR≥23
Ⅳ级	较高	23 > HR ≥13
Ⅲ级	中	13 > HR ≥5
Ⅱ级	较低	5 > HR ≥ 3
Ⅰ级	低	HR < 3

第 3 章　低等级公路交通安全防护设施设置技术

单车冲出路外后发生的事故一般称为路侧事故。据不完全调查和统计，路侧事故约占公路交通事故总数的 30%，在一次死亡 3 人以上的重特大恶性交通事故中，由于车辆冲突路外坠落陡崖或高桥的路侧事故约占重特大恶性交通事故的 50% 以上，在低等级公路上更占到重特大恶性交通事故的 76% 以上。由此可见，减少与路侧相关的交通事故、降低路侧交通事故的伤亡率，对于提升公路交通安全水平具有重要的意义。本章介绍低等级公路路侧交通安全防护设施设置条件和高性价比安全防护设施的开发，为低等级公路路侧安全改善和工程实施提供参考。

3.1　低等级公路路侧安全问题

(1)路侧安全防护能力不足。

低等级公路交通安全设施相对较少，所设置的安全设施以标志、标线为主，临水、临崖和高边坡路段大部分仅设置了示警墩，安全防护能力不足，缺乏护栏等必要的安全防护设施(图 3-1)。

a)　　　　b)

图 3-1　低等级公路路侧安全防护能力不足

由于公路养护能力不足、养护监管不到位，低等级公路上现仅有的安全防护设施缺乏必要的维护，部分安全防护设施遭到破坏后得不到及时的修复，进一步削弱低等级公路的防护能力(图 3-2)。

a) b) c) d)

图 3-2　低等级公路防护设施缺少维护

(2)路侧护栏设置不规范。

通过公路安全保障工程的实施,低等级国省干线公路路侧危险路段已经设置了符合规范要求的护栏,但是存在设置不规范的问题。如护栏只设置在弯道外侧,忽略了弯道前后连接段等其他车辆易冲突位置。波形梁护栏存在大量断口,使护栏不满足设置最小长度的要求,不能发挥整体效应(图 3-3、图 3-4)。

图 3-3　护栏长度过短

图 3-4　低等级公路波形梁护栏断口

(3)不同类型的护栏之间缺少过渡处理措施。

波形梁护栏、混凝土护栏、桥梁混凝土护栏等不同类型的护栏之间缺少过渡处理措施。由于不同护栏的导向性、变形量不同,缺少过渡措施易造成车辆碰撞护栏时绊阻,从而导致不能正常回归车道、翻车甚至在接头处冲出等问题(图3-5)。

a)　b)　c)　d)

图3-5　不同类型的护栏之间缺少过渡处理措施

(4)低等级公路路肩条件增加护栏设置难度。

低等级公路多位于山区,用地困难,临崖邻水的路段较多,但可利用的路肩空间小,不满足设置护栏的空间要求,部分路段设置护栏后会压缩车辆通行空间;路肩不稳定、易发生沉陷或滑坡,导致护栏基础不稳定,不能充分发挥应用的防护能力;部分路段路肩即为山体或砌石挡土墙,护栏基础开挖、打入困难等。因路侧空间有限,部分已安装的护栏存在基础强度不足的问题,有的甚至出现松动现象,如图3-6、图3-7所示。

a)　b)

图3-6　路侧空间不足

图 3-7 护栏基础松动

3.2 基于成本效益分析的护栏设置条件

3.2.1 护栏设置方法研究概况

3.2.1.1 国外防护设施设置方法

防护设施是国外交通安全设施研究的重点之一。美国首先根据边坡坡度和填方高度确定是否设置护栏,然后针对需要被保护的车辆类型选择适用的护栏等级。美国规范中提及安全净区的定义,德国规范中则没有提及安全净区的概念。德国护栏设置则是先判断列表中的障碍物是否处在决定距离 A 或 AE 区内,根据 4 个不同的危险等级,结合运行速度和交通量,给出对应的护栏等级,路侧高填方和坡度是放在危险等级 4 中。日本的规范(1998 年)中,无论是护栏防撞等级的划分,还是护栏的选取都与中国类似,一般路段根据道路等级和路侧指标即可进行选取。

(1)美国。

在美国规范中,设置护栏的目的是减少潜在事故,当车辆驶出路外或撞击固定物导致的后果比撞护栏更严重时,则应设置护栏。因此,有驶出路外的可能性或发生过驶出路外的先例并不是设置护栏的直接原因。护栏设置原则上需要分析成本效益(Benefit/Cost),设计速度和交通量可以用来评价护栏设置需求,护栏的成本与护栏安装支出、维护支出和事故支出有关。路侧需要设置护栏的状况主要有两大类:一是高或陡的路堤,二是路侧障碍物,图 3-8 中显示了考虑路侧填方高度和边坡坡度的最基本设置原则。一些州的地方标准在护栏设置原则中还增加了关于交通量、成本效率、设置长度等因素的考虑。

障碍物主要包括人造的结构物(如涵洞出入口等)或自然形成的阻挡物(如树木等),护栏本身也是一种障碍物,只有在车辆撞击路外障碍物比撞击护栏后果更严重的时候才设置护栏。当重车比例较高,或属于危险品运输线路,或具备不良几何线形条件的特殊路段,也倾向于设置护栏。美国 AASHTO 的《路侧设计指南》中提到了 4 个护栏等级,分为 TL2 ~ TL5。其中 TL3 是最常用的护栏,TL2 护栏已经被开发用于限速 70km/h 以下的路上小客车和轻型货车的防护。在交通量小、速度低的道路上,TL3 级护栏成本效益不明显。在几何线形差、交通量大、速度高且重型货车比例显著的情况下,需要设置 TL4 或以上级别的护栏。

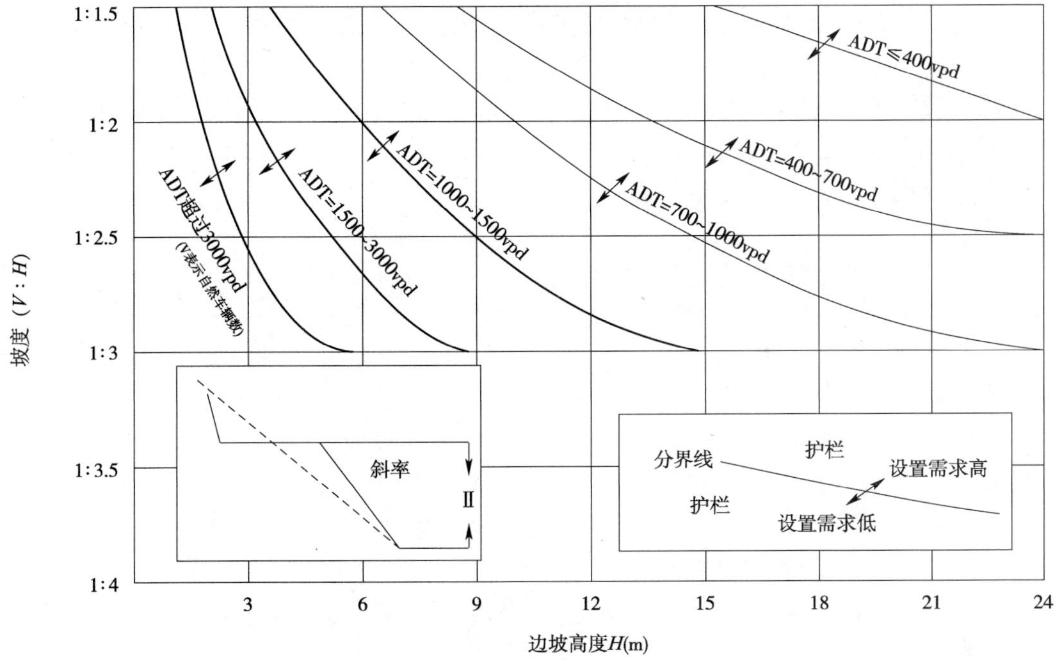

图3-8 路侧险要路段划分及护栏设置条件(ADT表示平均日交通量)

(2)德国。

德国护栏设置首先需要判断危险因素或障碍物是否处在决定距离A或AE区内，而A或AE的范围是根据运行速度确定的，如图3-9所示。然后根据4个不同的危险等级，结合运行速度和交通量，给出对应的护栏等级。

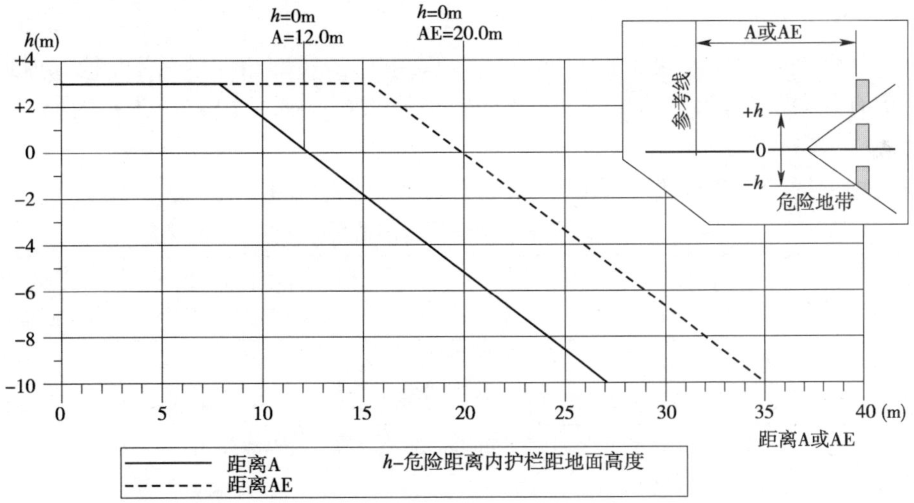

图3-9 限速大于100km/h的公路危险物临界距离与限速小于100km/h的高速公路和高速公路危险物临界距离

①危险等级1：需要防护的区域有特殊风险的第三方，如可能发生爆炸的化工厂、大量使用的停止区域、相邻高速铁路运行速度大于160km/h、建筑物倒塌的危险。

②危险等级2：第三方存在需要保护的风险，如相邻交通量很大的人行道和自行车道，相邻铁路超过30车次/24h，邻近道路ADT大于500辆/24h。

③危险等级3:对车内乘客有特殊风险的障碍物,如不可变形的竖直方向上的障碍物、独立的隔离设施障碍物、声屏障等。

④危险等级4:对车内乘客有特殊风险的障碍物,如可以变形但不能完全或折断的独立障碍物、汇水渠、挖方边坡坡度大于1∶3、填方边坡高度大于3m且坡度大于1∶3、大片水域深度大于1m、激流。

(3)日本。

日本的相关护栏设置标准(2008年1月)提出护栏设置技术条件如下。

①车辆冲出路外存在危险的路段。规范中给出了使用填方高度和边坡坡度确定是否设置护栏的关系图。路侧填方在4m以上,且坡度在1∶1以下的区域,被认为是危险度很高的区域,必须设置护栏。

a.土堆、悬崖、防护墙、桥梁、高架桥等危险性高,需要设置护栏。

b.接近海、湖、河流、沼泽、水路等,需要设置护栏。

c.跟桥梁、高架桥、隧道等相接或接近车道的构造物的路段,需要设置护栏。

②防止二次伤害设置护栏的路段。

a.防止路外车辆二次伤害。在临近其他铁路、轨道或立体交叉时,车辆冲出路外又进入铁道或其他道路的路段。

b.防止对向车道车辆二次伤害。在有分隔带的道路上,为防止车辆冲到对向车道导致二次事故的路段。如:高速、国道、汽车专用道;行驶速度高,线形差,为防止车辆偏离到对方车道导致事故的路段。

c.防止车辆偏离到人行道,造成二次伤害而需要设施护栏的路段。如:行驶速度高,防止车辆冲入民居需要特别设置护栏的路段;行驶速度高,行人等的危险度高,为确保其安全而需要设置护栏的路段。

③由于其他理由而需要设置护栏的路段。如:事故多发的道路或者有多发危险的道路,设置护栏会有效果的路段;车道数、车道宽度等以及根据交通状况被认为需要护栏的路段;由于气象条件,特别需要护栏的路段。

日本的相关护栏设置标准中护栏防撞等级的适用见表3-1。

日本护栏防撞等级的适用 表3-1

道路区分	设计速度(km/h)	一般路段	有发生重大伤害可能的路段	与新干线等有交差或邻近的路段
高速汽车国道 汽车专用道路	80以上	A,Am	SB,SBm	SS
	60以下		SC,SCm	SA
其他道路	60以上	B,Bm,Bp	A,Am,Ap	SB,SBp
	50以下	C,Cm,Cp	B,Bm,Bp注	

注:设计速度40km/h以下的道路可以使用C,Cm,Cp。

3.2.1.2 国内防护设施研究概况

我国在"七五"期间开始针对高速公路护栏的设计、生产与施工等方面开展研究工作。1994年,我国发布了最早的护栏规范《高速公路交通安全设施设计与施工技术规范》(JTJ 074—94)。规范明确规定了护栏的适用范围及设置原则,确定了两种护栏防撞等级:A级和

S级。A级标准防护条件为10t货车以60km/h和15°角碰撞角的碰撞，适用于高速公路、汽车专用一级公路的一般路段；S级标准防护条件为10t货车以80km/h和15°角的碰撞，适用于中间带内有重要结构物，需要加强保护的路段。

随后的十几年，我国公路交通条件发生了较大的变化，车重、车辆运行速度、车辆与护栏的碰撞角度都与1994年以前的情况有了较大差别。2006年交通部对1994版护栏规范进行了修订，发布了《公路交通安全设施设计规范》（JTG D81—2006）。2006版规范中护栏防撞等级包括B级、A级、SB级、SA级和SS级，碰撞车辆增加了1.5t的小车、14t大车和18t大车，碰撞速度增加了80km/h和100km/h，将所有的碰撞角度统一调整为20°。规范中分别给出了不同防护等级缆索护栏、波形梁护栏及混凝土护栏的结构形式及外形尺寸，并对不同条件下护栏的最小设置长度等做出了明确规定。

2006版规范提出了护栏设置的基本原则，主要条款如下：

（1）车辆驶出路外有可能造成二次特大事故的路段，必须设置路侧护栏。

（2）公路边坡和路堤高度在“边坡坡度、路堤高度与设置护栏关系图”中Ⅰ区阴影范围内的路段，必须设置路侧护栏（图3-10）。

（3）路侧有江、河、湖、海、沼泽、航道等水域的路段，必须设置路侧护栏。

（4）高速公路、一级公路路侧安全净区内有车辆不能安全穿越的设备杆柱和设备基础的路段，应设置护栏。

（5）二级以上等级公路边沟无盖板、车辆无法安全穿越的挖方路段，应设置护栏。

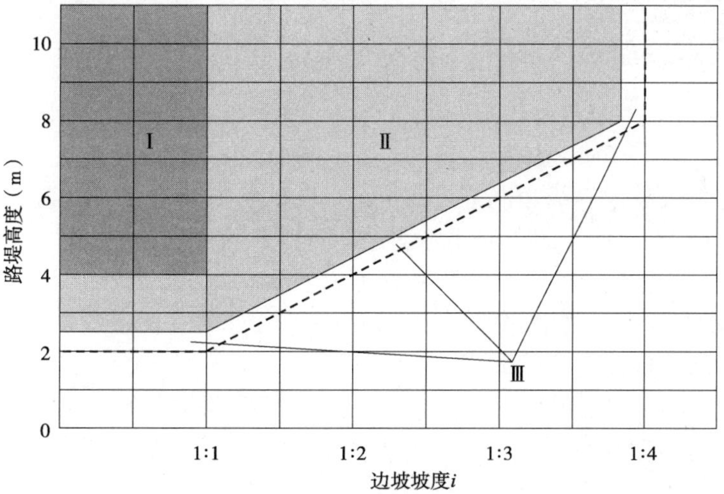

图3-10　边坡坡度、路堤高度与设置护栏的关系

规范中护栏的设置主要考虑路堤高度和边坡坡度、可能发生二次事故的路段及有路侧障碍物的路段。

在《公路交通安全设施设计规范》（JTG D81—2006）中，路基护栏防撞等级的选择是根据公路等级和车辆发生交通事故的可能性确定的。路基护栏防撞等级的适用条件见表3-2。

2013年颁布实施的《公路护栏安全性能评价标准》（JTG B05-01—2013），在大量调查论证的基础上，提出了针对我国低等级公路的C级防护等级，碰撞能量为40kJ，主要防护对象为低等级公路行驶的小型客车、中型客车及中型货车。

路基护栏防撞等级的适用条件　　表 3-2

公路等级	设计速度（km/h）	车辆驶出或进入对向车道有可能造成交通事故的等级		
		一般或重大事故	单车特大事故或二次重大事故	二次特大事故
高速公路	120	A、Am	SB、SBm	SS
	100、80			SA、SAm
一级公路	100、80			SA、SAm
	60		A、Am	SB、SBm
二级公路	80、60	B	A	SB
三级公路	40、30		B	A
四级公路	20			

近年来，我国在交通安全防护设施的安全性能评估与新型设施的研发方面取得了较多的成果。在“十一五”期间国家道路交通安全科技行动计划中，分别以山区公路和高速公路的安全防护设施为研究对象，开展了路侧安全量化分析系统、公路交通安全设施安全性能评价标准、在用防护设施的安全性能验证、低造价及高性能安全防护设施开发4方面任务的关键技术研究和示范应用，为我国公路交通防护设施标准规范提供了明确、可靠的安全性能指标。该项目还以切实提高农村公路安全运行水平为目标，综合改善措施的安全效果和经济性，提出山区农村公路交通安全综合防控对策及安全技术政策。

3.2.2　成本效益分析法

3.2.2.1　成本效益分析法的提出

发达国家对于公路防护设施的设置，采取与交通运行条件相协调的设计方法，从而自然地适应了低交通量或技术等级较低公路的情况。我国目前的公路安全设施设置方法仍以路侧安全性为主要依据，对低等级公路实际交通运行特点和技术经济条件考虑不足。如《公路交通安全设施设计规范》（JTG D81—2006）中规定的护栏设置方法主要考虑事故的严重程度，但没有考虑不同线形条件的路段运行速度的差异；对事故发生的可能性考虑的不足，对于不同危险程度的路段没有量化的指标。

因此，引入“成本效益分析”方法，用于研究低等级公路护栏的设置条件。路侧护栏等交通安全设施可以为因疏忽而驶出道路的驾驶人提供一个额外的安全余地，大部分安全防护设施的设置通常是建立在其对于安全行车的益处分析基础上。然而，在某些情况下，并不能马上看到进行安全设计或处理的效益超过增加这些设施的费用。因此，设计者必须决定把有限的资金用在什么地方、怎样利用，才能达到最大的收益。做这样的分析决定的一个方法，就称作成本效益分析。该方法在美国及澳大利亚的护栏设计相关规范与指南中都有所应用。

3.2.2.2　基于成本效益分析方法的防护设施设置方法

基于成本效益分析方法的护栏设置条件的确定遵循以下步骤（图3-11）。

在不违背我国标准规范要求的基础上，借鉴国外护栏设置的最新成果，结合前期科研成果、研究经验和我国低等级公路实际情况，形成一套基于成本效益分析方法的低等级公路安全防护设施设置方法，该方法主要考虑以下三方面因素。

(1)事故发生的可能性量化。

车辆驶出路外事故的可能性主要考虑以下因素。

①交通量和组成：交通流中重型车的比例高，事故的可能性高。

②不利线形：主要考虑的是平曲线，平曲线外侧，车辆驶出的可能性较大，尤其是长下坡底和平曲线外侧的组合，车辆驶出的可能性更大。

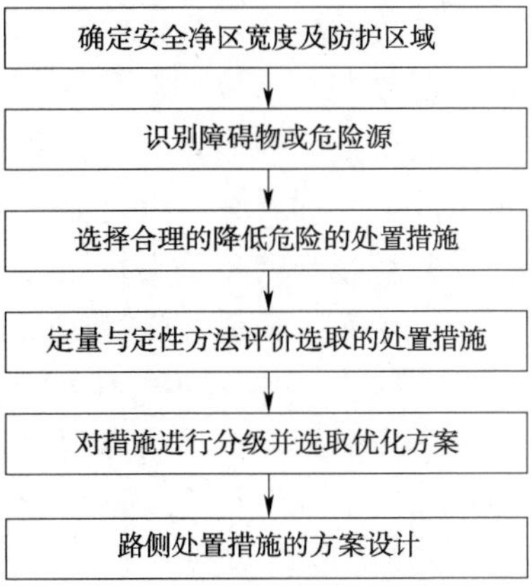

图3-11　基于成本效益分析方法的护栏设置条件确定步骤

利用公路事故预测模型来判定事故发生的可能性(考虑交通量、平面线形、纵坡、路侧障碍物距离)。借鉴参考美国和澳大利亚的路侧设计指南，以西部交通建设项目《公路路侧安全评估及防护方法研究》成果为基础，结合公路事故数据，综合考虑公路线形的平曲线半径、纵坡、交通量、路侧障碍物情况，得出公路事故预测模型，对各路段事故发生的可能性进行量化分析。

事故预测模型公式如下：

$$N_P = \mathrm{AADT} \times L \times 10^{-6} \times \mathrm{EXP}(-0.85 + 0.007H + 0.06G) \tag{3-1}$$

式中：N_P——预测路段单元的年事故数；

AADT——年平均日交通量；

L——评价路段的长度(m)；

H——路段单元平均百米长度的曲线偏角；

G——路段单元加权平均纵坡。

路段单元平均百米长度的地线偏角可按式(3-2)计算：

$$H = \sum_i (WH_i \times DEG_i) \tag{3-2}$$

$$WH_i = \frac{l_i}{L}; DEG_i = \frac{18000}{\pi \times R_i} \tag{3-3}$$

式中：WH_i——圆曲线 i 位于评价路段内的比例；

DEG_i——圆曲线 i 每百米长度的偏角；将评价路段中直线段部分的 DEG 值视为0；

l_i——评价路段中圆曲线 i 的长度(m)；

R_i——圆曲线 i 的曲线半径(m)。

路段单元加权平均纵坡可按式(3-4)计算：

$$G = \frac{\sum_i (G_i \times l_i)}{L} \tag{3-4}$$

式中：G_i——评价路段中坡段 i 的纵坡值；

其他参数同前。

(2)事故发生的严重程度量化。

车辆驶出路外事故的严重程度与路侧危险等级有关，路侧危险等级越高，事故后果越严重。另外，车辆驶出路外事故的严重程度和速度有关，速度越高，事故后果越严重。

结合运行速度 $V85$、边坡坡度 i 和路堤高度 H 等指标，判定某一路段事故发生的严重程度。事故发生严重程度的量化值是根据大量的公路路侧条件(边坡坡度 i 和路堤高度 H)实地调研数据与事故调研数据回归而得出的,进而区分不同的边坡坡度指标,编制成可以直接查表获得数值的表格。该系列表格中,事故发生的严重程度取值范围为 0 ~ 10,取值越高表示事故发生的严重程度越高。表格的纵向标题为某一边坡坡度情况下的边坡高度值,横向标题为某路段的车辆运行速度值。

设计人员在进行事故发生的严重程度量化判定时,首先利用《公路项目安全性评价指南》(JTG/T B50—2004)中的公路运行速度模型,计算出直线段、曲线段或弯坡组合等不同线形指标下路段的运行速度,再结合道路设计或实测的边坡坡度、路堤高度,即可查表得出各路段的事故严重程度量化值。

(3)障碍物防护成本量化分析。

首先结合事故发生的可能性及事故严重程度计算事故经济损失,再利用成本效益比确定是否设置护栏。

某一路段的事故经济损失计算公式如下:

$$E = \frac{\sum_{i}(N_{pi} \times E_i \times L_i)}{3.6} \tag{3-5}$$

式中:N_{Pi}——某预测路段单元的年事故数;

E_i——某一事故严重程度所对应的事故损失(该指标是结合多年来收集的公路事故数据,以以往安全经济分析类项目研究成果为基础而计算得出,包括财产损失与伤亡损失);

L_i——路段长度。

同时计算设置护栏的建设成本与碰撞路侧护栏后的事故经济损失,从成本效益分析的角度对两者进行比较,确定是否有必要设置护栏以及设置何种等级、何种形式的护栏。

$$\text{效益成本比} = \frac{\text{事故经济损失}}{\text{碰撞护栏后事故经济损失} + \text{护栏建设成本}} \tag{3-6}$$

其中,效益成本比大于 1,认为该安保措施在经济上是可行的;反之,是不可行的。

具体路段可通过对线形指标、历史事故、交通调查等相关调研数据资料的分析,结合成本效益分析方法进行路段安全防护设施的设置与设计。

按照成本效益分析的方法,公路护栏的设置形式及等级选择的具体步骤如下:

①收集线形、交通量、边坡坡度、路堤高度等基础资料。

②根据收集到的线形资料计算各运行速度分布情况。

③根据填挖方、线形、路堤高度、运行速度变化划分路段。

④根据路侧事故预测模型计算各路段事故发生概率。

⑤根据预测的事故发生概率、运行速度、边坡坡度与路堤高度,确定填方路段的路侧安全等级。

⑥根据预测的事故发生概率、运行速度、障碍物的特点,确定挖方路段发生碰撞障碍物事故的费用。

⑦根据路侧安全等级确定填方路段的护栏设置等级。

⑧根据碰撞障碍物事故与设置护栏发生事故的费用比较,确定挖方段的护栏设置等级。

⑨完成全线公路的护栏设置。

3.2.3 设置条件

综合低等级公路的路侧条件、交通量、车辆组成、交通事故情况、安全防护设施设置情况及低等级公路安全保障需求，结合路侧边坡、路肩形式、交通量、车辆组成、成本效益等影响因素，提出低等级公路护栏的设置条件。

3.2.3.1 一般规定

(1)低等级公路交通安全防护设施包括护栏、护栏端头及过渡段等。各种防护设施的设计和设置应遵循有关标准规范的规定。

(2)低等级公路护栏设计应体现宽容设计、适度防护的理念，通过保证合理的净区宽度来降低事故严重程度。

(3)根据低等级公路路段主要风险因素、路侧危险程度、交通事故情况、行车速度和交通流组成等因素确定是否需要设置防护设施。

(4)低等级公路防护设施形式宜与周边景观相协调，还要考虑当地的养护条件、环境和气候因素。

(5)根据成本效益分析，确定是否设置护栏、防护等级及合理选择护栏形式。

3.2.3.2 设置原则

低等级公路护栏的设置及防护等级的选取可参考以下规定。

(1)按照《公路交通安全设施设计规范》(修订稿)的规定，事故严重程度分为三个等级，即低、中、高。

设置的路基护栏应按表3-3选取路侧护栏防护等级。

路侧护栏设置原则及防护等级选取条件 表3-3

事故严重程度及护栏设置原则	路侧净区宽度范围内有以下情况	设计速度(km/h)	防护等级(代码)
高，必须设置	高速铁路、高速公路、高压输电线塔、危险品储藏仓库等	三级公路40	三(A)级
		三级公路、四级公路30、20	二(B)级
中，应设置	(1)江、河、湖、海、沼泽等水域(水深1.5m以上)； (2)Ⅰ级铁路、一级公路等	三级公路、四级公路40、30、20	一(C)级
低，宜设置	(1)三级公路、四级公路边坡坡度和路堤高度在图3-12的Ⅰ区阴影范围之内的路段； (2)高出路面或开挖的边坡坡面有30cm以上的混凝土基础或大孤石等障碍物	三级公路、四级公路40、30、20	一(C)级

(2)年平均日设计交通量小于2000辆的低等级公路，宜具体分析其经济性再确定是否设置护栏。年平均日设计交通量小于400辆的单车道四级公路，宜采取诱导和警示的措施。

(3)低等级公路护栏设置除应满足《公路交通安全设施设计规范》(JTG D81)的规定以及上述原则以外，结合具体的道路条件、交通量、交通组成、运行速度等，还应兼顾或参考以下原则来确定是否设置护栏以及所设置护栏的防护等级：

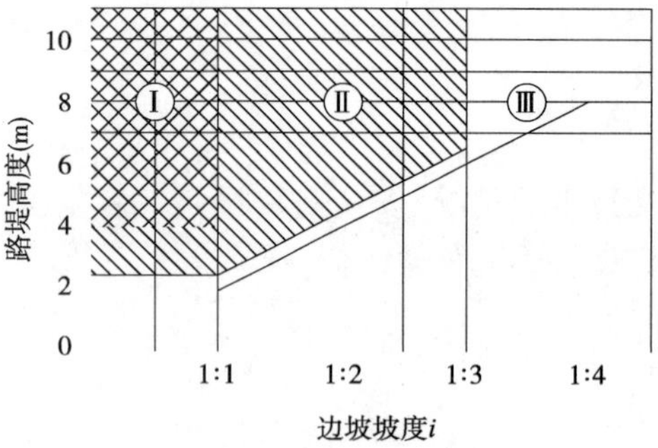

图 3-12 边坡坡度、路堤高度与设置护栏的关系

①在发生过车辆驶出路外交通事故的地方,宜进行公路线形、交通环境、气象环境等的综合分析,找到主要风险因素,采取针对性措施。需要设置防护设施时,可考虑设置防撞等级较高的路侧护栏。

②急弯或连续急弯,特别是连续下坡路段小半径曲线的外侧,宜设置路侧护栏。急弯或连续急弯的弯道内侧,路侧危险程度不高时,可不设置路侧护栏,宜适当修整边坡、边沟或改善视距。

③在长直线尽头的小半径曲线外侧,尤其是路面抗滑性能不足的小半径曲线外侧,宜设置路侧护栏。

④陡坡路段平曲线外侧,尤其是长下坡直线路段尽头、急弯路段的外侧,宜设置路侧护栏。

⑤曲线外侧距离路肩较近范围内有民居,应设置路侧护栏。

⑥路侧有一定宽度的净区(≥3m),边坡坡度较缓(≤1:3),车辆驶出路外后可以自行驶回公路,或即使不能驶回公路,一般不会产生严重事故的,可以不设路侧护栏。

⑦路侧净区宽度较小(介于1.5~3m之间),边坡坡度较陡(1:3~1:1之间),车辆驶出以后不能驶回公路,会产生事故,事故严重程度较轻,可以结合公路线形和运行速度选择设置C级、B级或A级路侧护栏。

⑧路侧净区宽度较小(≤1.5m),边坡坡度较陡(大于或等于1:1),车辆驶出以后不能驶回公路,事故严重程度较重,可以结合公路线形和运行速度设置B级、A级或更高等级的路侧护栏。

⑨相邻路段相同防护等级的护栏结构,宜尽可能采用统一的结构形式,以减少过渡段的设计和使用。现有公路曾发生过车辆穿越护栏过渡段处事故的路段,宜进行过渡段改造,采用满足防护等级要求的过渡段结构。

⑩日常通行核载10人及以上校车、公交车或班线车的路段,宜结合路侧条件及危险等级,优先考虑设置护栏。

3.3 低等级公路路侧高性价比安全防护设施开发

近年来,国内开展的一些低等级公路安全技术研究项目中,开发了一些适用于低等级公路的新型护栏结构形式,如坚石薄壁混凝土护栏、砌石护栏、钢丝笼护栏及土堆拦挡等,但多为防撞等级A级、B级的护栏结构以及一些因地制宜的临时拦挡设施。一些针对特定地区实际道路调研确定并研发的"C级"护栏,碰撞能量只能达到33 kJ,与现行《公路护栏安全性能评价标准》(JTG B05-01—2013)中的C级(碰撞能量40kJ)护栏防撞条件不相符合,不具有普遍适用性。

3.3.1 主要研究方法

3.3.1.1 统计分析

在路侧安全研究中,应用统计分析方法研究道路和交通参数对道路安全的影响占主导地位。统计分析方法能揭示路侧特征对路侧事故发生频数及其严重性的影响，被国内外相关研究人员广泛采用和证实。

(1)回归和相关分析。

回归和相关分析法就是从被预测变量和与它相关的解释变量之间的因果关系出发，通过建立回归分析模型，预测对象未来发展的一种分析方法。路侧安全系统中的各种变量，可以是两种关系：一是函数关系；二是相关关系。当变量之间具有确定的关系时，则变量之间表现为某种函数关系；而有些变量，虽然它们之间有着密切的联系，但不能准确地用某一函数关系式确定它们的关系，称这类变量间具有相关关系。具有相关关系的变量，虽然不能用准确的函数式表达其联系，但可以通过大量试验数据(或调查数据)的统计分析，找出各相关因素的内在规律，从而近似地确定出变量间的函数关系，这是回归分析的基本思想和方法。

(2)累积分布分析。

累积分布分析可以给出调查数据中小于或大于等于某一给定数值的数据个数，可分为"小于式"累积分布和"大于等于式"累积分布两种。"小于式"累积分布给出了数据集中小于给定数值的数据个数；"大于等于式"累积分布给出了数据集中等于或大于给定数值的数据个数。

累积曲线是用来表示累积频数、相对频数或百分数分布的图形。"小于式"累积分布曲线的 x 轴是给定的上界数值，y 轴表示累积频数，是从左到右逐渐上升的图形。"大于等于式"累积分布曲线的 x 轴是给定的下界数值，y 轴同样表示累积频数，是从左到右逐渐下降的图形。

3.3.1.2 计算机仿真试验

随着计算机技术的快速发展，应用计算机进行系统仿真日益受到人们的重视。计算机仿真技术结合了试验和分析这两种方法，将分析的方法用于模拟试验：充分运用已有的基本物理原理，可建立待研究系统的数学模型；采用与实际物理系统试验相同的基本研究方法，可在计算机上运行仿真试验。

路侧安全研究中的计算机仿真，主要进行碰撞模拟，考虑大变形的结构分析方法，目前一般采用动态有限元的方法，应用这种方法可进行汽车正面、顶部、侧面碰撞的仿真分析，避免实车碰撞试验耗费大量成本。同时，还可预测整车防撞性能，或进行事故重建。能处理动态有限元问题的软件主要有 Dyna3D、Pamcrash 等，可用于汽车碰撞仿真研究。

路侧安全计算机模拟分析主要包括前处理、计算分析和后处理三个过程。前处理主要是建立问题的几何模型、进行网格划分、建立用于计算分析的数值模型、确定模型的边界条件和初始条件等；计算分析是对所建立的数值模型进行求解，经常需要求解大型的线性方程组，这个过程是计算机模拟分析中计算量最大、对硬件性能要求最高的部分；后处理则是以图形化的方式对所得的计算结果进行检查和处理。

3.3.1.3 实车碰撞试验

实车足尺碰撞试验是在试验场上，按一定的技术条件安装好要试验的路侧设施及各种测试仪器，试验车通过加速，以一定的角度和速度在自由状态下与被测设施碰撞，各种现场测试仪器(如高速摄影、摄像、电测量仪器、加速度仪器等)将记录碰撞过程中路侧安全设施、车辆的动态变化过程，通过分析、判断比较，给出路侧设施系统安全性能的客观评价。实车碰撞试验是个很复杂的试验，许多关键的试验条件（如冲击速度、冲出角度等）难以精确控制，加上动力碰撞和材料破坏的随机性和不稳定性，试验难以重复进行，解决这一问题的方法就是试验程序标准化，即所有的研究机构应按统一的标准试验程序及试验条件进行试验，按统一的评判标准评价路侧设施的优劣。

实车碰撞试验场地坡度要求小于2.5%，铺设硬质路面，试验中保持路面清洁。为评估车辆碰撞的行驶轨迹，要求道路铺设范围保证在碰撞点前15m预计碰撞分离点后40m的范围内。在撞击点附近要求尽量减少尘土，保证图像记录清晰。

在试验进行时，碰撞车辆的轮胎胎压要求达到制造厂家的推荐值，车辆悬架、轮胎、转向系统等均正常。车身外侧需贴标志点，以帮助数据分析。车辆的转向系统不应约束，保持车辆滑行中的方向自由。车辆配重应固定牢固，并且不应超过汽车厂商推荐的在水平和垂直平面上的质量分配平衡。

路侧安全设施的安装应按照有关安装技术要求执行。试验中的碰撞点应该选择在路侧设施结构最薄弱处，包括设计的敏感区域。

速度和角度的试验测量，均要在距离碰撞点小于6m的距离内测定。速度精度控制在±1%之内，角度精度控制在±0.5%之内。试验中，为了避免碰撞能量产生更大的差异，速度与角度的最大误差不能同时发生，所以在速度误差的上限，角度只能允许在负差范围内变动。

试验车辆上应安装加速度传感器、车载数据采集设备、试验假人等，分别采集车辆纵向、横向和垂向的加速度值。试验中，加速度传感器放置在最接近车辆重心的位置。传感器与数据记录仪应符合ISO 6487的要求。

3.3.2 碰撞试验条件与评价标准

根据现行行业标准《公路护栏安全性能评价标准》（JTG B05-01—2013），针对低等级公路防护需求的C级护栏防撞等级为碰撞能量40kJ，其碰撞试验条件见表3-4。

C级护栏碰撞试验条件 表3-4

碰撞车型	车辆总质量(t)	碰撞速度(km/h)	碰撞角度(°)
小型客车	1.5	50	20
中型客车	6	40	20
中型货车	6	40	20

注：表中碰撞角度指在车辆碰撞护栏的瞬间，车辆纵向中心线与护栏纵轴线间的夹角。

相应的评价标准主要如下：

(1)应能够阻挡车辆穿越、翻越和骑跨。

(2)试验护栏构件及其脱离件不得侵入车辆乘员舱。

(3)乘员碰撞速度的纵向与横向分量均不得大于12m/s。

(4)乘员碰撞后加速度的纵向与横向分量均不得大于200m/s^2。

(5)车辆碰撞后不得翻车。

(6)车辆驶出驶离点后的轮迹经过图3-13所示的导向驶出框时,不得越出直线F。参数A和B的取值应符合表3-5的规定。

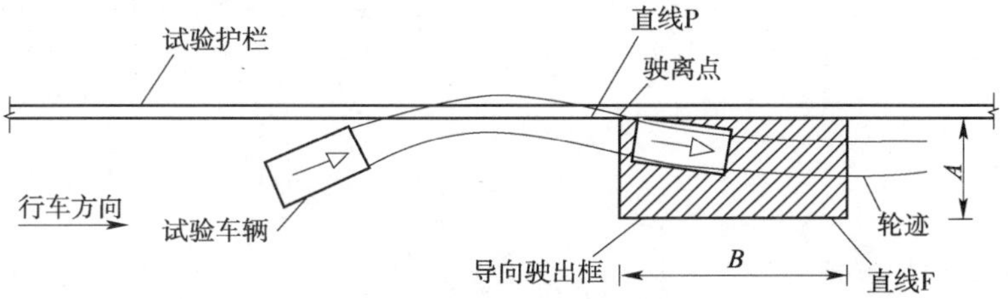

注:1. 直线P为试验护栏碰撞前迎撞面最内边缘的地面投影线;
2. 直线F与直线P平行且间距为A;
3. 直线F起点位于驶离点在直线F上的投影点,长度为B。

图3-13　护栏的车辆轮迹导向驶出框

参数A和B的取值(m)　　表3-5

碰撞车型	A	B
小型客车	$2.2+V_W+0.16V_L$	10
大中型客车(包括特大型客车) 大中型货车	$4.4+V_W+0.16V_L$	20

注:V_W为车辆总宽(m);V_L为车辆总长(m)。

3.3.3　低等级公路C级波形梁护栏开发

3.3.3.1　结构方案

C级波形梁护栏由护栏板、托架、立柱及连接件组成。采用两波形梁护栏板,尺寸为310mm×85mm×2.5mm(波形梁板厚度为2.5mm),立柱为Φ114mm×4.5mm的圆形钢管,立柱间距为4m,打入式基础的护栏立柱埋深0.9m,埋入式混凝土基础的立柱埋深为0.4m。波形梁护栏板通过4mm厚的托架与立柱连接。C级波形梁护栏结构形式如图3-14所示。

3.3.3.2　有限元仿真分析

利用LS-DYNA中的前处理软件,按实际尺寸建立C级波形梁护栏与车辆的计算机仿真模型,采用壳体单元、Mat24号弹性体材料对护栏计算机模拟参数进行定义。C级波形梁护栏板、托架及立柱材料为Q235钢,连接螺栓材料为45号钢。按车辆实际尺寸建立车辆模型。由于车身结构主要是薄壁金属件,单元类型以擅长大变形的四边形单点积分壳单元为主。轮胎胎压通过试验测定,小型车轮胎胎压取0.3MPa,中型车胎压取0.8MPa。

(1)小型客车碰撞。

小型客车碰撞C级波形梁护栏后,车辆没有穿越、翻越、骑跨、下穿护栏,并顺利导出,未发生翻车,如图3-15和图3-16所示。车辆轮迹经过导向驶出框(A=4.6m,B=10m)时,轮迹最远处与护栏的距离X=1.9m,满足边界要求。车辆碰撞过程中,护栏构件无脱落且没有侵入车辆乘员舱,护栏的最大横向动态变形量为450mm。

通过提取小型客车重心处加速度数据,获得了车辆重心加速度分量的时间历程曲线,如图3-17所示。

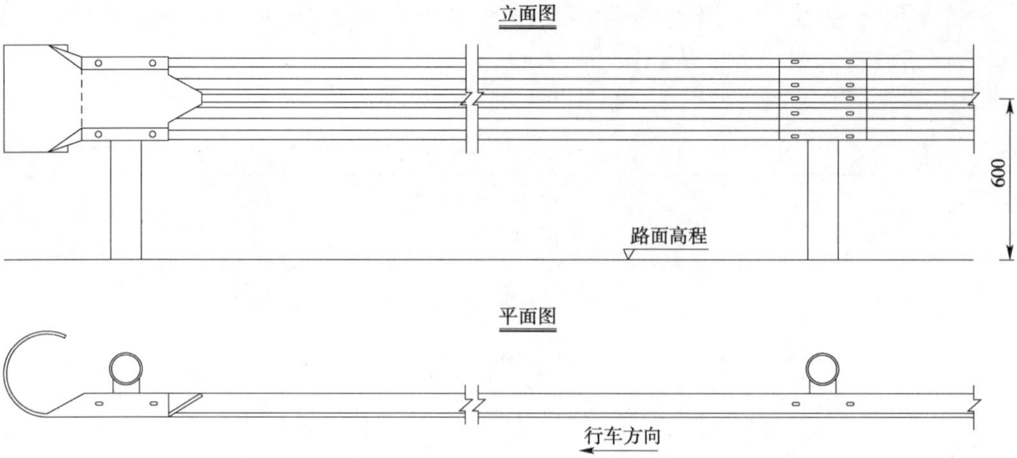

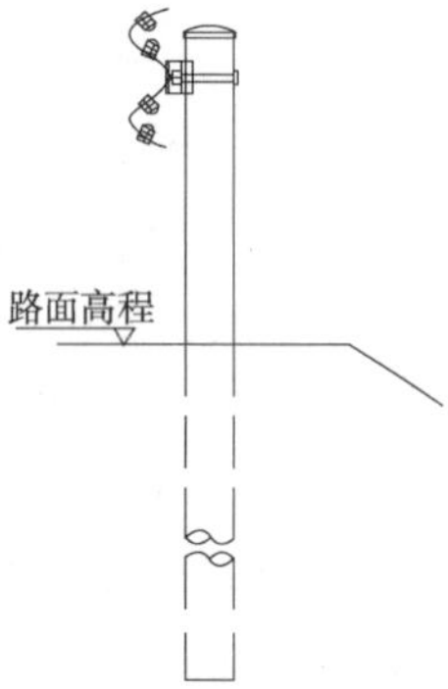

a)打入式基础

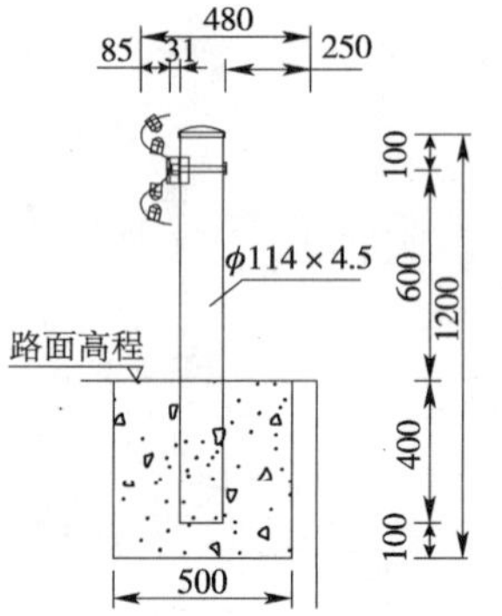

b)埋入式混凝土基础

图 3-14　C 级波形梁护栏结构示意图(尺寸单位:mm)

a)初始状态

b)前部碰撞护栏

c)尾部碰撞护栏

d)安全驶离护栏

图 3-15　小型客车运行过程

小型客车重心加速度纵向和横向分量的最大值分别为 $a_x = 134\text{m/s}^2$ 和 $a_y = 63\text{m/s}^2$,满足评价标准要求。根据重心加速度数据,可计算出乘员碰撞速度纵向和横向分量分别为 $v_x = 3.5\text{m/s}$ 和 $v_y = -4.5\text{m/s}$,绝对值均小于 12m/s,符合标准要求。

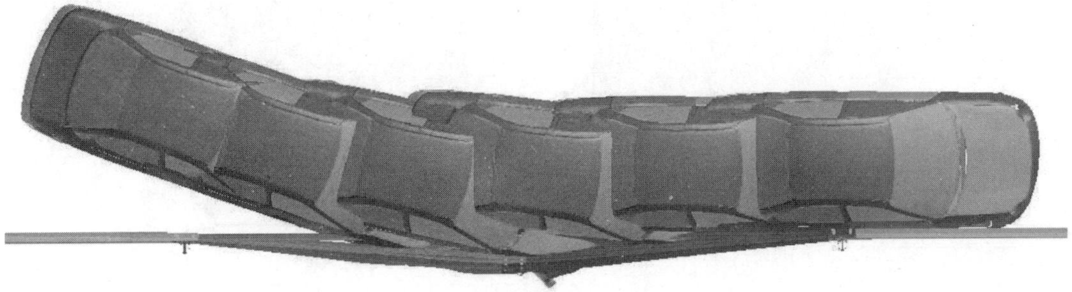

图 3-16 小型客车运行轨迹

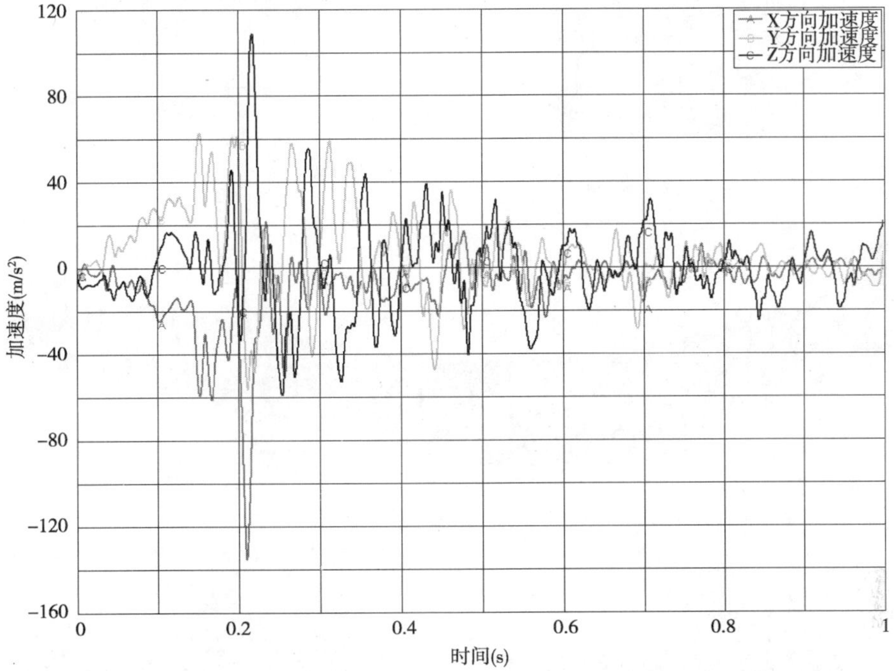

图 3-17 小型客车重心加速度曲线

(2)中型客车碰撞。

中型客车碰撞C级波形梁护栏后,车辆没有穿越、翻越和骑跨护栏,车辆正常导出,行驶姿态正常,如图3-18和图3-19所示。车辆轮迹经过导向驶出框($A=8.0$m,$B=10$m)时,轮迹最远处与护栏的距离$X=6.6$m,满足边界要求。车辆碰撞过程中,护栏发生了局部破碎,但没有侵入车辆内部,护栏的最大横向动态变形值为480mm。

(3)中型货车碰撞。

中型货车碰撞C级波形梁护栏后,车辆没有穿越、翻越和骑跨护栏,车辆正常导出,行驶姿态正常,如图3-20和图3-21所示。车辆轮迹经过导向驶出框($A=7.9$m,$B=10$m)时,轮迹最远处与护栏的距离$X=5.9$m,满足边界要求。车辆碰撞过程中,护栏构件没有侵入车辆乘员舱,护栏最大横向动态变形值为510mm。

综合以上3次计算机模拟碰撞试验结果,C级波形梁护栏的防撞性能评价结果见表3-6。

a)初始状态

b)车辆头部碰撞

c)车辆尾部碰撞护栏

d)车辆驶出

图 3-18　车辆行驶姿态

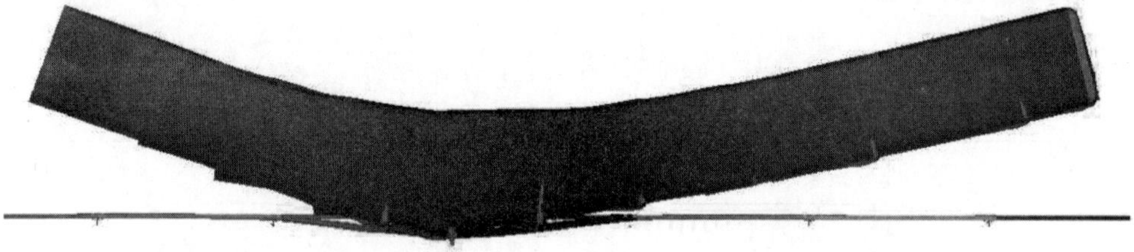

图 3-19　车辆驶出轨迹

a)初始状态

b)车辆头部碰撞

c)车辆尾部碰撞护栏

d)车辆驶出

图 3-20　车辆行驶姿态

图 3-21　车辆驶出轨迹

C 级波形梁护栏评价结果　　表 3-6

评价指标	评价标准要求	小型客车	中型客车	中型货车
阻挡功能	1. 应能够阻挡车辆穿越、翻越和骑跨	有效阻挡	有效阻挡	有效阻挡
	2. 试验护栏构件及其脱离件不得侵入车辆乘员舱	无	无	无
缓冲功能	1. 乘员碰撞速度的纵向与横向分量均不得大于 12m/s	$v_x = 3.5\text{m/s}$	—	—
		$v_y = -4.5\text{m/s}$		
	2. 乘员碰撞后加速度的纵向与横向分量均不得大于 200m/s^2	$a_x = 134\text{m/s}^2$	—	—
		$a_y = 63\text{m/s}^2$		
导向功能	1. 车辆碰撞后不得翻车	姿态正常	姿态正常	姿态正常
	2. 车辆驶出驶离点后的轮迹应满足导向驶出框要求	轮迹满足驶出框要求	轮迹满足驶出框要求	轮迹满足驶出框要求
最终评价结论		符合评价标准要求		

有限元仿真分析结果表明，其防撞性能的各项评价指标均符合现行行业标准《公路护栏安全性能评价标准》(JTG/T B05-01—2013)的要求。

3.3.3.3　护栏安全性验证

(1)埋入式混凝土基础的 C 级波形梁护栏实车碰撞试验。

①试验护栏及车辆。

按照 1∶1 比例在碰撞试验场修建 C 级波形梁护栏，3 次试验共修建试验护栏 3 段 × 70m/段，基础形式采用适用于挡墙路段的埋入式混凝土基础。实车碰撞试验用护栏及车辆如图 3-22、图 3-23 所示。

②小型客车实车碰撞试验。

小型客车碰撞 C 级波形梁护栏的实车碰撞试验结果表明：护栏对小型客车具有良好的阻挡、导向和缓冲作用，小型客车与护栏发生碰撞后未出现穿越、翻越、骑跨或下穿护栏的情况，车辆顺利导出，未发生翻车，行驶姿态良好，如图 3-24 所示。车辆轮迹经过导向驶出框($A = 4.5\text{m}, B = 10\text{m}$)时，轮迹最远处与护栏的距离 $X = 2.2\text{m}$，满足边界要求。车辆碰撞过程中，护栏构件无脱落且没有侵入车辆乘员舱。

a)

b)

图 3-22　实车碰撞试验用 C 级波形梁护栏

a)小型客车

b)中型客车

c)中型货车

图 3-23　实车碰撞试验用车辆

通过提取小型客车重心处加速度数据，获得了车辆重心加速度分量的时间历程曲线，如图 3-25 所示。

小型客车重心加速度纵向和横向分量的最大值分别为 $a_x = 5.88\mathrm{m/s^2}$ 和 $a_y = 31.36\mathrm{m/s^2}$，均小于 $200\mathrm{m/s^2}$，满足评价标准要求。根据重心加速度数据，可计算出乘员碰撞速度纵向和横向分量分别为 $v_x = 1.4\mathrm{m/s}$ 和 $v_y = 2.8\mathrm{m/s}$，绝对值均小于 12m/s，满足评价标准要求。

小型客车碰撞后，C 级波形梁护栏变形情况如图 3-26 所示。碰撞点前后约 4m 范围内的护栏板及托架发生变形，有效吸收碰撞能量并使车辆顺利导出。护栏的最大横向动态变形量为 140mm。

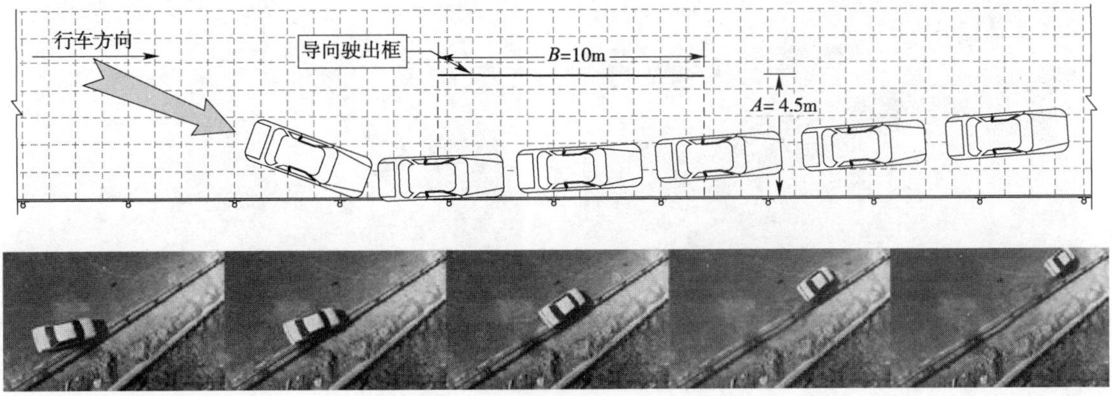

图 3-24　小客车运行轨迹(由左至右)

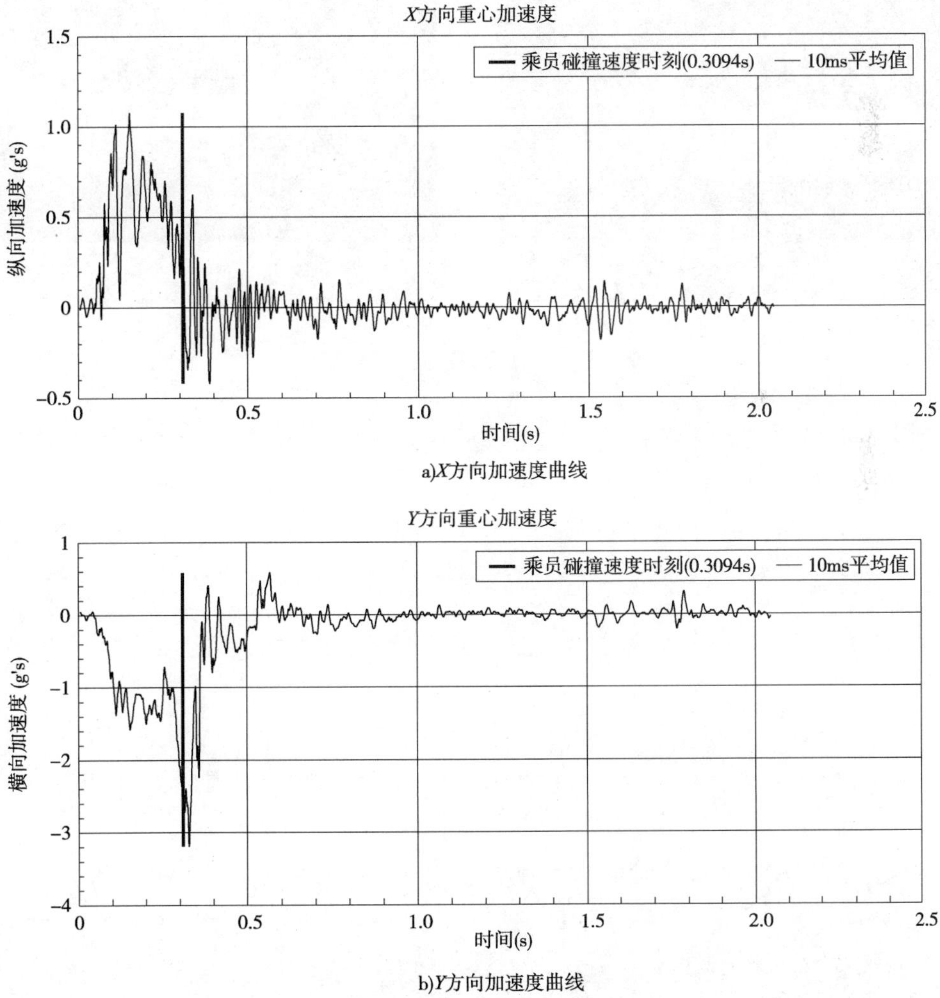

a)X方向加速度曲线

b)Y方向加速度曲线

图 3-25　小客车车体重心加速度曲线

a)

b)

图 3-26　小客车碰撞后护栏变形

小型客车碰撞 C 级波形梁护栏后，车辆的损坏情况如图 3-27 所示。

a)

b)

图 3-27　小型客车碰撞护栏后车辆情况

③中型客车实车碰撞试验。

中型客车碰撞 C 级波形梁护栏的实车碰撞试验结果表明：护栏对中型客车具有良好的防护能力和导向作用，中型客车碰撞护栏后未出现穿越、翻越、骑跨或下穿护栏的情况，车辆顺利导出，行驶姿态正常，如图 3-28 所示。车辆轮迹经过导向驶出框（$A = 7.3\text{m}$，$B = 20\text{m}$）时，轮迹最远处与护栏的距离 $X = 2.3\text{m}$，满足边界要求。

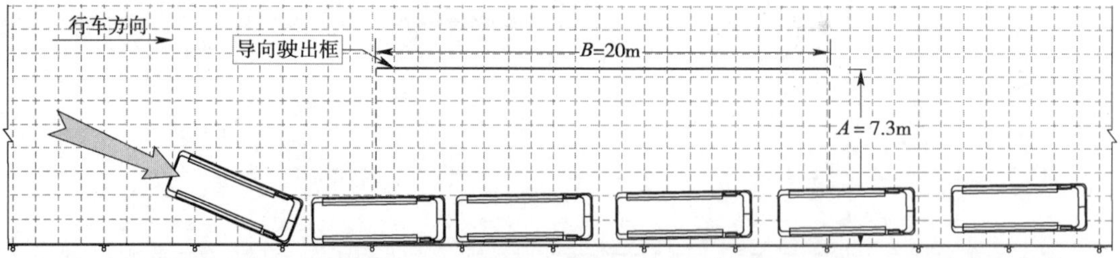

图 3-28　中型客车运行轨迹（由左至右）

中型客车碰撞后,C 级波形梁护栏变形情况如图 3-29 所示。护栏的最大横向动态变形值为 190mm。

a)　　b)

图 3-29　中型客车碰撞后护栏变形

中型客车碰撞 C 级波形梁护栏后,车辆的损坏情况如图 3-30 所示。

a)　　b)

图 3-30　中型客车碰撞护栏后车辆情况

④中型货车实车碰撞试验。

中型货车碰撞 C 级波形梁护栏的实车碰撞试验结果表明:护栏对中型货车具有良好的防护能力和导向作用,中型货车碰撞护栏后未出现穿越、翻越、骑跨或下穿护栏的情况,车辆顺利导出,行驶姿态正常,如图 3-31 所示。车辆轮迹经过导向驶出框(A = 7.3m, B = 20m)时,轮迹最远处与护栏的距离 X = 6.2m,满足边界要求。

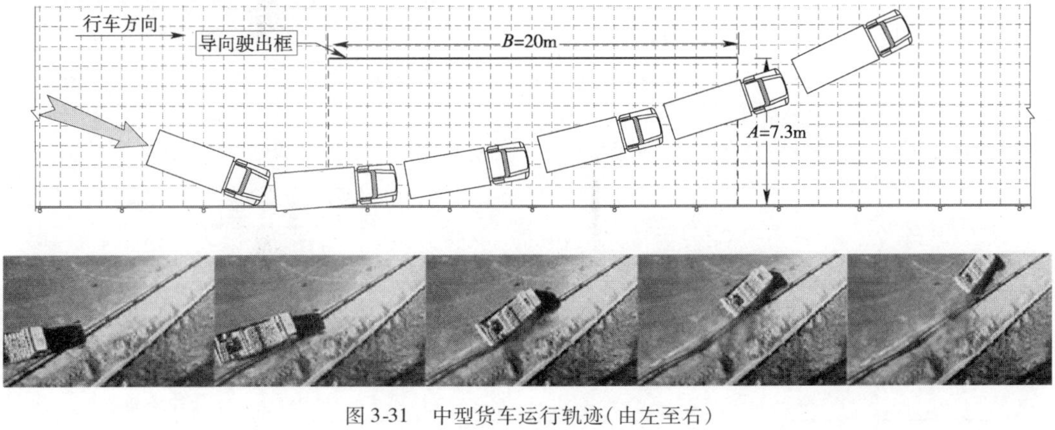

图 3-31　中型货车运行轨迹(由左至右)

中型货车碰撞后，C级波形梁护栏变形情况如图3-32所示。护栏立柱发生倾斜，护栏板与托架发生变形。护栏的最大横向动态变形值为500mm。

a)　　　　b)

图3-32　中型货车碰撞后护栏变形

中型货车碰撞C级波形梁护栏后，车辆的损坏情况如图3-33所示。

a)　　　　b)

图3-33　中型货车碰撞护栏后车辆情况

⑤验证结论。

C级波形梁护栏实车碰撞试验结果见表3-7。经实车碰撞试验验证，该护栏在C级碰撞条件下，对小型车（1.5t、50km/h、20°）和中型客车、中型货车（6t、40km/h、20°）具有良好的导向作用，试验车辆与护栏发生碰撞后未发生穿越、翻越、骑跨护栏的现象。C级波形梁护栏的阻挡功能、导向功能、缓冲功能、车辆运行轨迹、护栏最大横向动态变形值等性能指标均符合我国现行交通行业标准《公路护栏安全性能评价标准》（JTG B05-01—2013）中C级护栏的评价要求。

C级波形梁护栏实车碰撞试验结果　　表3-7

检测项目	技术要求		检测结果	
			检测值	单项结论
1. 阻挡功能	车辆不得穿越、翻越和骑跨试验护栏	小型客车	符合要求	合格
		中型客车	符合要求	合格
		中型货车	符合要求	合格
	试验护栏构件及其脱离件不得侵入车辆乘员舱	小型客车	符合要求	合格
		中型客车	符合要求	合格
		中型货车	符合要求	合格

续上表

检测项目	技术要求		检测结果	
			检测值	单项结论
2. 导向功能	车辆碰撞后不得翻车	小型客车	符合要求	合格
		中型客车	符合要求	合格
		中型货车	符合要求	合格
	车辆碰撞后的轮迹应满足导向驶出框的要求	小型客车	符合要求	合格
		中型客车	符合要求	合格
		中型货车	符合要求	合格
3. 缓冲功能	乘员碰撞速度 $V_x \leqslant 12$(m/s)	小型客车	1.4	合格
	乘员碰撞速度 $V_y \leqslant 12$(m/s)		2.8	合格
	乘员碰撞后加速度 $a_x \leqslant 200$(m/s²)		5.88	合格
	乘员碰撞后加速度 $a_y \leqslant 200$(m/s²)		31.36	合格
4. 护栏最大横向动态变形值 D(m)		小型客车	0.14	
		中型客车	0.19	
		中型货车	0.50	
5. 护栏最大横向动态位移外延值 W(m)		小型客车	0.23	
		中型客车	0.25	
		中型货车	0.56	
6. 车辆最大动态外倾值 VI(m)		中型客车	0.19	
		中型货车	0.55	
7. 车辆最大动态外倾当量值 VI_n(m)		中型客车	0.19	
		中型货车	0.91	

(2)打入式基础的C级波形梁护栏实车碰撞试验。

①试验护栏及车辆。

按照1:1比例在碰撞试验场修建C级波形梁护栏,3次试验共修建试验护栏3段×70m/段,基础形式采用适用于土路肩的打入式基础。实车碰撞试验用护栏及车辆如图3-34、图3-35所示。

a)

b)

图3-34　实车碰撞试验用C级波形梁护栏

a)小型客车

b)中型客车

c)中型货车

图 3-35　实车碰撞试验用车辆

②小型客车实车碰撞试验。

小型客车碰撞 C 级波形梁护栏的实车碰撞试验结果表明：护栏对小型客车具有良好的阻挡、导向和缓冲作用，小型客车与护栏发生碰撞后未出现穿越、翻越、骑跨或下穿护栏的情况，车辆顺利导出，未发生翻车，行驶姿态良好，如图 3-36 所示。车辆轮迹经过导向驶出框（$A = 4.6\text{m}, B = 10\text{m}$）时，轮迹最远处与护栏的距离 $X = 1.65\text{m}$，满足边界要求。车辆碰撞过程中，护栏构件无脱落且没有侵入车辆乘员舱。

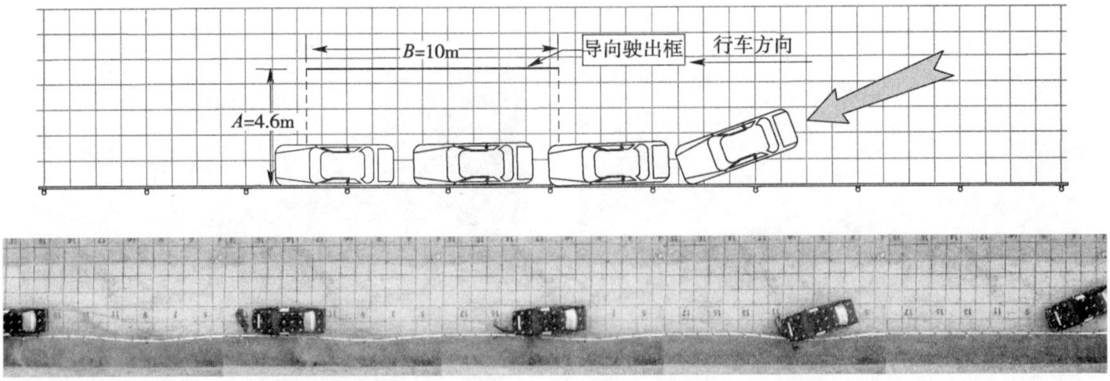

图 3-36　小客车运行轨迹（由右至左）

通过提取小型客车重心处加速度数据，获得了车辆重心加速度分量的时间历程曲线，如

图 3-37 所示。

小型客车重心加速度纵向和横向分量的最大值分别为 $a_x = 7.84\mathrm{m/s^2}$ 和 $a_y = 20.58\mathrm{m/s^2}$，均小于 $200\mathrm{m/s^2}$，满足评价标准要求。根据重心加速度数据，可计算出乘员碰撞速度纵向和横向分量分别为 $v_x = 3.4\mathrm{m/s}$ 和 $v_y = 2.4\mathrm{m/s}$，绝对值均小于 12m/s，满足评价标准要求。

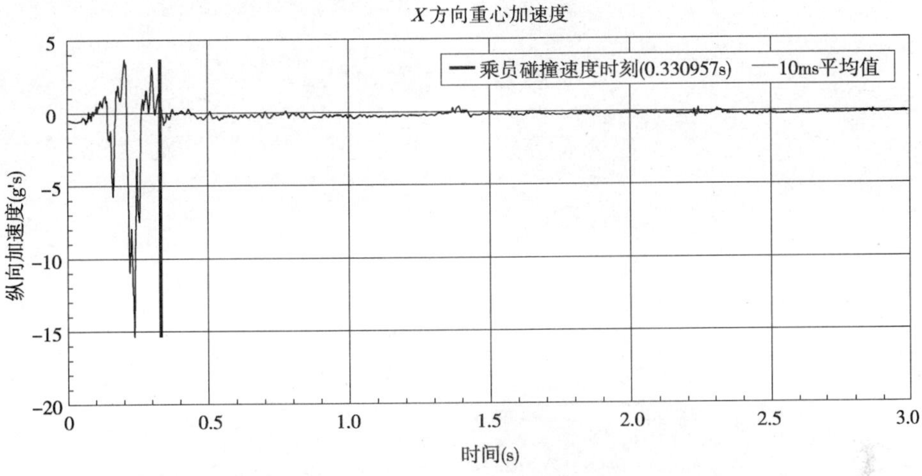

a)X方向加速度曲线

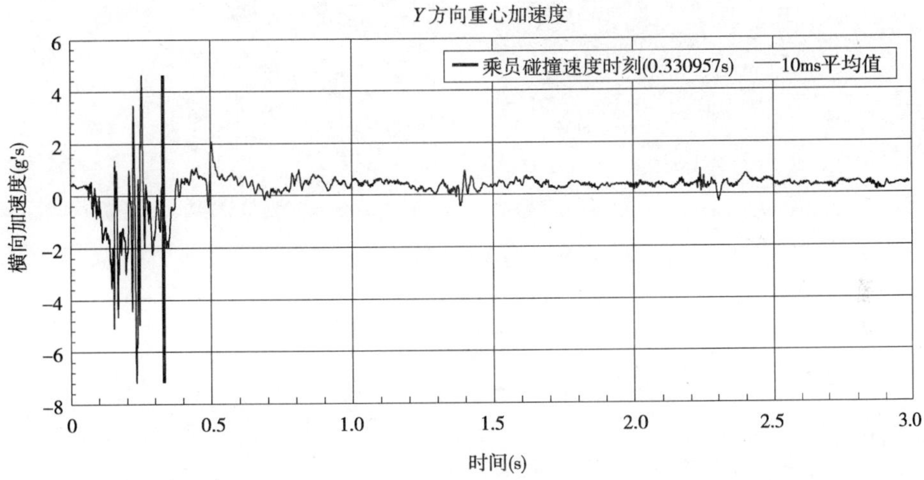

b)Y方向加速度曲线

图 3-37　小客车车体重心加速度曲线

小型客车碰撞后，C 级波形梁护栏变形情况如图 3-38 所示。碰撞点前后约 8m 范围内的护栏板及托架发生变形，有效吸收碰撞能量并使车辆顺利导出。护栏的最大横向动态变形量为 320mm。

小型客车碰撞 C 级波形梁护栏后，车辆的损坏情况如图 3-39 所示。

③中型客车实车碰撞试验。

中型客车碰撞 C 级波形梁护栏的实车碰撞试验结果表明：护栏对中型客车具有良好的防护能力和导向作用，中型客车碰撞护栏后未出现穿越、翻越、骑跨或下穿护栏的情况，车辆顺利导出，行驶姿态正常，如图 3-40 所示。车辆轮迹经过导向驶出框（$A=7.5\text{m}$，$B=20\text{m}$）时，轮迹最远处与护栏的距离 $X=7.3\text{m}$，满足边界要求。

a)　　b)

图 3-38　小客车碰撞后护栏变形

a)　　b)

图 3-39　小型客车碰撞护栏后车辆情况

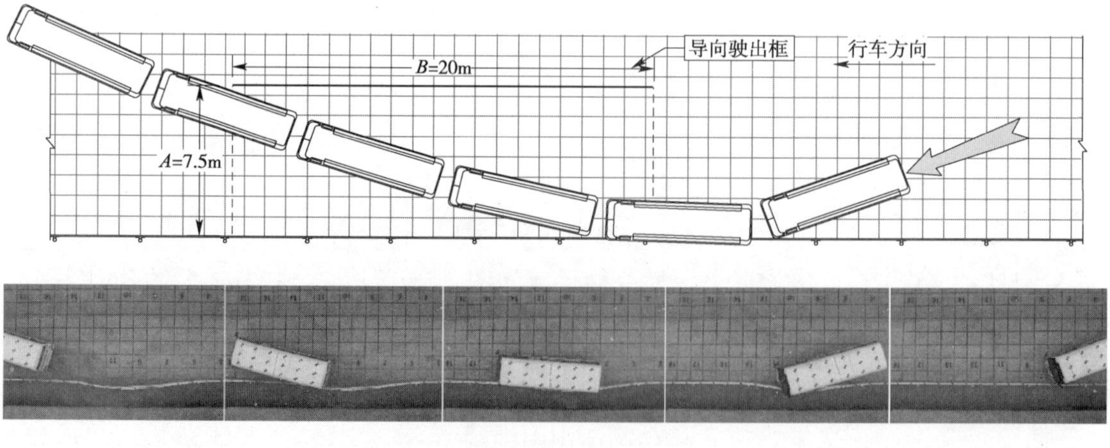

图 3-40　中型客车运行轨迹（由右至左）

中型客车碰撞后，C 级波形梁护栏变形情况如图 3-41 所示。护栏的最大横向动态变形值为 620mm。

图 3-41 中型客车碰撞后护栏变形

中型客车碰撞 C 级波形梁护栏后，车辆的损坏情况如图 3-42 所示。

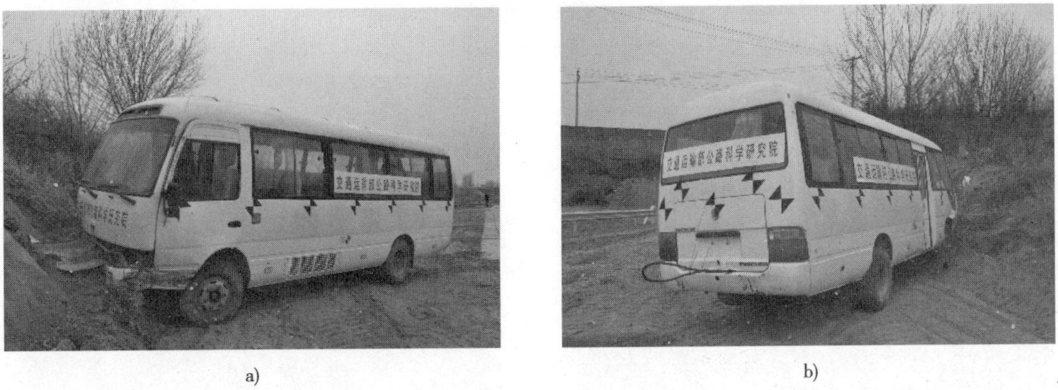

图 3-42 中型客车碰撞护栏后车辆情况

④中型货车实车碰撞试验。

中型货车碰撞 C 级波形梁护栏的实车碰撞试验结果表明：护栏对中型货车具有良好的防护能力和导向作用，中型货车碰撞护栏后未出现穿越、翻越、骑跨或下穿护栏的情况，车辆顺利导出，行驶姿态正常，如图 3-43 所示。车辆轮迹经过导向驶出框（$A=7.3\text{m}$，$B=20\text{m}$）时，轮迹最远处与护栏的距离 $X=5.6\text{m}$，满足边界要求。

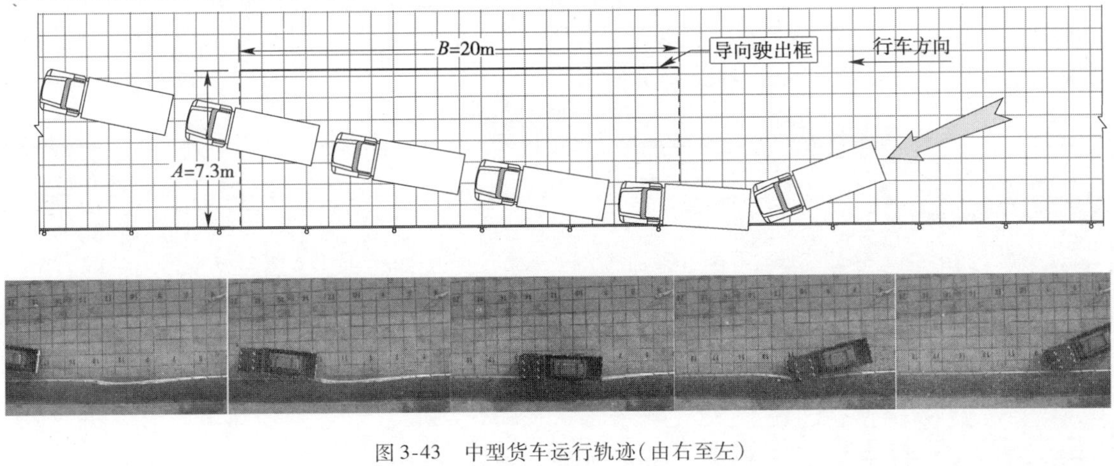

图 3-43 中型货车运行轨迹（由右至左）

中型货车碰撞后，C 级波形梁护栏变形情况如图 3-44 所示。护栏立柱发生倾斜，护栏板与托架发生变形。护栏的最大横向动态变形值为 350mm。

a)　　　　b)

图 3-44　中型货车碰撞后护栏变形

中型货车碰撞 C 级波形梁护栏后，车辆的损坏情况如图 3-45 所示。

a)　　　　b)

图 3-45　中型货车碰撞护栏后车辆情况

⑤验证结论。

C 级波形梁护栏实车碰撞试验结果见表 3-8。经实车碰撞试验验证，该护栏在 C 级碰撞条件下，对小型车（1.5t、50km/h、20°）和中型客车、中型货车（6t、40km/h、20°）具有良好的导向作用，试验车辆与护栏发生碰撞后未发生穿越、翻越、骑跨护栏的现象。C 级波形梁护栏的阻挡功能、导向功能、缓冲功能、车辆运行轨迹、护栏最大横向动态变形值等性能指标均符合我国现行交通行业标准《公路护栏安全性能评价标准》（JTG B05-01—2013）中 C 级护栏的评价要求。

C 级波形梁护栏实车碰撞试验结果　　表 3-8

检测项目	技术要求		检测结果	
			检测值	单项结论
1.阻挡功能	车辆不得穿越、翻越和骑跨试验护栏	小型客车	符合要求	合格
		中型客车	符合要求	合格
		中型货车	符合要求	合格
	试验护栏构件及其脱离件不得侵入车辆乘员舱	小型客车	符合要求	合格
		中型客车	符合要求	合格
		中型货车	符合要求	合格

续上表

检测项目	技术要求		检测结果	
			检测值	单项结论
2. 导向功能	车辆碰撞后不得翻车	小型客车	符合要求	合格
		中型客车	符合要求	合格
		中型货车	符合要求	合格
	车辆碰撞后的轮迹应满足导向驶出框的要求	小型客车	符合要求	合格
		中型客车	符合要求	合格
		中型货车	符合要求	合格
3. 缓冲功能	乘员碰撞速度 $V_x \leqslant 12$(m/s)	小型客车	3.4	合格
	乘员碰撞速度 $V_y \leqslant 12$(m/s)		2.4	合格
	乘员碰撞后加速度 $a_x \leqslant 200$(m/s^2)		7.84	合格
	乘员碰撞后加速度 $a_y \leqslant 200$(m/s^2)		20.58	合格
4. 护栏最大横向动态变形值 D(m)		小型客车	0.32	
		中型客车	0.62	
		中型货车	0.35	
5. 护栏最大横向动态位移外延值 W(m)		小型客车	0.53	
		中型客车	0.74	
		中型货车	0.55	
6. 车辆最大动态外倾值 VI(m)		中型客车	0.78	
		中型货车	0.40	
7. 车辆最大动态外倾当量值 VI_n(m)		中型客车	0.93	
		中型货车	0.63	

3.3.3.4 适用条件及设置技术

C 级波形梁护栏适用于以下路段：

(1)公路路肩宽度大于 50cm。

(2)三级公路、四级公路边坡高度在 1 ~ 4m 之间、边坡坡度大于 1:1，且至路肩边缘线不足 3m 处有常水深 0.5m 以下水体的路段。

(3)三级公路、四级公路边坡高度在 4 ~ 6m 之间且边坡坡度大于 1:1 的直线段路侧。

(4)其他经判定防护需求为 C 级的路侧危险路段。

对于在有路侧余宽条件的路段，C 级波形梁护栏端头采用外展的形式，或将护栏端头隐于山体；在无路侧余宽无法外展的条件下，应在端头上设置警告标记，贴黑黄相间的反光膜。波形梁护栏与混凝土护栏应进行过渡连接。

3.3.4 低等级公路 C 级混凝土护栏开发

3.3.4.1 结构方案

C 级混凝土护栏由钢筋混凝土墙体、护栏基础及植入钢筋组成。护栏基础埋深 5cm，基础与硬路肩通过一排直径 12mm、间距 600mm 的钢筋相连接，先将钢筋植入现有硬路肩内，再浇筑混凝土护栏。植入钢筋埋入行车路面以下深度为 40cm。护栏底宽 30cm，顶宽 17.2cm，路面以上高度 81cm。护栏结构形式如图 3-46 所示。

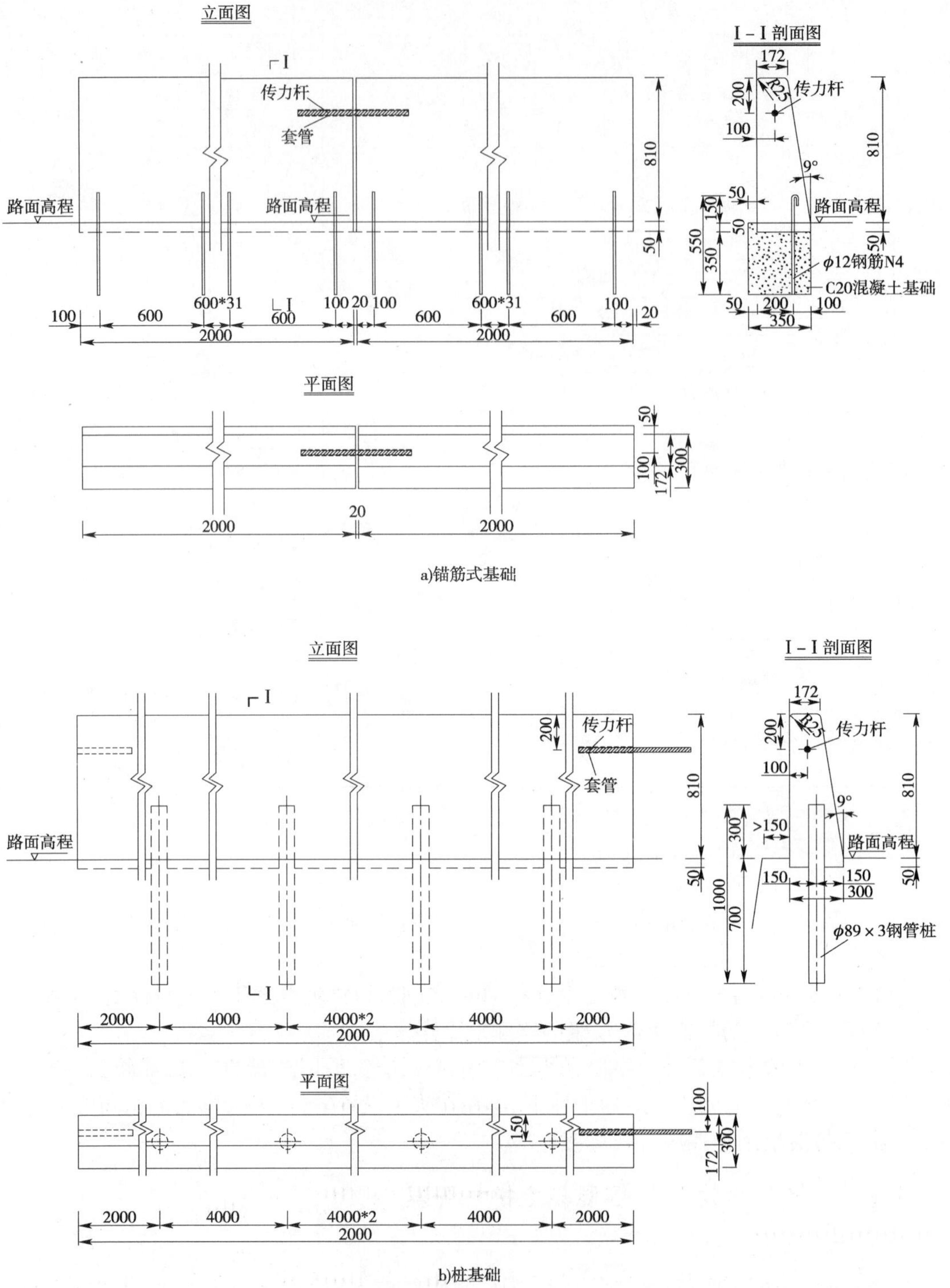

图 3-46　C 级混凝土护栏结构示意图（尺寸单位：mm）

3.3.4.2 有限元仿真分析

利用LS-DYNA中的前处理软件按实际尺寸建立C级混凝土护栏与车辆的计算机仿真模型，采用实体单元、159号弹塑性体材料对混凝土护栏计算机模拟参数进行定义，采用梁单元、Mat24号弹性体材料对钢筋进行定义。按车辆实际尺寸建立车辆模型。车身结构采用壳体单元，轮胎胎压通过试验测定，小型车轮胎胎压取0.3MPa，中型车胎压取0.8MPa。

(1)小型客车碰撞。

小型客车碰撞C级混凝土护栏后，车辆没有穿越、翻越、骑跨、下穿护栏，并顺利导出，未发生翻车，如图3-47和图3-48所示。车辆轮迹经过导向驶出框(A=4.6m，B=10m)时，轮迹最远处与护栏的距离X=3.6m，满足边界要求。车辆碰撞过程中，护栏构件无脱落且没有侵入车辆乘员舱，护栏几乎没有变形。

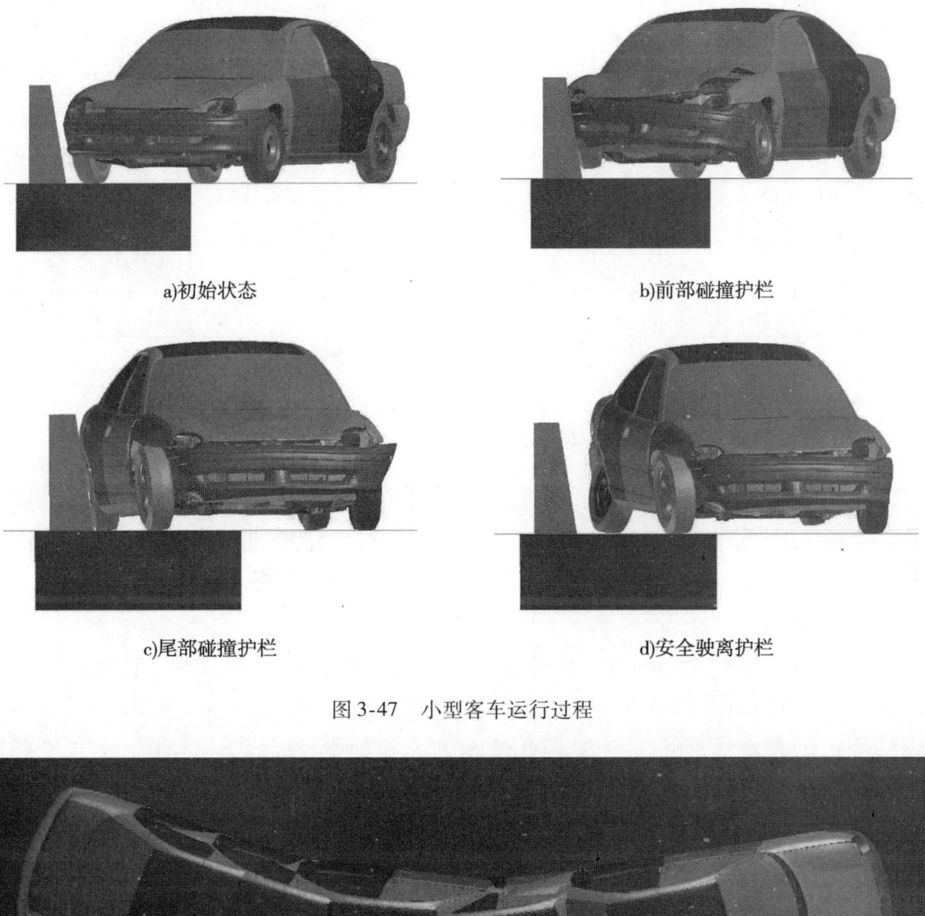

图3-47 小型客车运行过程

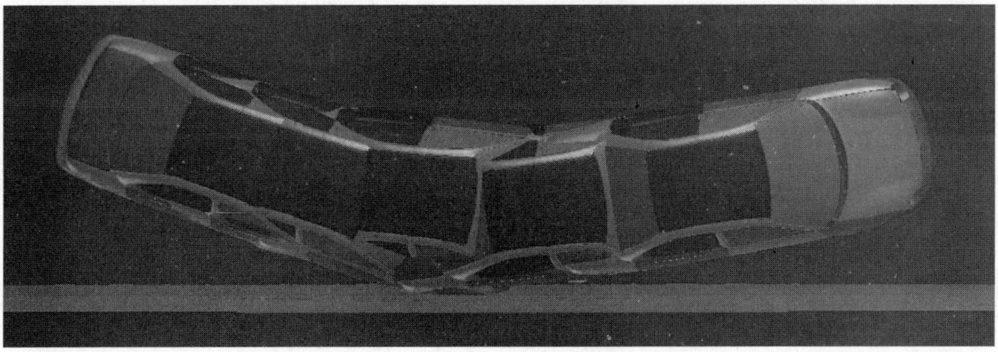

图3-48 小型客车运行轨迹

通过提取小型客车重心处加速度数据，获得了车辆重心加速度分量的时间历程曲线，如图 3-49 所示。

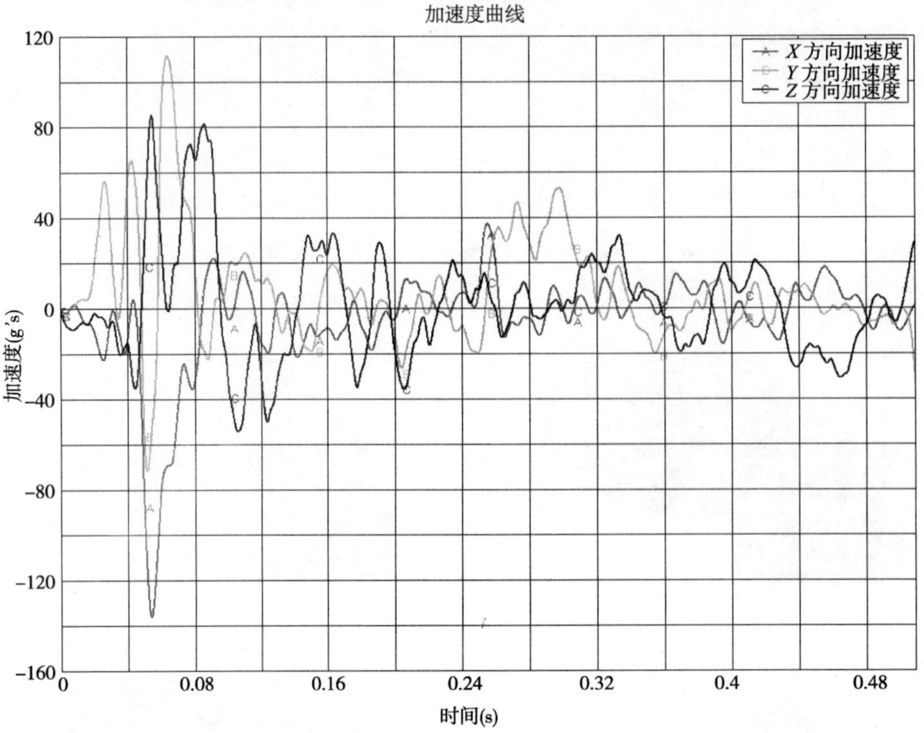

图 3-49 小型客车重心加速度曲线

小型客车重心加速度纵向和横向分量的最大值分别为 $a_x=136\text{m/s}^2$ 和 $a_y=111\text{m/s}^2$，满足评价标准要求。根据重心加速度数据，可计算出乘员碰撞速度纵向和横向分量分别为 $v_x=3.1\text{m/s}$ 和 $v_y=-2.4\text{m/s}$，绝对值均小于 12m/s，符合标准要求。

(2) 中型客车碰撞。

中型客车碰撞 C 级混凝土护栏后，车辆没有穿越、翻越和骑跨护栏，车辆正常导出，行驶姿态正常，如图 3-50 和图 3-51 所示。车辆轮迹经过导向驶出框($A=8.0\text{m}$, $B=10\text{m}$)时，轮迹最远处与护栏的距离 $X=6.0\text{m}$，满足边界要求。车辆碰撞过程中，护栏发生了局部破碎，但没有侵入车辆内部，护栏的最大横向动态变形值为 32mm。

(3) 中型货车碰撞。

中型货车碰撞 C 级混凝土护栏后，车辆没有穿越、翻越和骑跨护栏，车辆正常导出，行驶姿态正常，如图 3-52 和图 3-53 所示。车辆轮迹经过导向驶出框($A=7.9\text{m}$, $B=10\text{m}$)时，轮迹最远处与护栏的距离 $X=7.5\text{m}$，满足边界要求。车辆碰撞过程中，护栏构件没有侵入车辆乘员舱，护栏最大横向动态变形值为 10mm。

综合以上 3 次计算机模拟碰撞试验结果，C 级混凝土护栏的防撞性能评价结果见表 3-9。结果表明，其防撞性能的各项评价指标均符合现行交通行业标准《公路护栏安全性能评价标准》(JTG/T B05-01—2013)的要求。

a)初始状态

b)车辆头部碰撞

c)车辆尾部碰撞护栏

d)车辆驶出

图 3-50　车辆行驶姿态

图 3-51　车辆驶出轨迹

C 级混凝土护栏评价结果

表 3-9

评价指标	评价标准要求	小型客车	中型客车	中型货车
阻挡功能	1. 应能够阻挡车辆穿越、翻越和骑跨	有效阻挡	有效阻挡	有效阻挡
	2. 试验护栏构件及其脱离件不得侵入车辆乘员舱	无	无	无
缓冲功能	1. 乘员碰撞速度的纵向与横向分量均不得大于 12m/s	$v_x = 3.1\mathrm{m/s}$	—	—
		$v_y = -2.4\mathrm{m/s}$		
	2. 乘员碰撞后加速度的纵向与横向分量均不得大于 $200\mathrm{m/s^2}$	$a_x = 136\mathrm{m/s^2}$	—	—
		$a_y = 111\mathrm{m/s^2}$		
导向功能	1. 车辆碰撞后不得翻车	姿态正常	姿态正常	姿态正常
	2. 车辆驶出驶离点后的轮迹应满足导向驶出框要求	轮迹满足驶出框要求	轮迹满足驶出框要求	轮迹满足驶出框要求
最终评价结论		符合评价标准要求		

a)初始状态

b)车辆头部碰撞

c)车辆尾部碰撞护栏

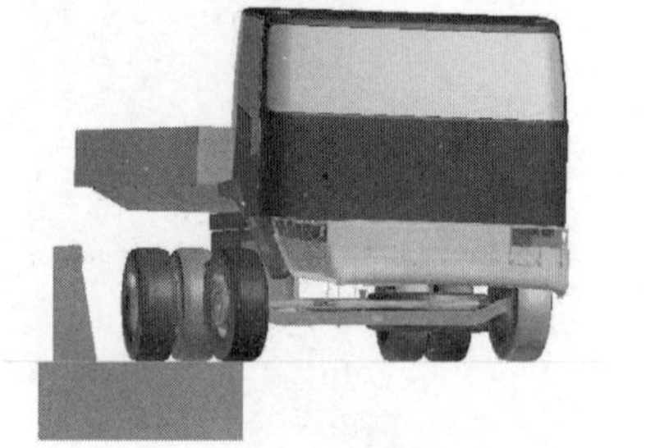

d)车辆驶出

图 3-52　车辆行驶姿态

图 3-53　车辆驶出轨迹

3.3.4.3　护栏安全性验证

(1)锚筋式基础的 C 级混凝土护栏实车碰撞试验。

①试验护栏及车辆。

按照 1∶1 比例在碰撞试验场修建 C 级混凝土护栏,3 次试验共修建试验护栏 3 段 × 40m/段。锚筋式基础适用于窄路肩与挡墙路段。实车碰撞试验用护栏及车辆如图 3-54、图 3-55所示。

②小型客车实车碰撞试验。

小型客车碰撞 C 级混凝土护栏的实车碰撞试验结果表明:护栏对小型客车具有良好的阻挡、导向和缓冲作用,小型客车与护栏发生碰撞后未出现穿越、翻越、骑跨或下穿护栏的情况,车辆顺利导出,未发生翻车,行驶姿态良好,如图 3-56 所示。车辆轮迹经过导向驶出框($A=4.8\text{m}$,$B=10\text{m}$)时,轮迹最远处与护栏的距离 $X=4.5\text{m}$,满足边界要求。车辆碰撞过程中,护栏构件无脱落且没有侵入车辆乘员舱。

a)

b)

图 3-54　实车碰撞试验用护栏

a)小型客车

b)中型客车

c)中型货车

图 3-55　实车碰撞试验用车辆

通过提取小型客车重心处加速度数据，获得了车辆重心加速度分量的时间历程曲线，如图 3-57 所示。

小型客车重心加速度纵向和横向分量的最大值分别为 $a_x = 9.8\mathrm{m/s^2}$ 和 $a_y = 48.02\mathrm{m/s^2}$，均小于 $200\mathrm{m/s^2}$，满足评价标准要求。根据重心加速度数据，可计算出乘员碰撞速度纵向和横向分量分别为 $v_x = 2.6\mathrm{m/s}$ 和 $v_y = 3.7\mathrm{m/s}$，绝对值均小于 12m/s，满足评价标准要求。

小型客车碰撞后，C 级混凝土护栏变形情况如图 3-58 所示。碰撞后护栏基本无变形，护栏表面出现少量刮痕，车辆顺利导出。

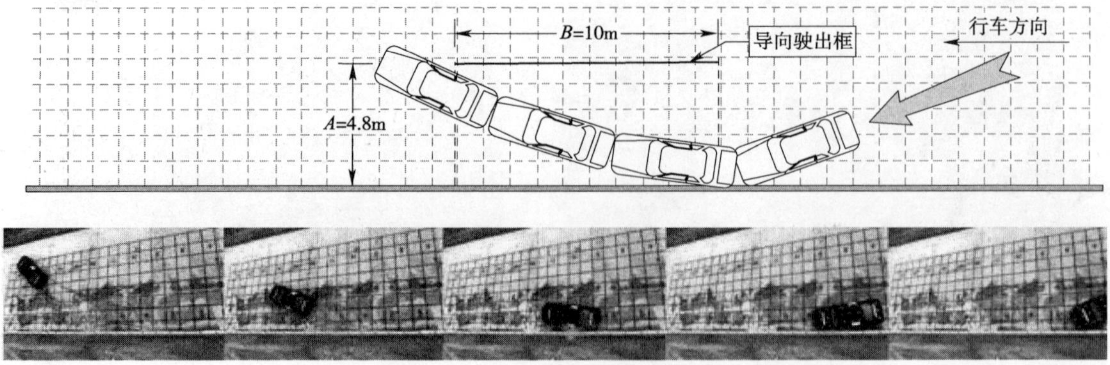

图 3-56 小客车运行轨迹(由右至左)

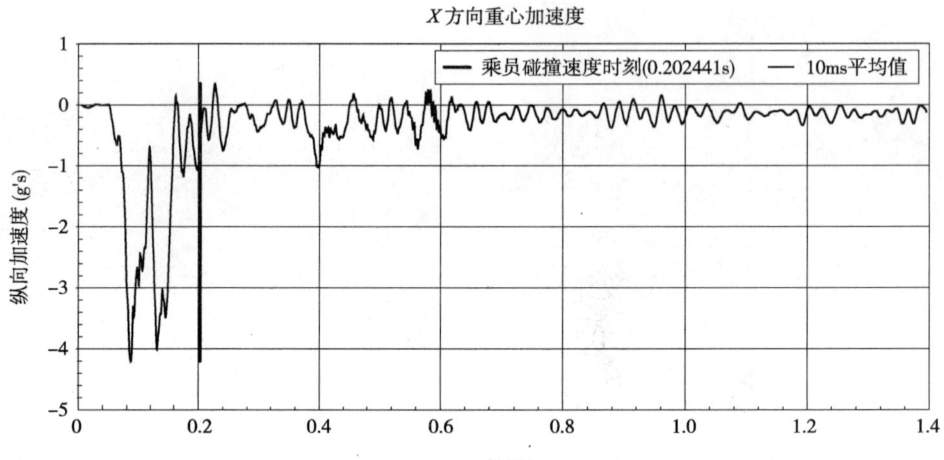

a)X方向加速度曲线

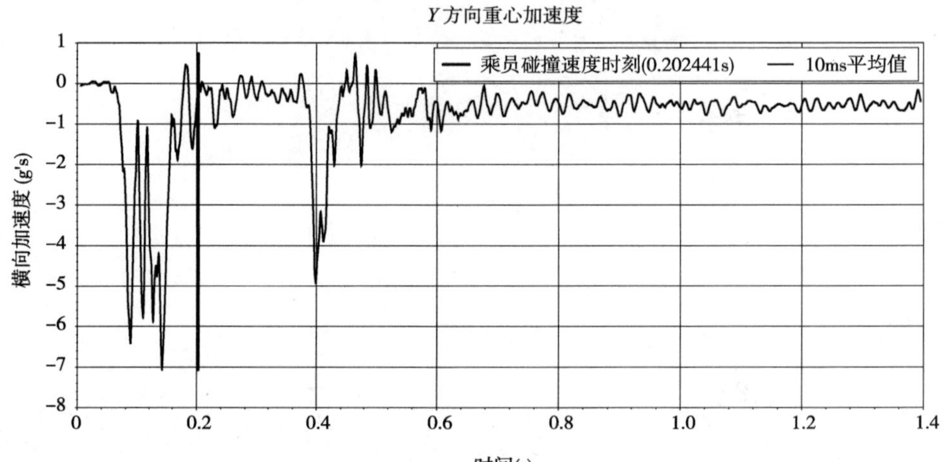

b)Y方向加速度曲线

图 3-57 小客车车体重心加速度曲线

a)　　　　b)

图 3-58　小客车碰撞后护栏变形

小型客车碰撞 C 级混凝土护栏后，车辆的损坏情况如图 3-59 所示。

a)　　　　b)

图 3-59　中型客车碰撞护栏后车辆情况

③中型客车实车碰撞试验。

中型客车碰撞 C 级混凝土护栏的实车碰撞试验结果表明：护栏对中型客车具有良好的防护能力和导向作用，中型客车碰撞护栏后未出现穿越、翻越、骑跨或下穿护栏的情况，车辆顺利导出，行驶姿态正常，如图 3-60 所示。车辆轮迹经过导向驶出框（$A=7.4\text{m}$，$B=20\text{m}$）时，轮迹最远处与护栏的距离 $X=2.1\text{m}$，满足边界要求。

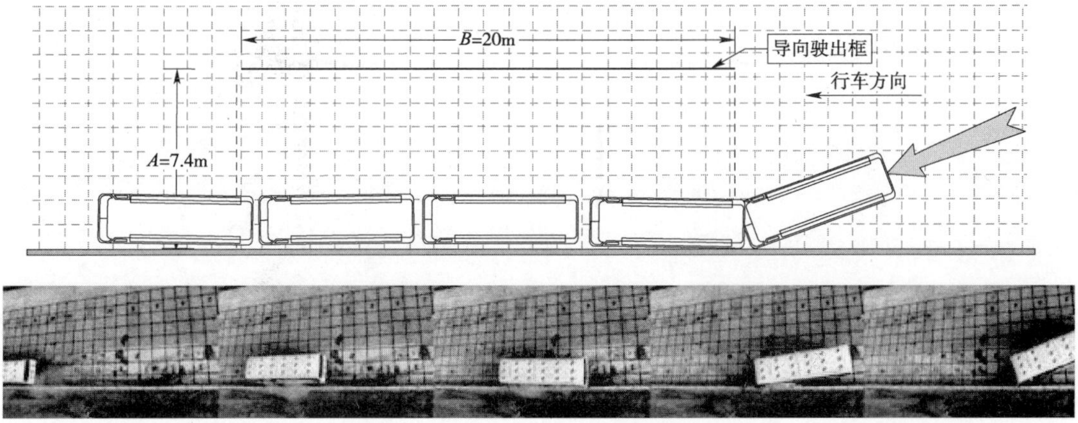

图 3-60　中型客车运行轨迹（由右至左）

中型客车碰撞后，C 级混凝土护栏破坏情况如图 3-61 所示，护栏未发生变形。

a)

b)

图 3-61　中型客车碰撞后护栏变形

中型客车碰撞 C 级混凝土护栏后，车辆的损坏情况如图 3-62 所示。

a)

b)

图 3-62　中型客车碰撞护栏后车辆情况

④中型货车实车碰撞试验。

中型货车碰撞 C 级混凝土护栏的实车碰撞试验结果表明：护栏对中型货车具有良好的防护能力和导向作用，中型货车碰撞护栏后未出现穿越、翻越、骑跨或下穿护栏的情况，车辆顺利导出，行驶姿态正常，如图 3-63 所示。车辆轮迹经过导向驶出框（$A=7.6\mathrm{m}$，$B=20\mathrm{m}$）时，轮迹最远处与护栏的距离 $X=2.2\mathrm{m}$，满足边界要求。

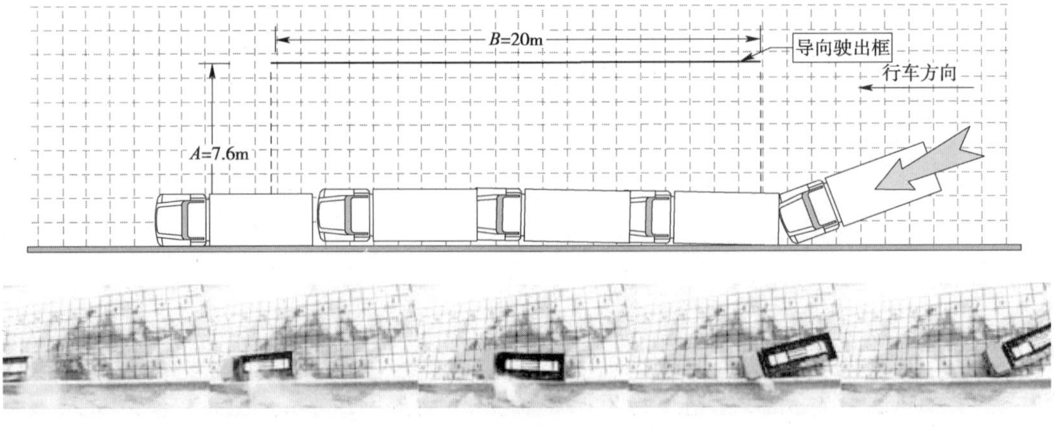

图 3-63　中型货车运行轨迹（由右至左）

中型货车碰撞后，C级混凝土护栏破坏情况如图3-64所示，护栏未发生变形。

a)　　b)

图3-64　中型货车碰撞后护栏变形

中型货车碰撞C级混凝土护栏后，车辆的损坏情况如图3-65所示。

a)　　b)

图3-65　中型货车碰撞护栏后车辆情况

⑤验证结论。

C级混凝土护栏实车碰撞试验结果见表3-10。

C级混凝土护栏实车碰撞试验结果　　表3-10

检测项目	技术要求		检测结果	
			检测值	单项结论
1. 阻挡功能	车辆不得穿越、翻越和骑跨试验护栏	小型客车	符合要求	合格
		中型客车	符合要求	合格
		中型货车	符合要求	合格
	试验护栏构件及其脱离件不得侵入车辆乘员舱	小型客车	符合要求	合格
		中型客车	符合要求	合格
		中型货车	符合要求	合格
2. 导向功能	车辆碰撞后不得翻车	小型客车	符合要求	合格
		中型客车	符合要求	合格
		中型货车	符合要求	合格
	车辆碰撞后的轮迹应满足导向驶出框的要求	小型客车	符合要求	合格
		中型客车	符合要求	合格
		中型货车	符合要求	合格

续上表

检测项目	技术要求		检测结果	
			检测值	单项结论
3. 缓冲功能	乘员碰撞速度 $V_x \leq 12$(m/s)	小型客车	2.6	合格
	乘员碰撞速度 $V_y \leq 12$(m/s)		3.7	合格
	乘员碰撞后加速度 $a_x \leq 200$(m/s^2)		9.80	合格
	乘员碰撞后加速度 $a_y \leq 200$(m/s^2)		48.02	合格
4. 护栏最大横向动态变形值 D(m)		小型客车	0	
		中型客车	0	
		中型货车	0	
5. 护栏最大横向动态位移外延值 W(m)		小型客车	0.35	
		中型客车	0.35	
		中型货车	0.35	
6. 车辆最大动态外倾值 VI(m)		中型客车	0.22	
		中型货车	0.09	
7. 车辆最大动态外倾当量值 VI_n(m)		中型客车	0.44	
		中型货车	0.47	

经实车碰撞试验验证,该护栏在 C 级碰撞条件下,对小型车(1.5t、50km/h、20°)和中型客车、中型货车(6t、40km/h、20°)具有良好的导向作用,试验车辆与护栏发生碰撞后未发生穿越、翻越、骑跨护栏的现象。护栏的防护性能、乘员风险、驶出范围、车辆运行轨迹、车辆运行状态、护栏最大横向动态变形值等性能指标均符合我国现行交通行业标准《公路护栏安全性能评价标准》(JTG B05-01—2013)中 C 级护栏的评价要求。

(2)桩基式 C 级混凝土护栏实车碰撞试验。

①试验护栏及车辆。

按照 1:1 比例在碰撞试验场修建 C 级混凝土护栏,3 次试验共修建试验护栏 3 段 × 40m/段。桩基础适用于窄路肩与土路肩路段。实车碰撞试验用护栏及车辆如图 3-66、图 3-67所示。

a)　　b)

图 3-66　实车碰撞试验用护栏

a)小型客车

b)中型客车

c)中型货车

图 3-67　实车碰撞试验用车辆

②小型客车实车碰撞试验。

小型客车碰撞 C 级混凝土护栏的实车碰撞试验结果表明：护栏对小型客车具有良好的阻挡、导向和缓冲作用，小型客车与护栏发生碰撞后未出现穿越、翻越、骑跨或下穿护栏的情况，车辆顺利导出，未发生翻车，行驶姿态良好，如图 3-68 所示。车辆轮迹经过导向驶出框（$A=4.6\text{m}$，$B=10\text{m}$）时，轮迹最远处与护栏的距离 $X=3.5\text{m}$，满足边界要求。车辆碰撞过程中，护栏构件无脱落且没有侵入车辆乘员舱。

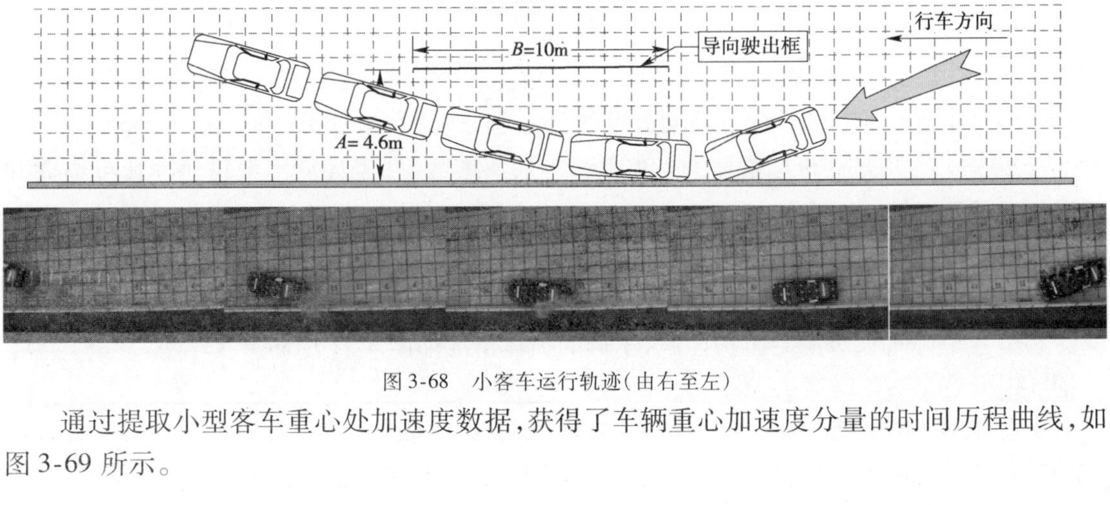

图 3-68　小客车运行轨迹（由右至左）

通过提取小型客车重心处加速度数据，获得了车辆重心加速度分量的时间历程曲线，如图 3-69 所示。

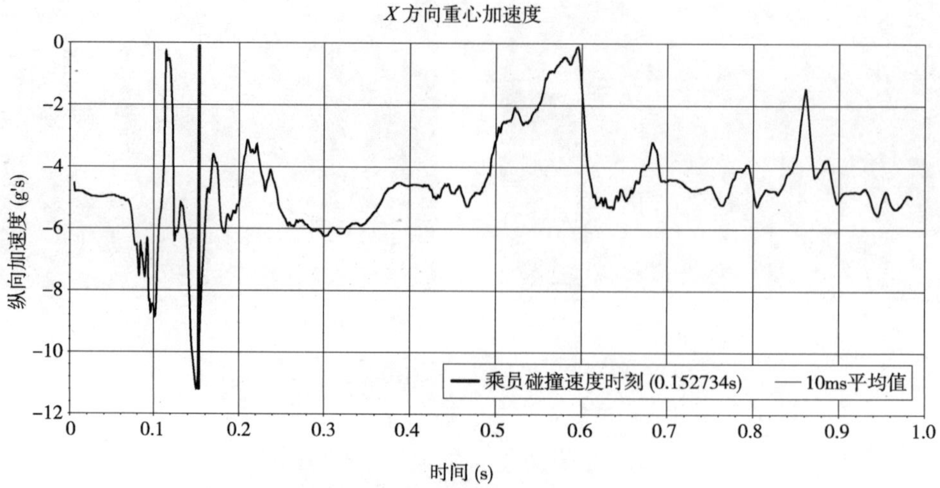

a)X方向加速度曲线

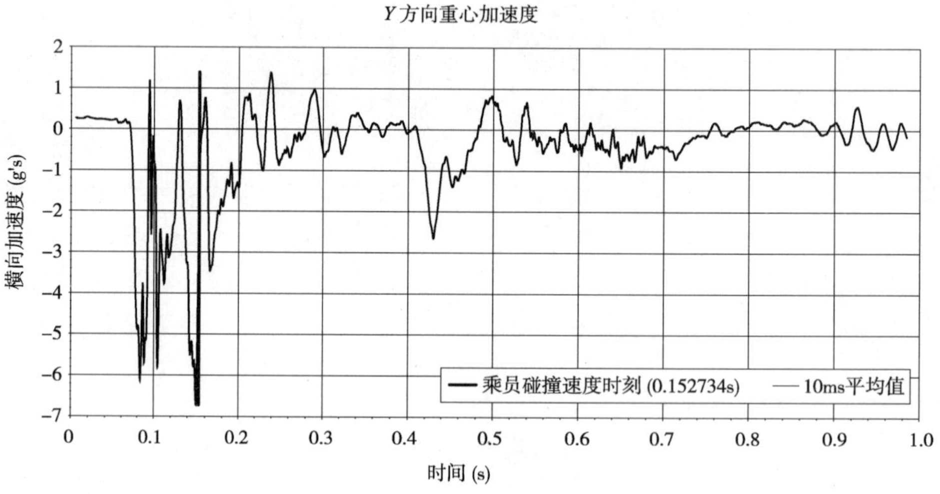

b)Y方向加速度曲线

图3-69　小客车车体重心加速度曲线

小型客车重心加速度纵向和横向分量的最大值分别为 $a_x = 68.6\text{m/s}^2$ 和 $a_y = 34.3\text{m/s}^2$，均小于 200m/s^2，满足评价标准要求。根据重心加速度数据，可计算出乘员碰撞速度纵向和横向分量分别为 $v_x = 8.5\text{m/s}$ 和 $v_y = 2.3\text{m/s}$，绝对值均小于12m/s，满足评价标准要求。

小型客车碰撞后，C级混凝土护栏变形情况如图3-70所示。碰撞后护栏基本无变形，护栏表面出现少量刮痕，车辆顺利导出。

小型客车碰撞C级混凝土护栏后，车辆的损坏情况如图3-71所示。

③中型客车实车碰撞试验

中型客车碰撞C级混凝土护栏的实车碰撞试验结果表明：护栏对中型客车具有良好的防护能力和导向作用，中型客车碰撞护栏后未出现穿越、翻越、骑跨或下穿护栏的情况，车辆顺利导出，行驶姿态正常，如图 3-72 所示。车辆轮迹经过导向驶出框（$A=7.3\mathrm{m}$，$B=20\mathrm{m}$）时，轮迹最远处与护栏的距离 $X=5\mathrm{m}$，满足边界要求。

a)　　　　b)

图 3-70　小客车碰撞后护栏变形

a)　　　　b)

图 3-71　中型客车碰撞护栏后车辆情况

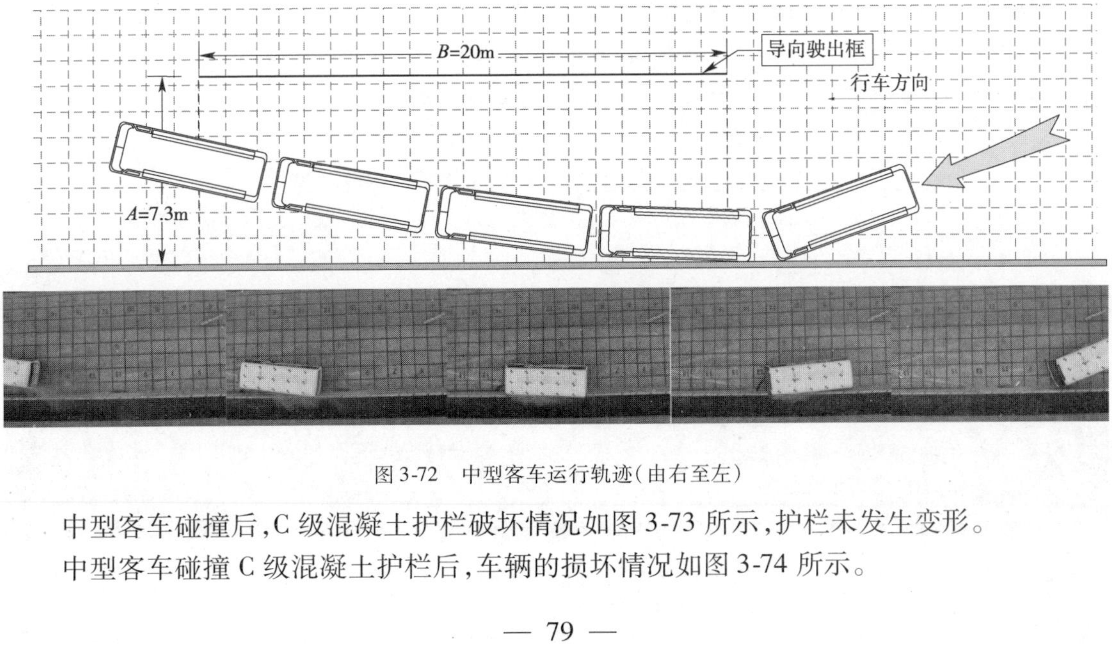

图 3-72　中型客车运行轨迹（由右至左）

中型客车碰撞后，C 级混凝土护栏破坏情况如图 3-73 所示，护栏未发生变形。

中型客车碰撞 C 级混凝土护栏后，车辆的损坏情况如图 3-74 所示。

a)

b)

图 3-73　中型客车碰撞后护栏变形

a)

b)

图 3-74　中型客车碰撞护栏后车辆情况

④中型货车实车碰撞试验。

中型货车碰撞 C 级混凝土护栏的实车碰撞试验结果表明：护栏对中型货车具有良好的防护能力和导向作用，中型货车碰撞护栏后未出现穿越、翻越、骑跨或下穿护栏的情况，车辆顺利导出，行驶姿态正常，如图 3-75 所示。车辆轮迹经过导向驶出框（$A=7.3\text{m}$，$B=20\text{m}$）时，轮迹最远处与护栏的距离 $X=4.2\text{m}$，满足边界要求。

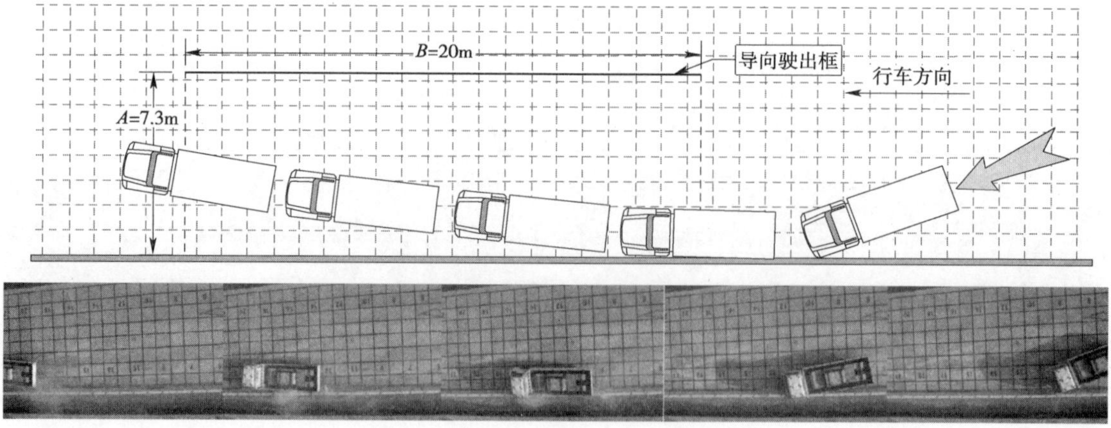

图 3-75　中型货车运行轨迹（由右至左）

中型货车碰撞后，C 级混凝土护栏破坏情况如图 3-76 所示，护栏未发生变形。

a)　　　　b)

图 3-76　中型货车碰撞后护栏变形

中型货车碰撞 C 级混凝土护栏后，车辆的损坏情况如图 3-77 所示。

a)　　　　b)

图 3-77　中型货车碰撞护栏后车辆情况

⑤验证结论。

C 级混凝土护栏实车碰撞试验结果见表 3-11。

C 级混凝土护栏实车碰撞试验结果　　表 3-11

检测项目	技术要求		检测结果	
			检测值	单项结论
1. 阻挡功能	车辆不得穿越、翻越和骑跨试验护栏	小型客车	符合要求	合格
		中型客车	符合要求	合格
		中型货车	符合要求	合格
	试验护栏构件及其脱离件不得侵入车辆乘员舱	小型客车	符合要求	合格
		中型客车	符合要求	合格
		中型货车	符合要求	合格
2. 导向功能	车辆碰撞后不得翻车	小型客车	符合要求	合格
		中型客车	符合要求	合格
		中型货车	符合要求	合格
	车辆碰撞后的轮迹应满足导向驶出框的要求	小型客车	符合要求	合格
		中型客车	符合要求	合格
		中型货车	符合要求	合格

续上表

检测项目	技术要求		检测结果	
			检测值	单项结论
3. 缓冲功能	乘员碰撞速度 $V_x \leq 12$(m/s)	小型客车	8.5	合格
	乘员碰撞速度 $V_y \leq 12$(m/s)		2.3	合格
	乘员碰撞后加速度 $a_x \leq 200$(m/s^2)		68.6	合格
	乘员碰撞后加速度 $a_y \leq 200$(m/s^2)		34.3	合格
4. 护栏最大横向动态变形值 D(m)		小型客车	0.03	
		中型客车	0.07	
		中型货车	0.05	
5. 护栏最大横向动态位移外延值 W(m)		小型客车	0.38	
		中型客车	0.42	
		中型货车	0.40	
6. 车辆最大动态外倾值 VI(m)		中型客车	0.28	
		中型货车	0.30	
7. 车辆最大动态外倾当量值 VI_n(m)		中型客车	0.44	
		中型货车	0.98	

经实车碰撞试验验证，该护栏在C级碰撞条件下，对小型车（1.5t、50km/h、20°）和中型客车、中型货车（6t、40km/h、20°）具有良好的导向作用，试验车辆与护栏发生碰撞后未发生穿越、翻越、骑跨护栏的现象。护栏的防护性能、乘员风险、驶出范围、车辆运行轨迹、车辆运行状态、护栏最大横向动态变形值等性能指标均符合我国现行交通行业标准《公路护栏安全性能评价标准》（JTG B05-01—2013）中C级护栏的评价要求。

3.3.4.4　适用条件及设置技术

C级混凝土护栏适用于以下路段：

（1）公路路肩宽度大于45cm。

（2）三级公路、四级公路至路肩边缘线不足3m处有常水深0.5m以上水体的路段。

（3）三级公路、四级公路边坡高度在4～6m之间且边坡坡度大于1∶1的小半径曲线外侧危险路段。

（4）三级公路、四级公路边坡高度大于6m，且边坡坡度大于1∶1的危险路段。

（5）其他经判定防护需求为C级的路侧危险路段。

对于在有路侧余宽条件的路段，C级混凝土护栏端头采用外展的形式，或将护栏端头隐于山体；在无路侧余宽无法外展的条件下，应在端头上设置警告标记，贴黑黄相间的反光膜。混凝土护栏与波形梁护栏应进行过渡连接。

第 4 章　低等级公路路线交叉安全改善技术

公路交叉口是传递路段交通流的节点和枢纽，是路网的关键部分，虽然在空间上占整个公路网的很小部分，但是从所发生交通事故角度看，交叉口事故却占整个公路网事故的很大比例，往往成为交通事故的黑点。本章针对低等级公路路线交叉的特点，分别介绍平面交叉和路侧接入口设计及安全改善技术，为低等级公路安全改善提供技术支持。

4.1　低等级公路路线交叉现状及安全问题分析

(1)低等级公路路线交叉类型以加铺转角为主，尤其在村镇中心路段，少部分郊区路段交叉设置转角交通岛。穿村镇中心区的交叉规模均较小，转角半径通常小于 15m。郊区转角半径通常取 10 ~ 20m。部分典型穿村镇路段低等级公路交叉如图 4-1、图 4-2 所示。

a)　b)　c)　d)

图　4-1

e)

f)

g)

h)

图 4-1　穿村镇路段交叉现状

（2）大部分交叉未设置转弯辅助车道，交叉入口车道数量与路段数量一致。少部分 T 形平面交叉口为减少直行车辆与左转弯车辆的冲突，设置超速车道，但运行效果并不佳，事故较多。超车道设置如图 4-3 所示。

图 4-2　郊区路段交叉

图 4-3　超车道设置示例

（3）部分县道与县道或高速连接线的交叉在次要公路入口设置了标线式雨滴形状交通岛，更符合车辆转弯轨迹引道需求（图 4-4、图 4-5）。

（4）部分斜交的交叉口，交叉面域较大，不利于规范车辆行驶轨迹。图 4-6 为典型穿村镇路段斜交口。

图 4-4　水滴形中间岛

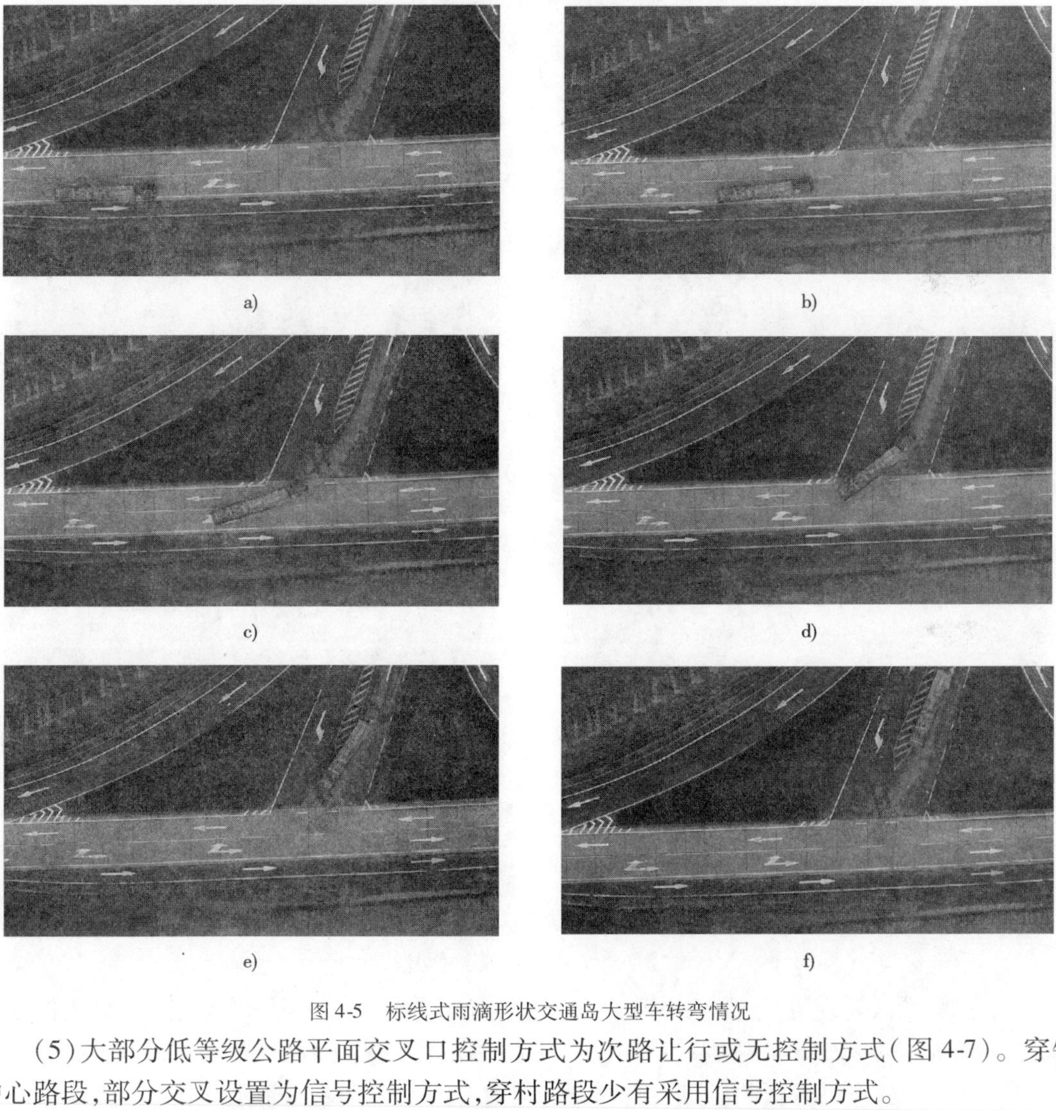

a)　b)　c)　d)　e)　f)

图 4-5　标线式雨滴形状交通岛大型车转弯情况

（5）大部分低等级公路平面交叉口控制方式为次路让行或无控制方式（图 4-7）。穿镇中心路段，部分交叉设置为信号控制方式，穿村路段少有采用信号控制方式。

（6）相当一部分交叉范围内或渠化交通岛内的绿植高度影响视距。如图 4-8 所示，绿植遮挡行车视距，已经发生多起事故。

图4-6　典型穿村镇路段斜交口

a)　　b)

图4-7　城镇与穿村路段无控制交叉口

a)　　b)

图4-8　绿植影响视距情况

(7)路侧接入管理混乱,路侧小路随意接入主路,对各接入口缺乏有效整合,当地相关政府部门缺乏接入口设置的审批管理依据等。接入口存在视距不足、接入角度过小、转弯半径不足、出口宽度不足等问题,造成车辆行驶不便(图4-9);接入道坡度过大,诱发车辆冲坡行驶进而高速汇入主路,致使接入口区域的事故风险加大,也使相关路段成为事故多发点段。

a)　　　　b)

图4-9　接入口视距不足、转弯半径过小

(8)标志、标线、限速设施等较为缺乏。交叉范围内标线与路段标线一致,不能使驾驶人提前注意到交叉口的存在(图4-10)。缺少针对性的警告标志、路权标志和合理的限速设施,存在较大安全隐患(图4-11、图4-12)。

图4-10　交叉口范围内标线与路段一致

图4-11　交叉口无针对性渠化标志标线

a)　　　　b)

图4-12　接入口处缺乏标志标线

(9)交通参与者安全意识淡薄、交通违法现象严重,存在大量的各型机动车超速行驶、左转和支路车辆不按照规定让行、非机动车侵占机动车道、行人随意穿越公路等现象,严重影响了交通安全环境(图4-13)。

a)　　　　b)

图 4-13　违法、违规现象严重

4.2　低等级公路平面交叉设计及改善技术

4.2.1　平面交叉口关键几何参数研究

4.2.1.1　车辆转弯轨迹特性

下面分别基于小客车、载重汽车轨迹分析，总结车辆转弯轨迹特征。

(1)小客车转弯轨迹特征。

采用车辆轨迹分析系统对不同转弯角度的轨迹进行分析如图 4-14 所示，总结车辆轨迹特征如下：

①车辆转弯过程中，内侧后轮轨迹最靠近内侧路缘的位置，右转弯内侧路面边缘线形及转角半径的选取应依据内侧后轮的轨迹确定。

②在特定速度下，同一类型车辆最小转弯半径与转弯角度直接相关，转弯角度越小，所需的最小转弯半径越大，当车辆以 180°掉头转弯时，所需要的转弯半径最小。

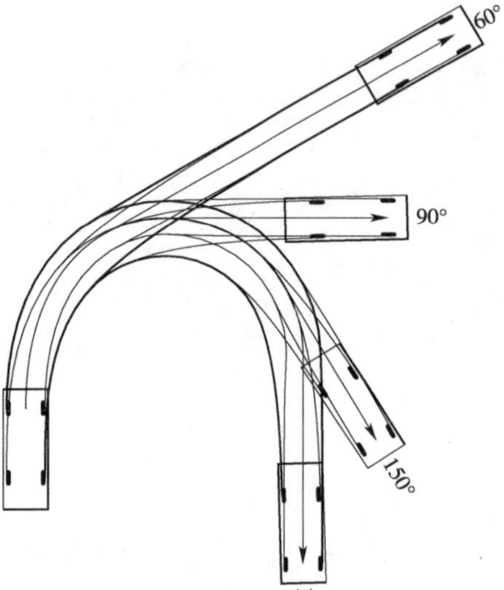

图 4-14　不同转弯角度车辆轨迹合成图

③车辆转弯过程中，除车辆前悬之外，外侧前轮的轨迹最靠近外侧，转弯路面最小宽度需要满足外侧前轮与内侧后轮行驶轨迹的横向最大间距。

④车辆转弯过程中，车辆外侧前轮与内侧后轮轨迹最大间距随转弯角度增加而增大，转弯角度越大，所需要的转弯道宽度越大。

⑤车辆转弯速度越高，所需要的最小转弯半径越大，所需要占用的路面宽度越窄。

⑥当小客车速度超过 25km/h 时，转弯轨迹接近单圆曲线，应采用单圆设计。

⑦小客车速度在 30km/h 时，单圆半径为 25m 左右，不满足设置右转实体交通岛条件，因此对于以小客车为主要服务对象的平面交叉，不宜设置右转实体

交通岛。

(2)货车转弯轨迹特征。

货车转弯过程中各点转弯半径需求如下。

速度为15km/h、转角为90°条件下，三轴货车在转弯过程中各点需求转弯半径拟合结果如图4-15所示。从图中可以看出，车辆在转弯过程中，需求的转弯半径先降低后增加，转弯半径最小值位于转弯曲线中点附近。由此可以得出以下结论：

①多圆曲线比单圆曲线更符合车辆转弯需求。

②转弯曲线设计中，曲线起始部分和曲线后部应选用较大半径曲线，曲线中间可选用较小半径曲线。

③转弯曲线后部半径取值宜高于前部半径取值。

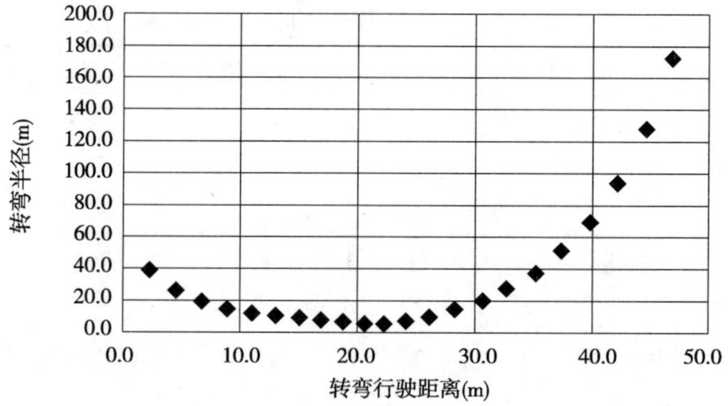

图4-15　车辆转弯距离与转弯半径关系图

(3)货车轨迹线形拟合分析。

对三轴货车轨迹分别采用单心圆曲线、双心圆曲线、三心圆曲线及含渐变段的圆曲线进行拟合，轨迹线与内侧后轮轨迹保持0.5m的距离以保障安全，拟合曲线如图4-16所示。由比较可以看出，双心圆曲线优于单心圆曲线，三心圆曲线优于双心圆曲线，直线渐变段与圆曲线组合线形与三心圆曲线较为接近，但三心圆曲线更符合轨迹需求。

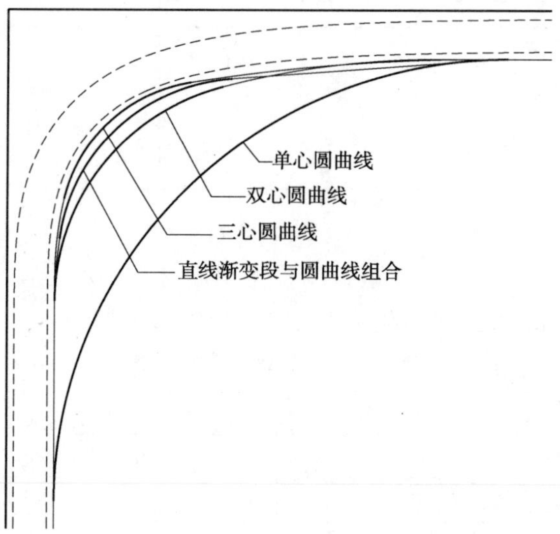

图4-16　多种线形对三轴货车转弯轨迹拟合对比图

从实际应用角度考虑,双心圆曲线比单心圆曲线复杂,但车辆轨迹符合度与三心圆曲线差距较大,因此,设计中不宜采用双心圆曲线。

4.2.1.2　*右转弯线形及参数*

根据低等级公路穿村镇路段交通调查,交通组成以电动车、摩托车、小客车为主,货车车型中以两轴和三轴货车为主,因此主要针对小客车、两轴和三轴货车介绍车辆右转弯轨迹的研究。

(1)小客车右转线形和半径取值分析。

小客车模型采用我国规范中规定的小客车外廓尺寸,车辆宽度取1.8m、长6m。根据调查,穿村镇路段右转车辆速度较低,从右转安全性角度考虑,不建议设计时右转弯速度取过高,借鉴国内外资料,速度取15km/h。转弯道宽度根据平面交叉中心点与转弯曲线中点连接线在外侧前轮轨迹与内侧后轮轨迹之间的宽度确定。分析结果见表4-1。

小客车15km/h转弯轨迹拟合分析结果　　表4-1

转弯角度(°)	单心圆曲线半径(m)	转弯角度(°)	单心圆曲线半径(m)
70	13	100	9
80	11	110	9
90	9		

需要说明的是:由于不同平面交叉口相交公路硬路肩宽度差别较大,因此分析中未考虑硬路肩宽度对车辆转弯轨迹的缓冲作用,另外车辆拟合轨迹线是按照车辆内侧后轮轨迹向圆曲线内偏移0.5m的基础上得出。综合以上两个因素,分析选取的半径值比实际应用需求偏大。

(2)两轴货车右转线形和半径取值分析。

根据调查,两轴货车长度均在9m以内,属于中型货车类型,借鉴美国SU-9m车型进行车辆轨迹分析,车辆宽度取2.5m,车辆模型如图4-17所示。

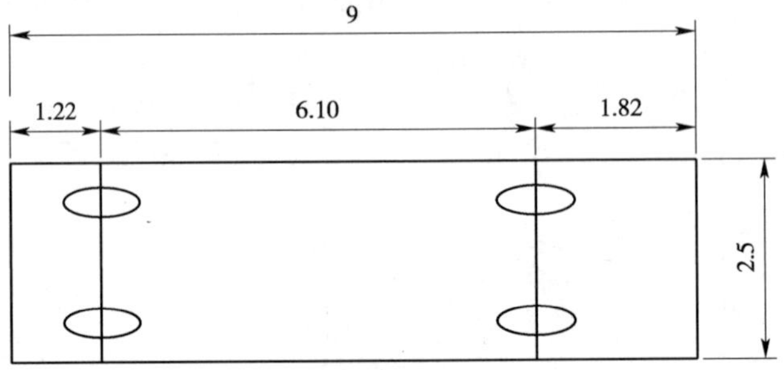

图4-17　两轴货车外廓尺寸(尺寸单位:m)

车辆转弯速度取15 km/h。转弯道宽度根据平面交叉中心点与转弯曲线中点连接线在外侧前轮轨迹与内侧后轮轨迹之间的宽度确定。分析结果见表4-2。

两轴货车转弯轨迹拟合分析结果　　表4-2

转弯角度(°)	单心圆曲线半径(m)	转弯角度(°)	单心圆曲线半径(m)
70	18	100	15
80	17	110	15
90	15		

(3)三轴货车右转线形和半径取值分析。

三轴货车采用国内标准中规定的单体载重货车车型,车型外廓尺寸如图4-18所示。

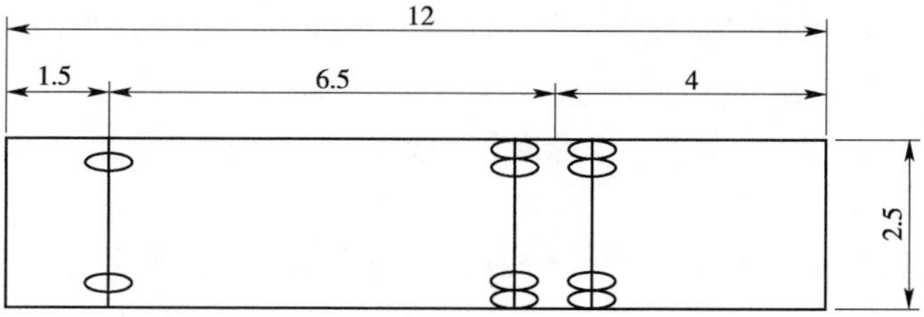

图4-18 规范中载重汽车外廓尺寸(尺寸单位:m)

车辆转弯速度取15km/h。转弯道宽度根据平面交叉中心点与转弯曲线中点连接线在外侧前轮轨迹与内侧后轮轨迹之间的宽度确定。分析结果见表4-3。

三轴货车转弯轨迹拟合分析结果 表4-3

转弯角度(°)	单心圆曲线	三心圆曲线	直线接渐变段		
	半径(m)	半径(m)	入口渐变段长度(m)	圆曲线半径(m)	出口渐变段长度(m)
70	41	40-14-70	2.5	14	21
80	36	40-12-70	2.0	13	12
90	28	40-12-70	4.5	10	14
100	27	30-9-60	4.5	10	14
110	23	30-9-60	5.8	10	14

4.2.1.3 左转弯车道关键几何参数

左转弯车道几何尺寸包括主线偏移段长度、渐变段长度、减速段长度、等候段长度和车道宽度等参数,如图4-19所示。

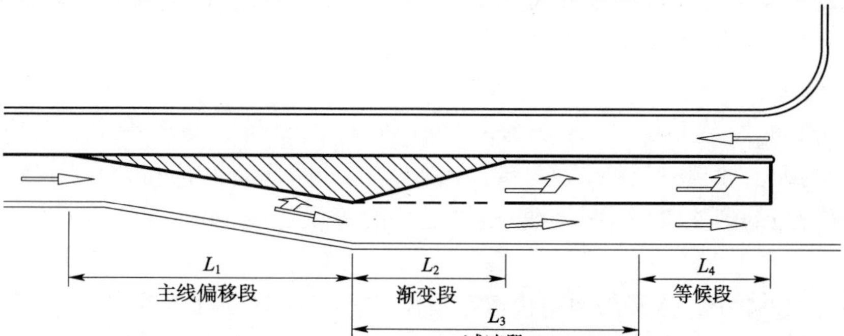

图4-19 左转弯车道组成

其中车道宽度通常采用与直行车道同样宽度值且不宜低于3.0m,对此不作研究,其他几何参数研究情况如下。

(1)主线偏移段。

国内外双车道公路均很少设置中央分隔带或采用双向分离的方式。因此,在设置左转弯车道时,则需要通过偏移直行车道的方式,为左转弯车道提供设置空间。国外对这种主线偏移的方式和长度规定较为具体，而我国《公路路线设计规范》（JTG D20—2006）中对其没有具体的规定，也没有具体的称谓。因此，这里暂称该段为“主线偏移段”。

分析比较国外一些国家对主线偏移段的规定不尽相同，各种方式均有其优缺点，结合我国特点，我国虽然幅员辽阔，但人口众多，不能采用过高的指标值，而且在山区公路上，交叉口拓宽条件十分有限，这就需要综合权衡我国的经济条件、公路条件、驾驶人习惯，选取左转弯车道偏移的方式。

根据各国家主线偏移段渐变率的比较，英国、澳大利亚、日本主线偏移段长度均低于美国和加拿大，其中英国和澳大利亚取值最低，根据计算，当速度超过70km/h时，澳大利亚渐变率取值约为美国的一半。当速度低于70km/h时，各国家渐变率逐渐接近，这与美国计算公式采用的分段计算有关，分段计算公式导致渐变率取值不连续。

综合以上情况，根据不同的设计速度取值，建议左转弯车道主线偏移段长度和渐变率取值见表4-4。

我国左转弯车道主线偏移段长度和渐变率取值建议表 表4-4

<table>
<tr><td colspan="2">设计速度(km/h)</td><td>50</td><td>60</td><td>70</td><td>80</td><td>备注</td></tr>
<tr><td rowspan="2">双侧长度(m)</td><td>一般值</td><td>30</td><td>40</td><td>50</td><td>65</td><td rowspan="6">拓宽宽度为3.5m</td></tr>
<tr><td>极限值</td><td>25</td><td>30</td><td>35</td><td>40</td></tr>
<tr><td rowspan="2">单侧长度(m)</td><td>一般值</td><td>65</td><td>85</td><td>105</td><td>125</td></tr>
<tr><td>极限值</td><td>50</td><td>60</td><td>70</td><td>80</td></tr>
<tr><td rowspan="2">渐变率(1∶n)</td><td>一般值</td><td>18</td><td>24</td><td>30</td><td>36</td></tr>
<tr><td>极限值</td><td>14</td><td>17</td><td>20</td><td>23</td></tr>
</table>

当设计速度小于等于40km/h时，大部分国家没有规定主线渐变段长度，而根据计算，当设计速度小于等于40km/h时，渐变率接近或超过1∶10，车辆偏移难度较大，不宜设置主线偏移式左转弯车道。从速度差值角度考虑，当设计速度较低时，左转和直行车辆速度差较小，危险性较低，可设置为直接式左转弯车道。

(2)渐变段长度。

渐变段适宜的设置长度与车辆行驶轨迹相似，过长的渐变段容易诱使直行车辆进入左转车道，过短的渐变段驾驶员通常不会遵守，使得部分路面空间浪费，对于城市或城乡接合部而言，设置较短的渐变段可为高峰期提供更长的等候长度，对于流量较小的情况，则不做此考虑。

考虑到用地的情况，建议我国左转弯车道渐变段取值参考日本的方式，渐变率取$V/6$（V为设计速度，单位为km/h），对应于各主要设计速度，可计算出渐变段长度见表4-5。

我国左转弯车道渐变段长度建议值 表4-5

设计速度(km/h)	80	70	60	50	40
渐变段长度(m)	45	40	35	30	25

(3)减速段长度。

左转弯车道减速段长度的取值，是依据车辆驾驶人采用舒适的减速度值情况下，从设计速度减速至转弯需要速度确定的，而目前有关舒适减速度的研究较少，其中美国爱荷华州

《城市道路设计规范》(2006)提出车辆从直行车道进入左转弯车道舒适的减速度应是 $2.7432m/s^2$,英国《主次优先公路平面交叉规范》中采用的减速度值为 $3.675m/s^2$,我国现行《公路路线设计规范》中采用的减速度值为 $2.5m/s^2$,但我国减速段长度不包括渐变段长度。如果与国外一样,把渐变段长度计入减速段长度,则实际采用的减速度值远小于 $2.5m/s^2$。

根据各国左转弯车道减速段长度反推加速度取值结果,德国反推得出的加速度绝对值明显高于其他国家,流量小于等于 400veh/h 的加速度绝对值超过了 $9m/s^2$,流量大于 400veh/h 的加速度绝对值超过了 $5m/s^2$。由此可见,德国允许左转弯车辆在进入左转弯车道之前进行较大幅度减速的。其次,英国和加拿大加速度绝对值取值较高,英国加速度绝对值维持在 $3.8 \sim 5.6m/s^2$之间,加拿大则是随着设计速度的增加,加速度绝对值也增加,从 $2.76m/s^2$增加到了 $7.01m/s^2$。我国若减速段不包括渐变段长度,则加速度绝对值取值与日本一致,加速度绝对值为 $3.09 \sim 4.12m/s^2$,若包括减速段长度,则加速度绝对值为 $1.2 \sim 2.4m/s^2$,与美国不考虑车辆初始速度折减时接近。

基于国内的调查研究,可以得到如下结论:

①入口引道车辆事故率随速度差增加而呈几何指数增长,应将左转弯车辆与直行车辆速度差降低至一定范围之内,通常情况下,应将速度差控制在 15km/h 的范围内。

②车辆进入左转弯车道后,车速低于 20 km/h 面临紧急情况时,可通过紧急制动在短距离内将车辆停止,根据调查,车辆第 85 百分位加速度绝对值可达到 $3.5m/s^2$,若按照 $3.5m/s^2$ 计算,车辆从 20km/h 减速至停止,减速距离为 4.4m。因此,末速度可按照 20km/h 确定。

③根据国外规范规定及对我国主线偏移式左转弯车道速度观测,渐变段可作为减速段一部分。

基于以上考虑,平面交叉左转弯车道长度建议取值见表 4-6。

双车道公路左转弯车道长度建议值　　表 4-6

公路技术等级	设计速度(km/h)	末速值(km/h)	渐变段长度(m)	减速段长度(m)	
				一般值	极限值
二级	80	20	45	50	20
二级	60	20	35	20	—
三级	40	20	25 *	—	—
三级	30	—	25 *	—	—
四级	20	—	—	—	—

* 当采用主线偏移式左转车道时,渐变段长度取该值。

(4)等候段长度。

①等候段车辆排队数分析。

平面交叉口左转交通流属于次优先交通流,车辆需要利用对向直行交通流的可插间隙通过平面交叉口,因此左转弯车道等候段车辆排队数量是由本向左转弯交通量和对向直行交通量决定的。

可以认为左转交通流和对向直行交通流的车辆到达均是随机的且服从泊松分布,对向直行交通流车头时距符合负指数分布。在左转弯车道和对向直行车道均为一条车道的情况下,左转车辆排队符合标准的 M/M/1 排队系统模型。

依据模型,确定出允许的排队概率,则能通过计算或图表确定各交通量条件下的最大排队数量。假设 $V_A=V_o$,则满足98%条件下的最大车辆排队数量计算见表4-7,排队数量曲线如图4-20所示。

满足98%条件下左转弯车道排队数量列表　　表4-7

对向交通量(辆/h)	5%左转	10%左转	15%左转	20%左转	25%左转	30%左转
900	1.6	2.1	2.7	3.3	4.0	4.8
800	1.4	1.9	2.3	2.8	3.3	3.8
700	1.3	1.7	2.1	2.4	2.7	3.1
600	1.2	1.5	1.8	2.1	2.3	2.6
500	1.1	1.4	1.6	1.8	2.0	2.2
400	1.0	1.2	1.4	1.6	1.7	1.9
300	0.9	1.1	1.3	1.4	1.5	1.6

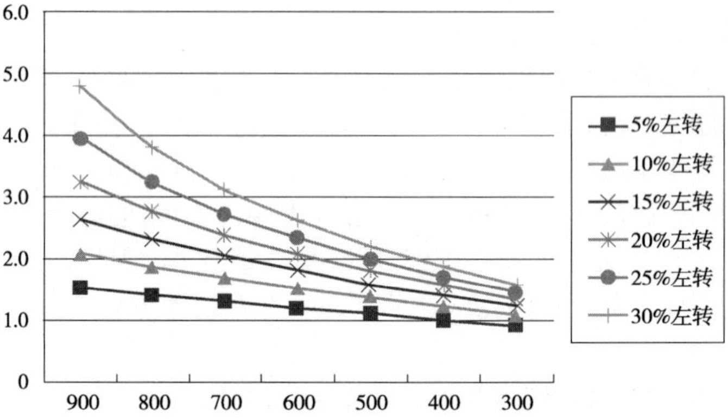

图4-20　满足98%条件下左转弯车道排队数量曲线图

在美国和日本均规定,左转弯车道等候段能够容纳车辆数应按照2min到达车辆数计算,该计算方式未考虑对向直行交通量。而本项研究成果能够综合体现左转流量和对向直行流量的影响,且应用较为简便。

从事故严重性角度考虑,由于左转弯车辆在停车线均需要减速评估对向交通流的可插间隙,因此,在接近停车线位置速度较低,同向冲突严重程度较低,另一方面在等候段之前设有全宽减速段,后续车辆可以根据等候段车辆排队情况调整减速度避免车辆追尾,虽然在一定程度上牺牲了后车行驶舒适性,但此种情况可以控制在较低的概率范围内,如果选取2%作为控制概率完全能够满足要求。表4-8和图4-21为美国、日本现有规定与本书提出方法(控制概率为2%)计算结果对比情况。从图中可以看出,采用美国和日本的计算方法计算得出的排队数量在实际中出现的概率远低于2%,取值不够合理。

两种方法对比结果　　表4-8

对向交通量(辆/h)	2min到达车辆数量			本方法计算结果		
	10%左转	20%左转	30%左转	10%左转	20%左转	30%左转
900	3.0	6.0	9.0	2.1	3.3	4.8
800	2.7	5.3	8.0	1.9	2.8	3.8
700	2.3	4.7	7.0	1.7	2.4	3.1

续上表

对向交通量（辆/h）	2min 到达车辆数量			本方法计算结果		
	10% 左转	20% 左转	30% 左转	10% 左转	20% 左转	30% 左转
600	2.0	4.0	6.0	1.5	2.1	2.6
500	1.7	3.3	5.0	1.4	1.8	2.2
400	1.3	2.7	4.0	1.2	1.6	1.9
300	1.0	2.0	3.0	1.1	1.4	1.6

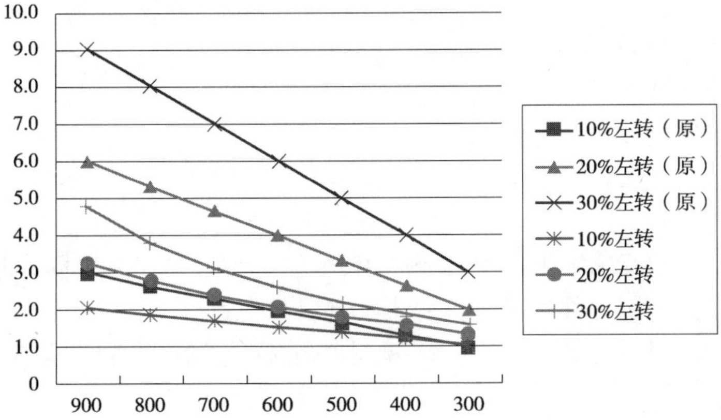

图 4-21 两种方法对比图

②等候段长度建议值。

由于等候段长度为排队数量、车辆平均长度、右转车道长度系数的乘积，若排队数量按照2% 概率控制，采用《公路工程技术标准》（JTG B01—2014）中规定的小客车作为标准车型，取车辆平均长度 6m，右转车道长度系数用来修正排队车辆之间的间隙，按 2.0 计算最短长度取 15m，以满足 2 辆小客车排队停车。由此可计算出需要的左转弯车道等候段长度，并取 5 的倍数，得结果见表 4-9。

左转弯车道等候段长度建议取值（m） 表 4-9

对向交通量（辆/h）	5% 左转	10% 左转	15% 左转	20% 左转	25% 左转	30% 左转
900	20	25	30	40	45	60
800	15	25	30	35	40	45
700	15	20	25	30	35	35
600	15	20	20	25	30	30
500	15	15	20	20	25	25
400	15	15	15	20	20	25
300	15	15	15	15	20	20

4.2.2 平面交叉布局类型划分研究

平面交叉类型的划分有助于规范平面交叉设计、统一平面交叉设计标准、提高公路用户对平面交叉快速准确理解。同时，平面交叉布局类型划分有助于在公路设计初期阶段确定平面交叉形式，可为后期的渠化设计提供必要的操作空间。英国、加拿大、德国、马来西亚等国家均对平面交叉类型进行了划分。在我国，城市道路平面交叉设计规范中也有类似划分，但在公路平面交叉有关的规范中尚无此规定。

本节将在借鉴英国、加拿大、德国等国家的平面交叉类型划分基础上，结合我国不同公路设计阶段需求，确定公路平面交叉类型划分方式。

4.2.2.1 类型划分原则

(1)总体原则。

①易于理解与应用。

②考虑设计要素布局。

③考虑相交公路功能、等级。

④考虑服务交通量。

⑤考虑交通安全需求。

(2)类型排序原则。

英国、加拿大、德国等国家平面交叉分类中，虽然类型划方式分不同，但均是按照先简单后复杂的顺序排序。采用此种顺序划分方式具有以下优点：

①符合学习和理解事物的规律。先掌握简单的类型，然后在对简单类型交叉理解的基础上，掌握复杂交叉类型。

②符合实际应用需求。在公路网中，简单交叉数量众多，复杂平面交叉数量较少。

对于我国而言，目前类型划分主要考虑常规情况。随着交通的发展，可能会存在较为复杂的平面交叉，如穿城镇路段交叉、环形交叉、局部立交交叉、错位交叉等，按照由简至繁的排序方式便于后期增加布局类型。

基于以上考虑，平面交叉布局类型划分排序顺序采用由简至繁的原则。

4.2.2.2 第一层次类别划分

从布局角度考虑，主要的布局要素包括入口拓宽、右转弯线形、右转交通岛、左转弯车道等，且这些要素的设置与公路功能、等级、交通量、交通安全有关，通过布局要素布置也可以计算适用的交通量，便于在实际中应用。因此，以布局要素确定划分的主要原则是比较适宜的。

平面交叉布局类别划分不宜过多，过多类别的划分不容易被记忆和应用，增加选用难度，为此依据布局要素建议将平面交叉分为以下4大类。

(1)第一类别。

依据从简至繁的原则，第一类别应为简单平面交叉，即交叉范围内除路权标志标线外，无其他辅助或引导车辆行驶的设施，主要应用于接入口或公路与低等级、低流量公路的平面交叉。

①第一类别平面交叉具有以下特点：

a. 转弯服务车型以中小型车为主。

b. 相交公路中有一条公路等级较低、交通量较小。

c. 平面交叉不需要设置转弯车道或拓宽入口。

根据对右转弯线形的分析，小客车转角线形宜采用单圆曲线，中型车可采用单圆曲线

(图4-22)。针对第一类别平面交叉重要度较低的情况,小型车转弯速度可取15km/h,在不占用对向车道的情况下,7m单圆半径即可满足转弯需求。考虑到中型车数量较少,可允许中型车以较低的速度转弯,转弯速度可取10km/h,根据车辆轨迹分析,15m的单圆半径可满足转弯需求。考虑到路肩宽度可为转弯车辆所用,15m的单曲线半径可满足中型车在低速条件件的转弯需求且有一定富余,且15m转弯半径不需要设置转角交通岛。因此,第一类别平面交叉转角半径限定为15m以下。

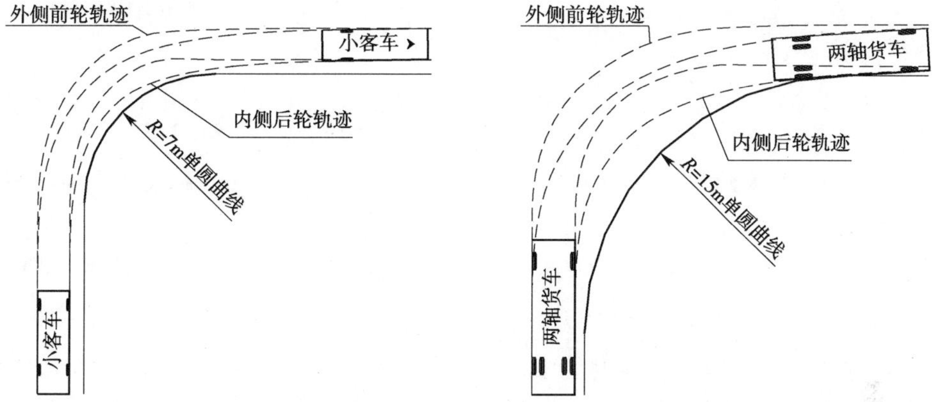

a)小型车15km/h、90°转弯轨迹　　b)中型货车10km/h、90°转弯轨迹

图4-22　小型车与中型车转弯轨迹

②需要说明的是:

a. 对于调查中确定以小型车为主要服务对象的第一类别交叉,转弯半径可取7m。

b. 当转角较小时,需要增加转弯半径。

(2)第二类别。

对于比简单平面交叉更重要的平面交叉,应优先考虑采用入口拓宽的方式增加通行能力和提升交通安全。

①第二类别设置入口拓宽具有以下特点:

a. 增加入口通行能力,缩小平面交叉与路段通行能力差距。

b. 在速度较高的路段上,交叉入口拓宽可让驾驶人提早识别交叉位置,注意横向行驶车辆及行人,对提升交通安全具有重要作用。

c. 入口拓宽也能给车辆在紧急情况下提供避让空间,降低事故发生概率。

②第二类平面交叉应满足以下需求:

a. 转弯服务车型以大型车中的载重汽车为主,兼顾鞍式列车。

b. 相交公路中有一条公路车辆运行速度较高或转弯车辆较多,但尚不满足设置专用转弯车道条件。

根据对中大型车辆转弯轨迹分析,转弯线形宜采用多心圆曲线或设置直线渐变段的单曲线(图4-23、图4-24)。在采用多心圆曲线情况下,中心圆曲线半径在12m时能够满足载重车15km/h时的转弯需求,中心圆曲线半径在15m时能够满足鞍式列车在15km/h时的转弯需求。考虑路肩宽度可为转弯车辆所用,中心圆半径为15m的三心圆曲线或直线渐变段接圆曲线完全可满足车辆使用需求,且中心圆曲线半径在15m以下时不需要设置转角交通岛。因此,第二类平面交叉转弯线形宜选用多心圆曲线或设置直线渐变段的单曲线,且中心圆半径宜控制在15m以下。

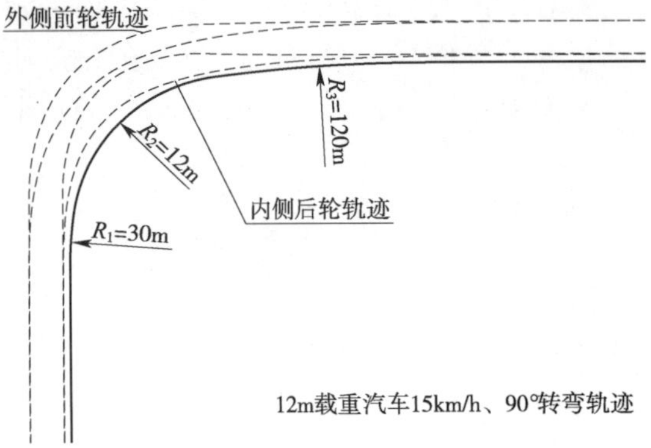

图4-23　载重汽车转弯轨迹与三心圆线形

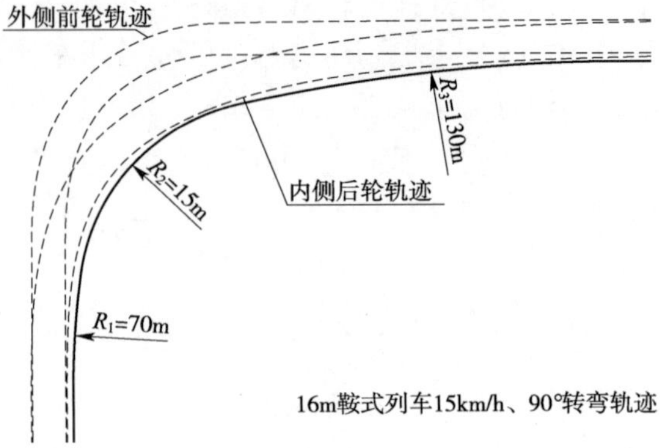

图4-24　鞍式列车转弯轨迹与三心圆线形

③需要说明的是:

a. 转弯角度较小时,应相应地增加中心圆曲线半径。

b. 转弯角度较大时,可在车辆轨迹分析的基础上,对转弯半径进行调整。

c. 当调查表明,转弯主要服务车型为载重汽车、鞍式列车很少时,可采用中心圆曲线半径为12m的三心圆曲线或直线渐变段接圆曲线。

d. 对于中大型车较少但转弯流量较大的平面交叉,虽然从车辆几何学需求角度不需要设置较大的转弯半径,但从增加通行能力和转弯速度角度考虑,需要放宽对转弯半径的限制。

(3)第三类别。

平面交叉中,当转弯车辆对直行车辆的畅通安全影响构成较大程度影响时,应考虑拓宽入口设置专用转弯车道,将转弯车辆从直行交通流中分离。

国外大量的研究表明,无信号控制平面交叉专用左转弯车道设置,可明显提高交通安全。总体而言,左转弯车道设置具有如下优点:

①在平面交叉中,左转是存在交通冲突最多的交通流,也是交通事故率最高的交通流。设置左转弯车道,可让车辆在左转弯车道内从容减速、等待穿插对向交通流的机会,能够明显减少同向交通冲突,提高交通安全。

②设置左转弯车道后,可减少同向直行车延误。

由于右转弯车辆不需要穿插对向直行交通流,对通行能力和交通安全影响小于左转弯车道,因此,国内外对右转弯车道设置效果和设置条件研究较少。但右转弯车道设置较为简单,直接拓宽入口即可设置,不需要偏移直行车道横向位置,因此,在国内平面交叉设计中,右转弯车道比左转弯车道应用比例高。

由于左转弯车道和右转弯车道都是采用拓宽入口、增加车道的方式提高通行能力和交通安全,因此将此两种类型划分为第三类。第三类平面交叉重要程度虽然高于第二类平面交叉,但其主要转弯服务车型与第二类平面交叉一致,且增加转弯车道后,车辆可以从容减速进行转弯,因此转角线形和半径可与第二类平面交叉保持一致。

(4)第四类别。

对于复杂或大型平面交叉,为引导车辆正确行驶、提高车辆通过效率,需要增加转弯半径供大型或超大型车辆顺利通行,并提高小型车转弯速度以适应路段运行速度过高的情况,在此情况下,交通岛成为渠化的必备设施,通过交通岛的设置划除交叉范围内不用的面积,并有效规范车辆轨迹,分离冲突点。将此种类型划分为第四类别。

第四类平面交叉具有以下特点:

①转弯车型中有较大比例的鞍式列车。

②路段运行速度较高或右转弯车流量较大,在交叉位置右转弯需要较大的转弯半径减少速度差或增加转弯通行能力。

③路段运行速度较高或左转弯流量较大,在交叉位置左转弯需要设置转弯辅助车道分流左转弯车辆,降低追尾概率,减少直行车延误。

④路段非机动车和行人较少。

⑤征地受限较小。

为了提高平面交叉右转速度,提高右转通行能力,并满足鞍式列车转弯需求,右转线形应采用三心圆曲线或直线渐变段接圆曲线。为设置右转交通岛,中心圆曲线半径宜大于25m。如图4-25、图4-26所示,中心圆曲线半径为25m的三心圆曲线可满足鞍式列车以30km/h速度右转。

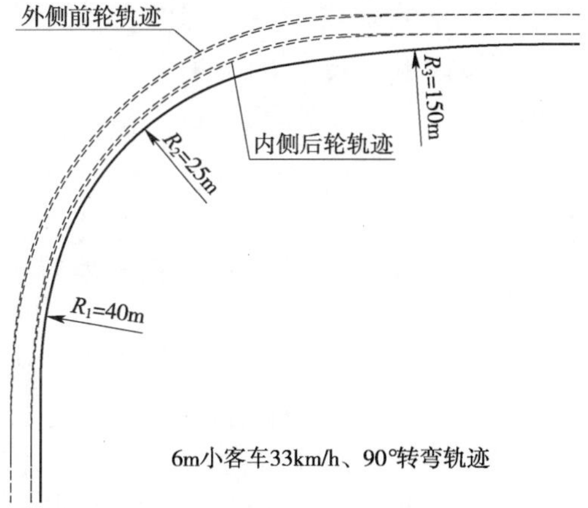

图4-25　小客车33km/h时转弯轨迹与三心圆线形

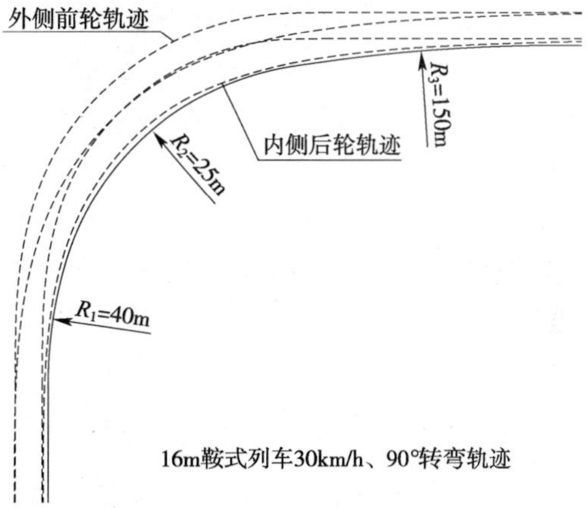

图4-26　鞍式列车30km/h时转弯轨迹与三心圆线形

4.2.2.3　第二层次类别划分

为了便于应用,在第一层次类别的基础上,有必要根据设计要素的布置做第二层次划分。

第一类别和第二类别平面交叉布局要素比较简单,可不再细分。

第三类平面交叉可根据左右转弯车道的布置做进一步类别划分,建议如下:

(1)第一小类设左转弯车道,但无右转弯车道。

(2)第二小类设右转弯车道但无左转弯车道。

(3)第三小类设左转弯车道和右转弯车道。

第四类别细分原则与第三类别细分原则相似,不同之处在于,第四类别设置了转角交通岛。在实践中,若交通量没有达到设置专用转弯车道条件,设置右转交通岛的必要性也较弱,因此,第四类别中可不考虑即无左转车道也无右转弯车道的情况,其第二层次划分与第三类别一致。

4.2.2.4 类型代号

在加拿大和德国的规范中,平面交叉分类采用罗马数字表示。在我国的城市道路平面交叉规范中,平面交叉分类是采用拉丁字母表示的。在公路平面交叉分类中,建议借鉴加拿大和德国规范采用罗马数字表示,这主要是从如下角度考虑:

(1)文档表述中拉丁文和阿拉伯数字应用较多,采用罗马数字易于与其他符号区分。

(2)分类内容与国际上其他国家规范相似,分类代号建议相同。

(3)在我国城市平面交叉规范中,交叉分类代号采用的是拉丁字母,而公路类型划分内容与城市类型划分有较大区别,城市类型划分是按照管理方式划分的,公路类型划分是基于布局类型划分的,若采用相同的编号则容易混淆,因此,公路分类代号不宜采用拉丁字母方式,采用罗马数字较为可行。

按照此思路,建议第一层次类型代号为“Ⅰ、Ⅱ、Ⅲ、Ⅳ”,第二层次代号在第一层次代号后增加阿拉伯数字表示。

4.2.2.5 适用交通量条件分析

(1)Ⅰ型平面交叉适用条件。

Ⅰ型为简单平面交叉,主要服务于等级较低、流量较小的次要公路之间的交叉或等级低、流量小的次要公路与主要公路之间的平面交叉。交叉转角曲线为单圆曲线,交叉范围内无交通岛、转弯道等设施。交叉转弯服务车型以中小型车为主,从功能等级而言,属于支路中流量较小类型。

在英国的类型划分中,简单平面交叉次要公路服务交通量阈值为年平均日交通量300辆;在加拿大的平面交叉类型划分中,简单平面交叉次要公路服务交通量阈值为年平均日交通量200辆,服务的对向均为接入型支路。

在我国规范中,单车道四级公路属于接入型支路,且服务年平均日交通量为400辆以下,与英国、加拿大对应,可将单车道四级公路或年平均日交通量在400辆以下的等外公路作为简单平面交叉次要公路。

下面采用通行能力分析方法,分析简单平面交叉主要公路适应交通量情况。分析假设条件如下:

①T形交叉口次要公路左、右转弯比例均为50%,十字形交叉口左、右转弯比例均为30%;主要公路转弯比例随次要公路流量变化。

②主要公路为双向两车道,次要公路为双向两车道或单车道。

③交叉范围内无专用左、右转弯车道,无引导车辆提前右转的转角交通岛。

④次要公路年平均日交通量为400辆,高峰小时交通量按照年平均日交通量的1/10计算。

根据计算,T形交叉主路双向日流量超过20000辆时,平面交叉次要交通流服务水平将降至E级,因此T形交叉主路最大适应年平均日交通量为20000辆。采用相同的方法,十字形交叉主路最大适应年平均日交通量为16000辆(表4-10)。

简单平面交叉主路最大适应交通量分析表 表 4-10

次要公路双向年平均日交通量(pcu)	主要公路双向年平均日交通量(pcu)	T 形交叉		十字形交叉	
		次要交通流平均延误(s)	服务水平	次要交通流平均延误(s)	服务水平
400	10000	15.5	C	17.9	C
	12000	16.5	C	21.5	C
	14000	18.9	C	26.1	D
	16000	22.0	C	32.7	D
	18000	25.9	D	41.7	E
	20000	30.9	D	54.8	F
	22000	37.4	E	—	—
	24000	45.9	E	—	—
	26000	57.3	F	—	—

(2) Ⅱ型平面交叉适用条件。

Ⅱ型平面交叉不设置专用左、右转弯车道和转角交通岛，相交公路服务交通量高于简单平面交叉，但不满足设置左、右转弯车道条件。为确定Ⅱ型交叉最大适应交通量，对专用左、右车道设置交通量条件分别进行分析。

①专用左转弯车道设置条件。

在左转弯车道设置临界交通量研究中，计算得出了方向比例为 50∶50 时左转弯车道的左转弯比例阈值。由于不同等级和设计速度公路采用的临界概率阈值不同，由此确定的左转弯比例阈值也不同。采用主集散路、二级、60 km/h、临界概率阈值为 0.02 作为标准情况，则各流量情况下，满足设置左转弯车道的左转弯比例阈值见表 4-11。

方向比例为 50∶50 时左转弯车道的左转弯比例阈值 表 4-11

公路功能	公路技术等级	设计速度(km/h)	临界参数值	单向小时流量(pcu/h)							
				900	800	700	600	500	400	300	200
主集散	二级	60	0.02	3	4	6	8	12	20	—	—

从平面交叉进出平衡角度考虑，次要公路交通量应大于主要公路交通量与转弯比例的乘积。设次要公路方向比例同样为 50∶50，则根据表 4-11 可计算得出设置左转弯车道时次要公路最小交通量条件(表 4-12)。

转弯车道次要公路最小交通量条件 表 4-12

主要公路双向流量(pcu/h)	800	1200	1600	2000	2400	2800	3200	3600
次要公路双向流量(pcu/h)	—	—	320	240	192	168	128	108

为获得连续的主要公路与次要公路流量关系数据，对表 4-12 数据进行回归，得到回归公式为：

$$y = 3 \times 10^6 x^{-1.316} \quad (R^2 = 0.9902) \tag{4-1}$$

式中：y——次要公路双向交通量(pcu/h)；

x——主要公路双向交通量(pcu/h)。

②专用右转弯车道设置条件。

由于左转弯车道设置优于右转弯车道，国外对右转弯车道设置条件的研究较少。根据文献检索，美国北达科他州 Amiy Varma 等人基于交通安全、延误和油耗对双车道公路右转弯车道设置条件进行了研究。

与左转弯车道取值条件一致，主路设计速度取 60km/h。从平面交叉进出平衡角度考虑，次要公路交通量应大于主要公路交通量与转弯比例的乘积。根据实际情况，假设主要公路和次要公路方向比例均为 50∶50，则可计算得出设置右转弯车道时次要公路最小交通量条件，计算结果见表 4-13。

设置右转弯车道次要公路最小交通量条件 表 4-13

主要公路双向流量(pcu/h)	286	429	571	714	857	1429
次要公路双向流量(pcu/h)	—	254	172	142	122	82

为获得连续的主要公路与次要公路流量关系数据，对表 4-13 数据进行回归，得到回归公式为：

$$y = 6 \times 10^3 x^{-0.914} \quad (R^2 = 0.9817) \tag{4-2}$$

式中：y——次要公路双向交通量(pcu/h)；

x——主要公路双向交通量(pcu/h)。

(3)Ⅲ、Ⅳ型平面交叉适用条件。

Ⅲ、Ⅳ平面交叉主要是从渠化交通岛进行划分，其服务交通量差异较小。渠化交通岛设置主要基于提高车辆右转速度和引导、规范车辆行驶，考虑到右转交通流属于优先交通流，右转延误较小，且受转弯半径、转弯流量等因素影响，难以确定设置右转交通岛的临界交通量，为此不再对Ⅲ型交叉与Ⅳ型交叉进行明确区分。

(4)双车道公路无信号平面交叉最大适应交通量。

根据简单平面交叉分析，次要公路日交通量为 400 辆时，主要 T 形交叉主要公路适应日交通量为 20000 辆，十字形交叉适应日交通量为 16000 辆，为此取主路双向流量 1800pcu/h 作为双车道无信号交叉口交通量上限。

当次要公路流量增加时，无信号控制条件下，主要公路最大适应交通量也逐渐减小，可将信号控制设置最小交通量条件作为无信号控制平面交叉最大交通量条件。

(5)各布局类型平面交叉适用交通量图。

基于上面的分析，可画出各布局类型平面交叉适用交通量图如图 4-27 所示。

4.2.3 各类平面交叉处置对策

综合各功能和技术等级公路适用的交通量及设计速度，同时考虑穿村镇路段交通量和行人过街需求，形成各布局类型平面交叉适用公路条件见表 4-14。

各布局类型平面交叉适用公路条件 表 4-14

公路技术等级，设计速度(km/h)	二级，60	三级，40	三级、四级，20、30、40	等　外
二级，60	Ⅲ Ⅳ	Ⅲ Ⅱ	Ⅱ Ⅰ	Ⅰ
三级，40		Ⅲ Ⅱ Ⅰ	Ⅱ Ⅰ	Ⅰ
三级、四级，20、30、40			Ⅱ Ⅰ	Ⅰ

注：表中等外公路指的是年平均日交通量小于 400 辆的等外公路，当年平均日交通量大于此值时，应相应地提高平面交叉设计等级。

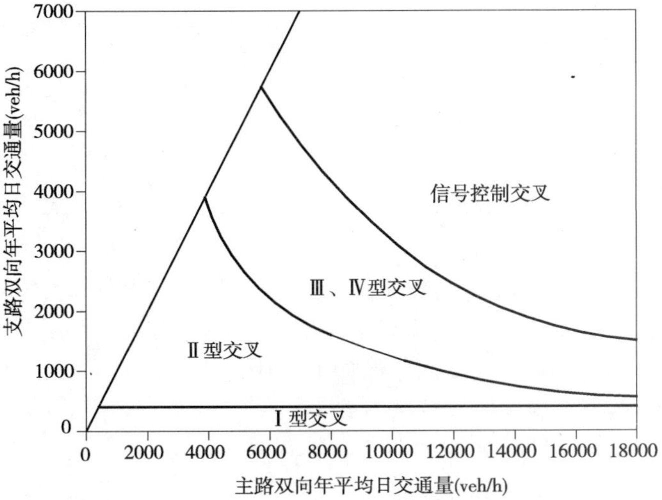

图4-27　各布局类型交叉口适用交通量图(年平均日交通量)

4.3　低等级公路接入口处置技术

4.3.1　接入口选位方法

4.3.1.1　接入口类型划分

城乡接合部低等级公路两侧接入口形式多种多样,不同接入口类型对主线车辆的运行速度、冲突严重程度有不同的影响,因此有必要对接入口类型进行划分。根据《城市用地分类与规划建设用地标准》(GB 50137—2011)中道路沿线用地标准,参照美国《出入口管理手册》中对接入口的具体分类(7大类和5子类)以及国内学者对出入口的分类成果,结合对城乡接合部低等级公路的现场调研,本书针对低等级公路将接入口类型分为:大型商业区、小区接入口,村庄及农林耕地接入口,沿街小型商铺、民宅接入口三大类。其中村庄及农林耕地接入口可细分为村庄-主路连接公路接入口和农林耕地接入口两小类。各类接入口的主要特征描述见表4-15。

低等级公路接入口类型划分　　表4-15

接入口类型	路侧土地利用形式		特征描述
Ⅰ	大型商业区、小区接入口		接入口较宽,一般为12~18m,进出接入口车型主要为小汽车、小货车、非机动车,对主线行车干扰较为明显,接入车流量较大,交通冲突多
Ⅱ	村庄及农林耕地接入口	Ⅱ-A 村庄-主路连接公路接入口	接入口宽度适中,一般为8~12m,进出接入口车型以农用车、非机动车为主,机动车较少,但速度较快,部分视距不良,易引发交通事故
		Ⅱ-B 农林耕地接入口	接入口宽度适中,一般为8~12m,进出接入口车型以农用车、非机动车为主,以农业生产为主,主线车辆一般会选择加速通过

续上表

接入口类型	路侧土地利用形式	特 征 描 述
Ⅲ	沿街小型商铺、民宅接入口	接入口宽度较小,一般为 4 ~ 8m,进出接入口车型主要为小汽车和非机动车,偶尔有小货车出入,对主线行车经常有干扰,接入车流量适中,交通冲突较多

4.3.1.2 接入口选位原则

公路接入口数量过多、间距过小、接入口过于靠近交叉口等都会造成进出接入口的车辆与主路上运行车辆间的交通冲突。接入口选址的合理性将对交通运营质量与安全带来直接影响。因此,公路接入口选位时应考虑遵循如下原则:

(1)接入口设置不应影响主路的交通功能。

(2)避免设计车速差异过大的两条公路直接连接。

(3)减少转弯车道对主路最外侧车道的占用。

(4)利用入口宽度和转弯半径来满足车辆的出入运行要求。

(5)为驾驶人提供足够的视距。

(6)在接入口处,应为驶入地块的车辆提供足够空间,防止车辆滞留主路。

(7)在接入口处,若需要服务的交通流量较大,为保证车辆能有效地驶出,应提供足够的排队等候区。

(8)为转弯车辆提供足够的空间,适应交通需求。

4.3.1.3 接入口合理间距建议

接入口间距方面涉及的内容主要有无信号接入口间距和交叉口角净距两种。其中依据接入口类型(十字形、T 形),无信号接入口间距又可分为同向接入口间距和对向接入口间距。

(1)同向接入口最小间距设置。

同向接入口是指位于公路同侧的接入口。根据接入口选位原则,基于以下因素确定同向接入口合理间距设置建议值。

①保障主路通行能力。

车辆在通过设置接入口的路段时,实际的行程时间要比路段不设置接入口时的行程时间长,公路的通行能力有所下降,定义车辆通过两相邻接入口之间路段的行程时间折减系数 α 为:

$$\alpha = \frac{\text{接入口之间路段无阻行程时间(s)}}{\text{接入口之间路段实际行程时间(s)}} \tag{4-3}$$

上式中,接入口之间路段无阻行程时间是指车辆保持原有速度通过两相邻接入口之间路段所需要的时间;接入口之间路段实际行程时间是指主路车辆在接入口处减速通行时,通过两相邻接入口之间路段所需要的时间。

根据上述车辆通过两相邻接入口之间路段的行程时间折减系数 α 的计算公式,参考 HCM2010 对道路服务水平的分级(因城乡接合部及村镇段存在设计车速为 40km/h 以下的低等级道路,而我国现行规范中尚未给出 40km/h 以下设计速度道路各服务水平应对应的运行车速值,故此处使用美国 HCM 标准),提出各设计速度下折减系数 α 与接入口间距 l 的关系，见表4-16。

折减系数 α 与接入口间距 l 的关系　　表4-16

服务水平	设计速度为80km/h		设计速度为60km/h		设计速度为40km/h	
	接入口间距 l（m）	折减系数 α	接入口间距 l（m）	折减系数 α	接入口间距 l（m）	折减系数 α
B	800	0.70	455	0.70	200	0.70
C	345	0.50	195	0.50	85	0.50
D	220	0.40	125	0.40	55	0.40

②避免右转重叠冲突。

位于主路上车辆驾驶人如果在同一时刻要关注多个接入口，则认为产生了右转重叠冲突，如图4-28所示。因此，从以人为本的思想出发，无信号接入道路间距要足够大，避免出现冲突重叠区域，从而减轻驾驶人的驾驶负担，同时减少事故发生隐患。

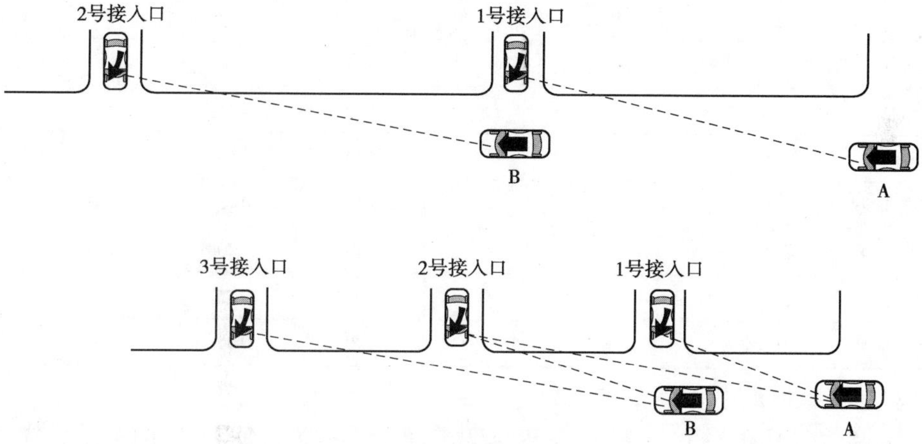

图4-28　右转重叠冲突示意图

根据上述要求，参照美国《出入口管理手册》的标准，以国内道路的设计车速值为基准，提出基于避免右转重叠冲突所需的最小接入口间距见表4-17。

国内设计车速条件下避免右转重叠冲突所需的最小接入口间距　　表4-17

设计速度（km/h）	接入口最小间距（m）	设计速度（km/h）	接入口最小间距（m）
40	35	80	125
60	80		

③保障主路与接入道路车辆的视距要求。

参考我国相关规范要求，结合对城乡接合部及村镇段道路车辆的具体特性，得到接入口上游的安全交叉停车视距值见表4-18。

④同向接入口最小间距建议。

综合考虑接入口对主路通行能力的影响，避免右转冲突现象和行车视距3个方面的要求，总结3类接入口位于道路同侧时互相之间的最小间距见表4-19。考虑到工程实际应用的需要，对数值进行了取整。

接入口上游的安全交叉停车视距值 表 4-18

设计速度(km/h) \ SSID \ 接入口类型	Ⅰ. 大型商业区、大型住宅区接入口	Ⅱ. 商住混合区接入口	Ⅲ. 沿街商铺接入口
40	60	56	59
60	115	106	112
80	150	141	147

同向接入口最小间距建议值 表 4-19

接入口组合 \ l(m) \ 设计速度(km/h)	40		60		80	
	B 级服务水平	C 级服务水平	B 级服务水平	C 级服务水平	B 级服务水平	C 级服务水平
上下游都是Ⅰ类	60	60	165	115	365	155
上下游都是Ⅱ类	80	55	290	125	485	205
上下游都是Ⅲ类	60	60	200	110	335	145
上游Ⅰ类、下游Ⅱ类	55	55	180	105	295	140
上游Ⅰ类、下游Ⅲ类	60	60	170	110	280	145
上游Ⅱ类、下游Ⅰ类	75	60	275	120	460	200
上游Ⅱ类、下游Ⅲ类	75	60	280	120	470	200
上游Ⅲ类、下游Ⅰ类	60	60	195	115	325	150
上游Ⅲ类、下游Ⅱ类	60	55	210	105	350	150

(2)对向接入口最小间距设置。

若对向接入口间距不足,会导致左转车辆之间发生冲突。间距不足时引发的冲突类型主要为两类:一类是主线左转车辆与其他车辆的冲突;另一类是接入口驶出的左转车辆与上游主路左转车辆的冲突,如图 4-29 所示。

由图 4-29 可以看出,间距不足将造成左转车辆之间的冲突点增多,对行车的安全和畅通影响显著。通过增加对向接入口间距,可以减少或消除部分冲突点,如图 4-30 所示。

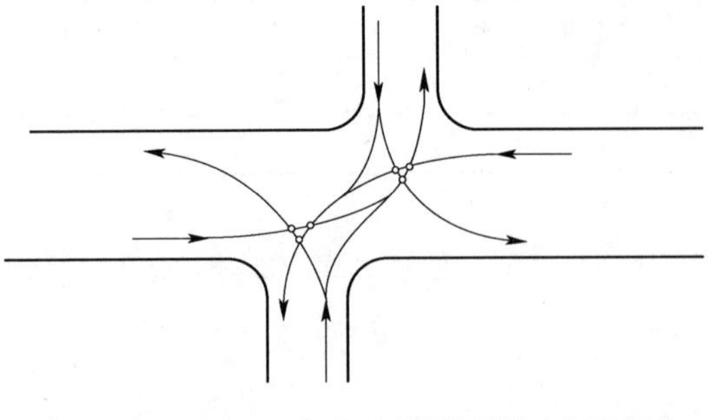

图 4-29 对向接入口间距不足情况下的冲突示意图

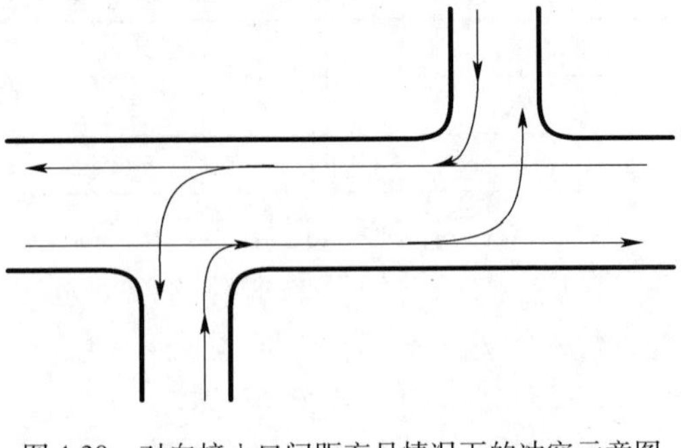

图 4-30 对向接入口间距充足情况下的冲突示意图

考虑到分离冲突区域进而有效提升安全的要求,得到国内城乡接合部道路在不同设计车速条件下对向接入口的最小间距,见表 4-20。

对向接入口最小间距 表4-20

设计速度(km/h)	最小间距(m)	设计速度(km/h)	最小间距(m)
40	90	80	185
60	90		

(3)交叉口角净距。

交叉口角净距指交叉口与无信号控制接入口之间的距离。从保护交叉口功能取完整性角度出发,角净距必须不小于交叉口的功能区长度。

传统意义上,平面交叉口面积的定义可分为两种:交叉口物理区以及交叉口功能区。交叉口物理区是指交叉道路的重叠部分,以交叉口转角和相邻的所有边界为限,通常被认为是交叉口的“入口”。交叉口功能区不仅包括了交叉口物理区,还包括其上游和下游车道的延伸,以及辅助车道。

若接入口设置在交叉口功能区范围内,不但会使冲突数增多,降低道路的通行能力,而且也不利于出入接入口车辆的正常运行。因此,接入口与平面交叉口间距设置应遵循以下原则:

①不影响平面交叉口功能区范围内车辆的正常行驶,包括交汇、转向等行为;

②接入口驶出车辆能以一定的速度汇入主路车流,在进入交叉口前进行交织;

③接入口视距可以满足进入平面交叉口所需的停车视距。

综合上述要求,接入口应尽量设置在交叉口功能区范围之外,交叉口功能区的设计长度见表4-21。

交叉口功能区设计长度 表4-21

设计速度(km/h)	上游功能区长度(m)	下游功能区长度(m)
100	280	180
80	210	125
60	155	85
40	110	50

随着接入口密度提高,驾驶人警觉性会相应有所提高。当接入口密度过低时,突然出现的接入口对主路车辆的正常行驶会产生较大的影响。有研究成果表明,驾驶人在设计车速为60~80km/h的直线道路上连续驾驶,在行驶770m后驾驶人生理参数会达到疲劳阈值。所以,线形为直线的道路两侧接入口间距超过770m时,需要在接入口处进行一定的处置措施。建议在这些接入口处设置停车让行标志以及停车让行标志牌。根据有关调查,虽然停车让行标志牌的执行率仅为34%,但是可以有效降低车辆驶入主路前的速度,车辆的平均速度仅为15km/h,非常有利于接入口处的交通安全。

4.3.1.4 接入口选位范围

一个接入口应与邻近的平面交叉口或者其他接入口保持一定的距离,从而降低车辆之间的速度差(速度差是发生交通事故的重要诱因之一),同时也可以保证驾驶人有足够时间准备驶入接入口。接入口选位的范围如图4-31所示。

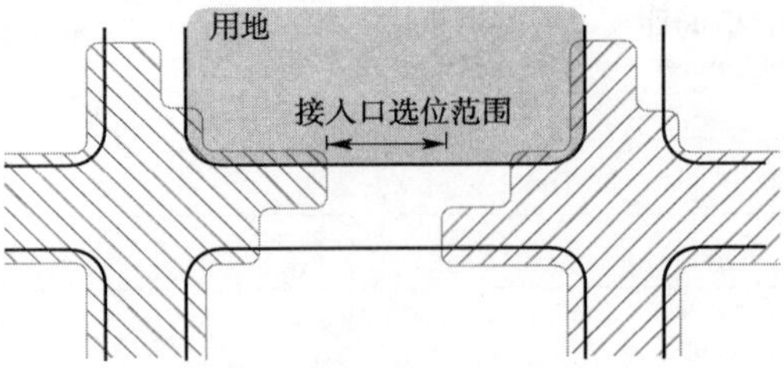

a)可设置左转和右转不受限的接入口

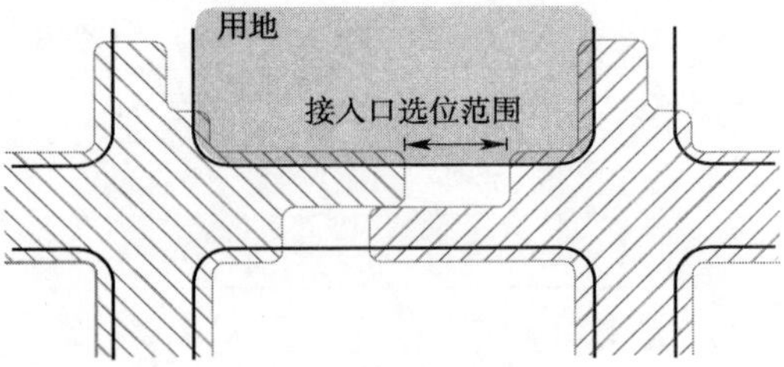

b)可设置只允许右转的接入口

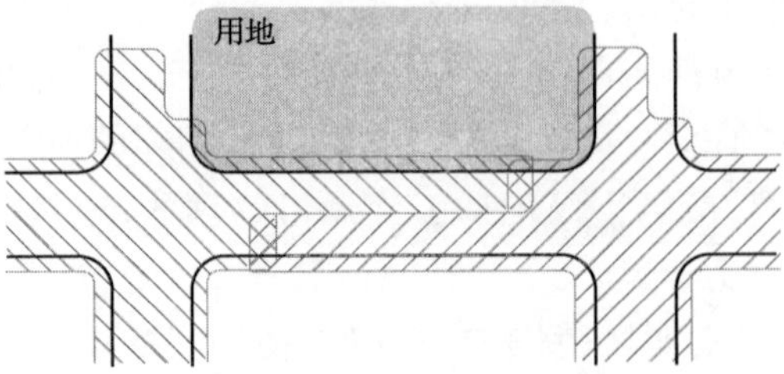

c)无理想的接入口设置位置

图4-31　接入口选位范围示意图

接入口与其他接入口距离过近或者设置在交叉口功能区内，会影响道路的安全和效率。当沿街地块位于交叉口功能区内，而且没有其他可供选择的接入口设置位置时，有必要在交叉口功能区内开设接入口。在这种情况下，需要考虑采取一定的交通限制措施，将因接入口设置造成的负面影响降到最低。可采用的限制措施有：接入口选位尽量远离交叉口；对接入口车辆的行进方向进行限制；限制接入口的交通流量。

4.3.1.5　确定接入口位置的步骤

(1)将接入口尽量设置在低等级公路上，优先考虑共享现有接入口。

(2)将附近已有的交叉口根据道路的等级进行重要性排序。

(3)确定各交叉口的功能区范围。

(4)明确附近现有接入口的类型，若存在类型不明确的接入口，则需要对其交通流量以及接入口处的交通运行情况进行调查。

(5)确定各接入口上下游需要的最小间距。

(6)分析交叉口功能区与接入口所需的最小间距，尽量将新接入口设置在交叉口功能区之外，并且保证与现有接入口的间距。

(7)若无法完全满足(6)中的条件，则首先考虑满足高等级交叉口的要求，将新接入口设置在离高等级交叉口尽量远的位置，其次考虑满足与流量较大接入口之间间距的要求，并且视新接入口的类型以及预期的流量，考虑是否需要采取限制部分车辆行进方向或者限制接入口流量的措施。

(8)得到候选的若干个新接入口选位方案。

(9)通过专家打分以及交通仿真的方法，在候选方案中选出最优方案。

4.3.2　接入口几何设计方法

4.3.2.1　接入口形式

接入口的形式主要有T形接入口(含斜交)、十字形接入口(含斜交)、环形接入口三种。

影响选择接入口设置形式的因素众多,包括安全性、技术经济性、接入口用地空间等。梳理国内外相关研究成果,就上述影响因素对三类典型接入口进行分析,分析结果见表4-22。

三类典型接入口比较 表4-22

接入口类型	安全性	技术经济性	用地空间
T形	1. 冲突点数量9个,其中分流点3个,合流点3个,交叉冲突点3个; 2. 冲突严重程度适中	1. 设计建造难度最低; 2. 建设成本最低	最小
十字形	1. 冲突点数量32个,其中分流点8个,合流点8个,交叉冲突点16个; 2. 斜交的十字形接入口冲突点较为集中; 3. 冲突严重程度最高	1. 设计建造难度适中; 2. 建设成本适中	较大
环形	1. 冲突点数量8个,其中分流点4个,合流点4个,交叉冲突点0个; 2. 冲突严重程度最低; 3. 对主线、接入交通流均能起到较好的速度控制作用; 4. 行人、非机动车组织较复杂	1. 设计建造难度较高; 2. 建设成本较高	最大

通过对三类典型接入口的安全性、技术经济性、所需用地空间进行分析以及满足接入口间最小间距、对重点交通问题改善等方面的需要,提出三类典型接入口的适用条件见表4-23。

三类典型接入口适用条件 表4-23

接入口形式	适用情况	不适用情况
T形	1. 单个接入口无特殊需求条件下的绝大部分情况; 2. 与主线道路同侧接入口距离低于接入口合理间距值时应考虑将两个T形接入口合并为一个; 3. 存在较多的非机动车与行人; 4. 接入口用地空间受限。	与主线道路另一侧接入口距离低于接入口合理间距值
十字形	1. 主线道路两侧接入口间距较近,应考虑将两个T形接入口合并为一个十字形接入口; 2. 主线道路两侧接入口间距虽符合接入口合理间距的要求,但两侧用地联系较为紧密,可将两个T形接入口合并为一个十字形接入口; 3. 存在较多的非机动车与行人; 4. 主线道路两侧交通出入较多	1. 两侧接入道路与主线道路交叉角过小,导致在接入口区域中冲突点过于集中; 2. 用地空间较为有限
环形	1. 接入口区域存在较大的用地空间; 2. 交通事故率较高,正向或正交碰撞事故较多; 3. 有特殊限速要求且其他限速手段效果不明显; 4. 视距不足,视距障碍物难以清理	1. 非机动车与行人出行需求较高,特别是非机动车左转需求高; 2. 接入口用地空间受到严格限制

总结上述结论,T形接入口适用范围最广,十字形接入口常作为两个异侧T形接入口的组合,环形接入口则主要针对非机动车、行人较少条件下降低事故率、进行车辆限速控制等

特殊情况的需要。

4.3.2.2 接入口设计车辆

结合我国相关规范、标准中设计车辆规定，充分考虑到城乡接合部及村镇地区未来土地开发强度提升的需要，建议针对城乡接合部及村镇段低等级公路周边各类用地进行接入口几何设计时选取设计车型见表4-24。

城乡接合部低等级道路沿线典型用地接入口设计车辆　　表4-24

用地类型	设计车辆
居住用地	以大型客车为主，条件受限情况下可用小客车
商业用地	以铰接列车为主，条件受限情况下可用载重汽车
工业用地	铰接列车
农业用地	以载重汽车为主，条件受限情况下可用小客车
行政办公用地	铰接客车
仓储用地	铰接列车
混合用地	取上述各单一类型用地设计车辆中最大情况

4.3.2.3 接入口平面设计几何参数

(1)接入口设计速度。

参考我国《公路项目安全性评价规范》(JTG B05—2015)中规定“当路段设计速度与运行速度的差值大于20km/h时，应按相关规定对路段的技术指标进行安全性验算”，提出在城乡接合部及村镇段低等级公路中的接入口设计速度。

①小客车转弯设计速度值宜取15～25km/h，条件较好时不得高于30km/h，条件受限时不得低于10km/h。

②大型客车、载重汽车、铰接客车、铰接列车的转弯设计速度值宜取为15～20km/h，条件较好时不宜高于25km/h，条件受限时不得低于10km/h。

(2)接入角度。

参照我国现行规范、标准，结合城乡接合部低等级公路沿线交通环境与接入管理现实情况，以各类型接入口设计车辆为基础，充分考虑安全提升的需要，提出针对服务各类用地的接入口接入角度规定见表4-25。

接入角度规定　　表4-25

用地类型	接入角度	用地类型	接入角度
居住用地	>45°	行政办公用地	>60°，特殊情况下应>45°
商业用地	>60°，特殊情况下应>45°	仓储用地	>60°
工业用地	>60°	混合用地	取上述各单一类型用地接入角度的最高标准
农业用地	>45°		

(3)接入口缘石转角半径与出口宽度。

为了保障各型车辆能以合理的转弯设计速度顺利转弯，接入口转角处的路缘石或行车道路面边缘应做成圆曲线的形式，圆曲线半径R_1称为转角半径。在低等级公路中，不考虑机动车道加宽的情况下，转角半径 R_1 如下：

$$R_1 = R - \left(\frac{B}{2} + F\right) \quad (4\text{-}4)$$

$$R = \frac{V^2}{127(\mu \pm i_h)} \quad (4\text{-}5)$$

式中：B——主线道路机动车道宽度(m)；

F——接入口转弯处非机动车道宽度(m)，无非机动车道时，$F=0$；

R——右转车道中心线半径(m)；

V——右转弯车辆的转弯设计速度；

μ——横向力系数，参照相关规范，在0.15～0.20间取值；

i_h——接入口路面横坡度，通常取2%。

结合式(4-4)、式(4-5)及大型车辆的最小转弯半径，区分有无非机动车道两种情况，以控制转弯车辆与直行车辆速度差、提升道路安全水平为目标，得到适合城乡接合部低等级公路各类型用地接入口的转角半径(R_1)最小值见表4-26。在计算中，非机动车道宽度取2m、机动车道宽度取为3.5m，μ 取0.15、i_h 取2%。若 R 计算值小于大型车辆最小转弯半径，为保障安全并考虑大型车辆运行轨迹的需要，R 取值不得低于相关车辆的最小转弯半径。

接入口转角半径(R_1)取值建议　　表4-26

接入口服务用地类型	有非机动车道		无非机动车道	
	R_1最小值(m)		R_1最小值(m)	
	建议值	计算值	建议值	计算值
居住用地	8	6.7	10	8.7
商业用地	12	10.7	15	12.7
工业用地	22	18.9	25	20.9
农业用地	8	6.7	10	8.7
行政办公用地	12	11.9	15	13.9
仓储用地	22	18.9	25	20.9
混合用地	根据用地类型取最高值		根据用地类型取最高值	

根据经验公式，车身边缘距离路缘石的横向安全距离如下：

$$C = 0.4 + 0.02V^{\frac{3}{4}} \quad (4\text{-}6)$$

式中：V——设计车辆的转弯设计速度(km/h)。

根据式(4-6)及设计车辆外廓尺寸，得到在单车道接入道路中，各类接入口转弯半径与出口宽度组合建议值见表4-27、表4-28。

各类接入口转弯半径与出口宽度组合设计建议值(单车道)(m)　　表4-27

接入口服务用地类型	有非机动车道($B=2$)		无非机动车道($B=0$)	
	转角半径 R_1	出口宽度	转角半径 R_1	出口宽度
居住用地	8	3～3.75	10	3～3.75
商业用地	12	3.75	15	3.75

续上表

接入口服务用地类型	有非机动车道($B=2$)		无非机动车道($B=0$)	
	转角半径 R_1	出口宽度	转角半径 R_1	出口宽度
工业用地	22	4.5	25	4.5
农业用地	8	3 ~ 3.75	10	3 ~ 3.75
行政办公用地	12	3 ~ 4	15	3 ~ 4
仓储用地	22	3.75 ~ 4.5	25	3.75 ~ 4.5
混合用地	根据用地类型取最高值		根据用地类型取最高值	

各类接入口转弯半径与出口宽度组合设计建议值(双车道)(m)　　表 4-28

接入口服务用地类型	主路有非机动车道($B=2$)		主路无非机动车道($B=0$)	
	转角半径 R_1	出口宽度	转角半径 R_1	出口宽度
居住用地	8	6 ~ 8	10	6 ~ 8
商业用地	12	8	15	8
工业用地	22	10	25	10
农业用地	8	6 ~ 8	10	6 ~ 8
行政办公用地	12	7 ~ 9	15	7 ~ 9
仓储用地	22	10	25	10
混合用地	根据用地类型取最高值		根据用地类型取最高值	

需要说明的是,表 4-27、表 4-28 的建议值是根据表 4-26 中建议值的计算假设条件下得到的,针对具体道路需结合实地几何参数另行计算,而出口宽度值不需要变化。此外,表 4-27、表 4-28 中出口宽度值为保障设计车辆顺利转弯的最小值,表中出口宽度值给出区间范围的,应根据接入口服务车辆的情况选取,设计车辆较小时取下限,较大时取上限。若实地条件较好,出口宽度可适当放宽。

(4)转弯段圆曲线半径与正交段长度。

针对城乡接合部低等级道路中广泛存在的小角度接入口,需对接入口上游接入道路进行部分改线设计,通常该类情况的改善策略如图 4-32 所示。

①转弯段圆曲线半径。

确定该指标的原则是使接入道路中车辆以安全、适当的速度抵达接入口处。同时,转弯段圆曲线半径还应满足大型车辆安全转弯的要求。根据实地调研,将接入口设计速度作为接入道转弯段圆曲线半径设计的控制速度。

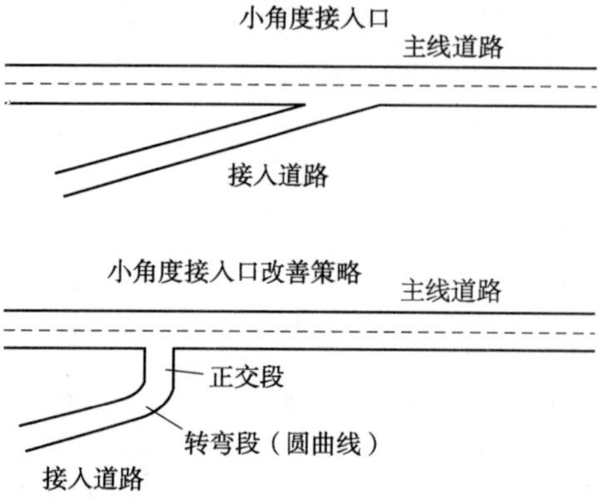

图 4-32　小角度接入口改善策略示意

转弯段圆曲线半径 R 的计算公式见式(4-5)。考虑到对行车舒适度的保证,μ 取值在 0.1 ~ 0.16 之间,i_h 按四级公路标准,取 0 ~ 2%。

根据上述公式及接入口设计速度进行计算,考虑到大型车辆行驶要求及工程经济性,建议 R 取在 15 ~ 30m 之间,最低不得低于 10m。对接入需求基本为小型车辆、服务用地主要为居住或农业用地的小角度接入口，R 值可取下限；对大型车辆较多，服务用地主要为商业、工业、仓储等用地的小角度接入口，R 值宜取上限；对服务混合用地的小角度接入口，R 值应取上限。

②正交段长度。

合理的正交段设计应满足以下要求：

a. 保障车辆转弯发现紧急情况后能顺利制动并停在接入口前，即正交段长度应满足设计车辆的制动距离要求；

b. 正交段长度必须满足至少一辆设计车辆直线停车的要求（对铰接车辆来说，应能保障其直线停车）；

c. 正交段不宜过长，因为过长的正交段会诱发车辆在转弯后加速行驶；

d. 正交段的坡度应控制在 2% ~3% 以内。

综合各型设计车辆的外廓尺寸及动力特性，规定车头与接入口的最小安全距离为不小于0.5m，计算得到针对各类小角度接入口的接入道路正交段最小长度，结合计算结果，给出正交段最小长度建议值见表4-29。

各类小角度接入口接入道路正交段最小长度　　　　表4-29

用地类型	设计车辆	正交段最小长度(m)
居住用地	以大型客车为主，条件受限情况下可用小客车	15 ~ 20
商业用地	以铰接列车为主，条件受限情况下可用载重汽车	20 ~ 25
工业用地	铰接列车	25
农业用地	以载重汽车为主，条件受限情况下可用小客车	15 ~ 20
行政办公用地	铰接客车	25
仓储用地	铰接列车	25
混合用地	取上述各单一类型用地设计车辆中最大情况	取上述各类用地中最大情况

需要说明的是，表4-29 中给出最小长度范围的需要根据接入口所服务的具体车辆外廓尺寸进行选取，车辆尺寸较小的可取下限，服务车辆中包含大型车辆的宜取上限。此外，考虑到实际情况及工程经济性的要求，建议正交段最大长度不宜超过表4-29 中最小长度的2 倍。

(5)小型环交接入口部分关键性几何设计参数。

针对城乡接合部及村镇段低等级道路中普遍存在的车辆超速行驶、接入口几何设计不良等问题，在限速措施效果不良、接入口几何设计改善困难的情况下，可以考虑设置环岛，将原有的接入口改造为环形接入口以提升安全水平。

从提升城乡接合部及村镇段低等级公路接入口安全水平的目标出发，本书中给出的环形接入口部分关键几何参数为：①中心岛半径与环绕车道宽度、入口曲线与出口曲线半径；②人行过街横道位置。上述关键性几何参数如图4-33 所示。

在进行环形接入口设计时，建议环形接入口设计速度取 15 ~25km/h 之间，同时，应尽量保障车辆在入环、环绕与出环时速度一致。根据美国《Roundabout-An Informational Guideline》中的研究成果，建议在我国城乡接合部及村镇段低等级公路环形接入口几何设计中将入环、环绕、出环三个关键速度的差值控制在15km/h以内。此外,为保障行人与非机动车驾驶人具有充分的安全环境,建议环形接入口的设计速度不应高于30km/h。

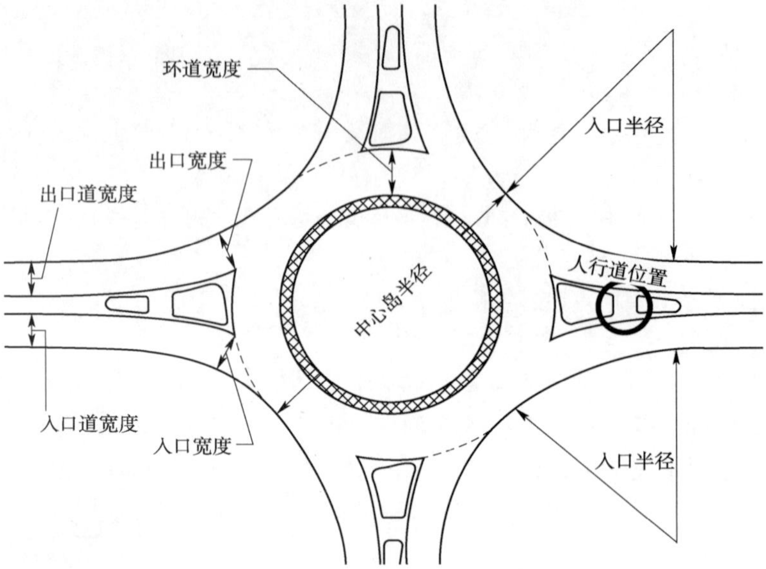

图4-33　环交接入口关键几何参数示意

结合设计速度,参考相关国家规范建议,考虑主线道路大型车辆顺畅通过接入口的需要,建议环形接入口中心岛半径宜取10~25m,环绕道路宽度取4~5m。

考虑到车辆行驶的平顺性,入口曲线半径宜稍小于环道半径、出口曲线半径等于或稍大于环道半径。结合中心岛半径及环绕车道宽度,建议入口曲线半径取10~20m,出口曲线半径取15~30m。

综合设计车辆外廓尺寸及动力特性,考虑车辆制动距离及安全距离的需要,环形接入口中,人行过街横道距环道出入口距离为20~35m。

4.3.2.4　接入口纵断面几何设计参数

(1)接入道路最大纵坡值建议。

结合我国相关规范要求,考虑到相关地区交通需求情况,提出我国城乡接合部低等级公路接入口接入公路最大纵坡度应控制在10%以内,接入口范围内的搭接段坡度不宜大于3%。对主要服务于小客车的居住用地、农业用地等接入口,接入道最大坡度可取上限值;对存在各类大型车辆,接入口服务用地主要为工业、仓储、行政办公等用地的接入口,接入道最大坡度应尽量低于10%。

考虑到不同海拔与气候的影响,结合《公路路线设计规范》(JTG D20—2006)的要求,规定在高海拔地区接入道路纵坡做折减见表4-30。

接入道路纵坡折减值　　表4-30

海拔高度(m)	3000~4000	4000~5000	5000以上
纵坡折减(%)	1	2	3

此外,考虑到排水的需要,建议接入口范围内道路纵坡不宜小于0.3%。

(2)大纵坡接入道路安全处置策略。

我国相关规范、标准中未对“大纵坡”的具体坡度值进行明确定义,但规定设计时速40km/h的路段,经技术经济论证后最大纵坡值可为8%,根据前期观测,接入道路中车速基本不会超过40km/h,结合上述要求,将超过8%的纵坡定义为“大纵坡”。

若大纵坡接入道路直接与主线道路相接,易造成接入道路中车辆高速驶入主路,产生严重的安全隐患。针对该问题,通常的处置方式是对大纵坡接入道路进行一定的纵面线形改善,在接入口范围内设置坡度缓和的搭接段。在安全处置策略中,存在4个关键几何设计参数:接入道路中必须设置竖曲线渐变段的坡度变化值、接入道路渐变段竖曲线半径与长度、接入道路搭接段最小长度。

①必须设置渐变段的坡度变化值。

在美国《接入管理手册》中,规定在变坡点两侧坡度差大于等于6%时必须设置缓和渐变段。本书中研究的接入道路大多为等外道路,综合考虑到车辆行驶安全、驾驶员与乘客感受以及技术经济性的要求,建议在我国城乡接合部低等级公路中,将接入道路变坡值大于等于6%作为必须设置竖曲线渐变段的临界值。

②接入道路变坡点竖曲线半径与长度。

根据城乡接合部及村镇段道路不同坡度接入口中车辆运行特性,结合《公路路线设计规范》(JTG D20—2006)与《公路工程技术标准》(JTG B01—2014),得到指导城乡接合部低等级公路接入口几何设计的接入道路竖曲线最小半径与长度见表4-31。

接入道路竖曲线最小半径与长度 表4-31

坡度(%)	上、下坡	计算平均速度(km/h)	设计速度(km/h)	最小半径(m)		最小长度(m)	
				凹	凸	凹	凸
8	上坡	24.29	25	175	175	20	20
	下坡	22.73	25	175	175	20	20
9	上坡	25.07	30	250	250	25	25
	下坡	23.49	25	175	175	20	20
10	上坡	25.85	30	250	250	25	25
	下坡	24.28	25	175	175	20	20
11	上坡	26.63	30	250	250	25	25
	下坡	25.01	30	250	250	25	25
12	上坡	27.41	30	250	250	25	25
	下坡	25.76	30	250	250	25	25

表4-31中竖曲线最小半径为结合现状规范内插求得,表中给出的均为最小半径与最小长度,只适宜在地形条件特殊时不得已而采用。若实地条件允许,根据相关经验,建议接入道路变坡段竖曲线最小半径与最小长度取表4-31中相关数值的1.5~2倍或更高为宜。

③搭接段最小长度。

为保障交通安全，搭接段的最小长度应保障各型设计车辆在通过竖曲线后能通过正常的制动动作（制动加速度处于正常水平）停在接入口前，并与主线道路边缘保持一定的安全距离。考虑工程设计建造的需要，得到城乡接合部低等级公路各类大坡度接入口安全处置中搭接段最小长度见表4-32。

各类接入口搭接段最小长度 表4-32

接入口类型	设计车辆	搭接段最小长度（m）
居住用地	以大型客车为主，条件受限情况下可用小客车	25
商业用地	以铰接列车为主，条件受限情况下可用载重汽车	25～30
工业用地	铰接列车	35
农业用地	以载重汽车为主，条件受限情况下可用小客车	25
行政办公用地	铰接客车	35
仓储用地	铰接列车	35
混合用地	取上述各单一类型用地设计车辆中最大情况	取上述各单一类型接入口搭接段长度的最大值

表4-32中给出搭接段最小长度区间范围的，可根据实地道路交通及土地利用情况在上下限间浮动，大型车辆较多的且土地利用条件许可的接入口宜取用上限值。

4.3.2.5 接入口视距保障建议

（1）一般性视距保障要求。

建议在城乡接合部低等级公路接入口停车视距的计算中，主线车速取用路段设计速度或限速值的1.25倍，接入道路车速取20～30km/h。根据以上数据，计算得到相关视距保障建议见表4-33。

城乡接合部低等级公路接入口视距保障要求建议 表4-33

主线设计车速或限速值（km/h）	停车视距（m）	安全交叉停车视距（m）
30	40	70
40	60	90
50	80	120
接入道路	20～30	—

在上述停车视距建议值构成的三角区内，不得存在任何有碍通视的物体。

（2）小角度与大坡度接入口视距要求。

①小角度接入口

针对大量存在的小角度接入口，若实地情况有条件进行平面线形改善，则只要满足接入口正交段最小长度与主线道路停车视距（表4-35）所构成的三角形区域内的通视要求，相关接入口就不存在视距不良的问题。对无法进行改线的小角度接入口，需要研究其视距保障要求。针对城乡接合部及村镇段低等级公路小角度接入口停车视距的计算公式如下：

$$S=\frac{V}{3.6}(T+2t)+\frac{V^2}{254(\varphi+\psi)} \tag{4-7}$$

$$t=1615.5\theta^{-2.022} \tag{4-8}$$

式中：S——停车视距（m）；

T——规则接入口中的反应时间(s),根据经验,取2.5s;

t——转头与回转时间(s);

V——路段实际运行速度(km/h);

φ——路面与轮胎之间的附着系数,与轮胎、路面及制动等条件有关;

ψ——道路阻力系数,$\psi=f+i$;

θ——接入角度(°)。

根据以上公式,结合工程设计、建造要求,得到城乡接合部及村镇段低等级公路小角度接入口范围内停车视距与安全交叉停车视距建议见表4-34。

小角度接入口停车视距与安全交叉停车视距建议　　表4-34

接入角度(°)	设计速度或限速值(km/h)	停车视距(m)	安全交叉停车视距(m)
45	30	55	90
	40	80	120
	50	110	175
30	30	75	115
	40	105	170
	50	140	210

需要说明的是,表4-34中仅计算了接入角度为45°与30°时,道路设计速度或限速值为30、40、50km/h条件下的停车视距和安全交叉停车视距。计算中考虑到了城乡接合部及村镇段低等级公路中大量存在的车辆超速行驶现象,式(4-7)中V的值按设计速度或限速值的1.25倍取值,前述引用的研究成果中驾驶员转头时间是相对独立的,不受车辆行驶速度影响。

②大纵坡接入口。

对于大坡道接入口,若能保障相应的大纵坡接入口在搭接段最小长度与主线道路停车视距构成的三角区内,不存在任何有碍通视的物体,则相关接入口不存在视距不良的隐患。若上述要求不能得到满足,则必须考虑大纵坡接入口接入道路中车辆的实际运行情况。大纵坡接入道口,应保障主线道路中符合表4-33的距离范围与接入口向内40~45m的范围无通视障碍。

4.3.3　接入口交通流导入方法

4.3.3.1　接入管理区段划分方法

通过对国内部分城乡接合部道路实地调研,结合《城市用地分类与规划建设用地标准》,认为城乡接合部及村镇段低等级公路路侧用地类型主要分为居住用地、商业用地、工业用地和农林用地。城乡接合部及村镇段低等级公路周边为村镇性质,命名此路段为穿村镇路段;农林用地性质为主的路段命名为普通路段;普通路段与穿村镇路段之间为过渡段,命名为村镇影响路段,此路段类似于交叉口影响区。村镇影响路段与穿村镇路段分界线可用村镇居民居住地块来划分。

因此,道路类型划分可分为:普通路段、村镇影响路段和穿村镇路段三大类(图4-34)。

对道路行车安全和畅通影响,从普通路段到穿村镇路段逐渐加强。参照道路实际情况,最大限度保障道路行车安全,本书中村镇影响路段长度取值为350m。

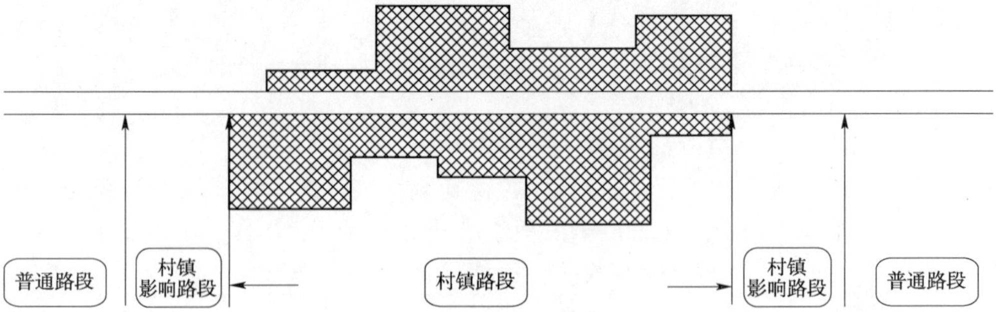

图4-34 道路类型示意图

在定性分析的基础上,经过大量实测与研究,并参考国内外对交叉口功能区的研究,得到接入口功能区范围见表4-35。

接入口功能区划分 表4-35

设计速度(km/h)	上游功能区长度(m)	下游功能区长度(m)
100	280	180
80	210	125
60	155	85
40	110	50

在上述区段划分的基础上,考虑到每个区段内所包含的不同接入口类型,决定了道路区段的类别,也是后续制订接入管理方案的依据。接入口划分类型执行表4-15中分类,各类接入口主要特点的描述也参照表4-15。

4.3.3.2 接入管理主要技术与接入口布局

(1)接入形式。

适合城乡接合部及村镇段低等级公路的接入形式类技术主要包括:中央分隔带、接入口渠化岛、间接左转等。

①中央分隔带。

中央分隔带可分为标线隔离和实体隔离,其中标线隔离的效果比实体隔离较差,所以,在道路条件(宽度)允许的情况下,建议使用实体隔离。双车道道路不建议使用此技术。

a.无开口中央分隔带。

无开口中央分隔带是指道路中央分隔带不设置开口,分隔对向车流,禁止车辆穿越分隔带。适用于主线交通量较大,低等级公路左转(包括主线左转和接入道路左转)车辆与主线直行车辆冲突严重的道路。

b.无限制性开口的实体分隔带。

无限制性开口的实体分隔带是对无开口中央分隔带的改进。适用于左转需求较少,且主线交通量较小,左转车辆可以利用主线车流间隙穿越的道路,如图4-35所示。主线左转车辆对直行车辆产生较大延误时,需配合左转港湾或路肩超车道,分离左转车辆,减少干扰如图4-36、图4-37所示。

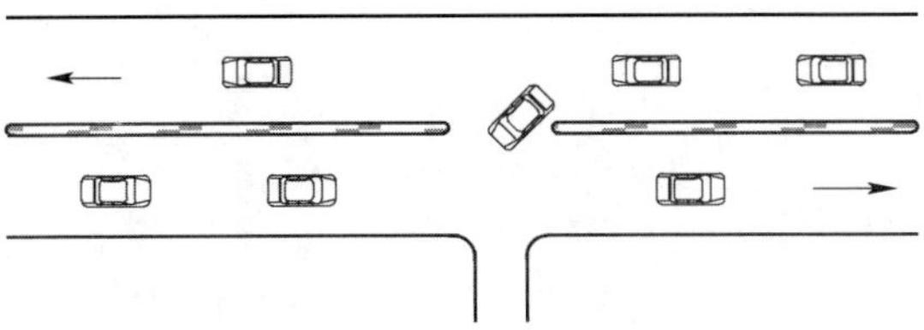

图 4-35　无限制性开口的实体分隔带

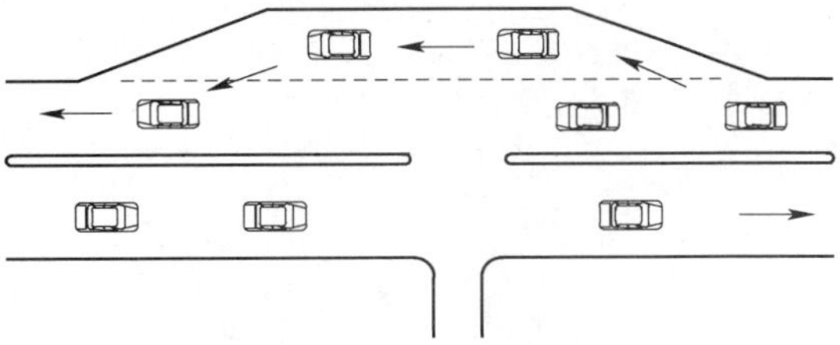

图 4-36　路肩超车道

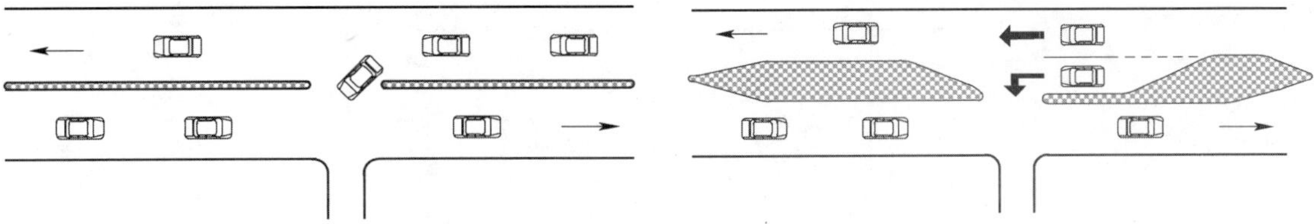

图 4-37　左转港湾示意图

c. 限制性开口的实体分隔带。

限制性开口是对无限制性开口的改进，减少冲突点数，规定接入口处为特定方向的转弯，简化接入口处的车辆流线。适用于单方向左转需求较大的道路，在满足单一方向左转需求时，可以减少其他车辆左转带来的冲突影响，如图 4-38 所示。

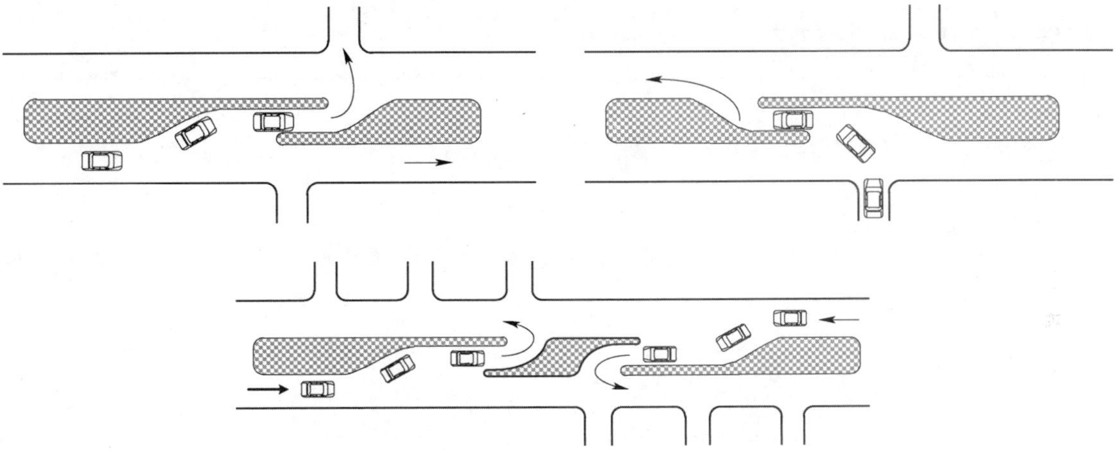

图 4-38　限制性开口的实体分隔带示意图

②接入口渠化岛。

接入口渠化岛是在接入口设置安全岛，限制车辆左转行为，和限制性开口的实体分隔带作用相似，区别是限制性开口的实体分隔带是设置在主线，主线道路宽度需求较高，而接入口渠化岛是设置在接入口，对主线影响较小，两车道和四车道均适用，主线宽度不足的道路使用效果更好。交通岛渠化示意如图 4-39 所示。

③间接左转。

间接左转是指车辆在左转时，道路条件无法满足左转需求或接入口处中央隔离带无法开口，车辆需间接完成左转的方式，包括弧形转弯和“右转-掉头型”转弯两种方式，如图 4-40 和图 4-41 所示。

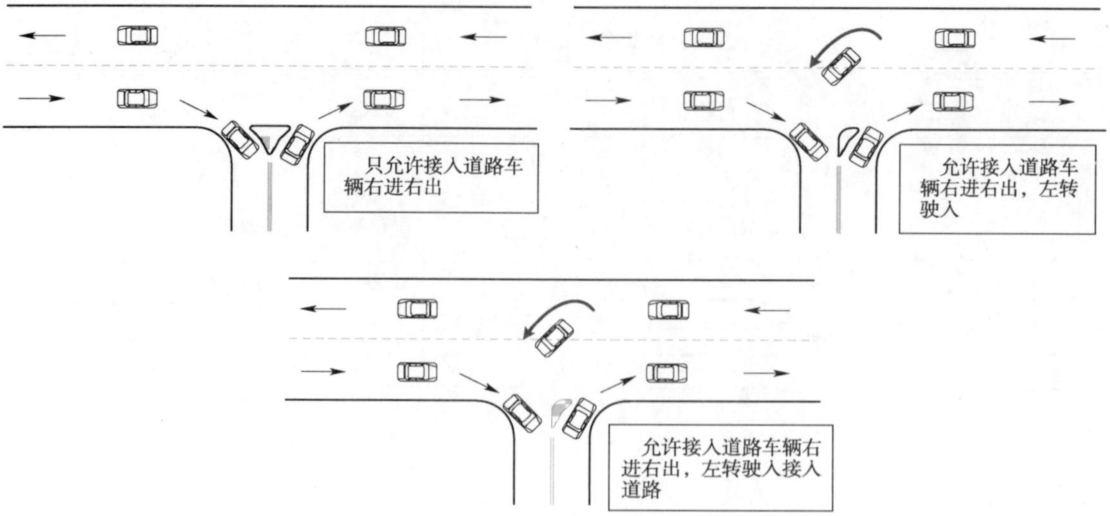

图 4-39　交通岛渠化示意图

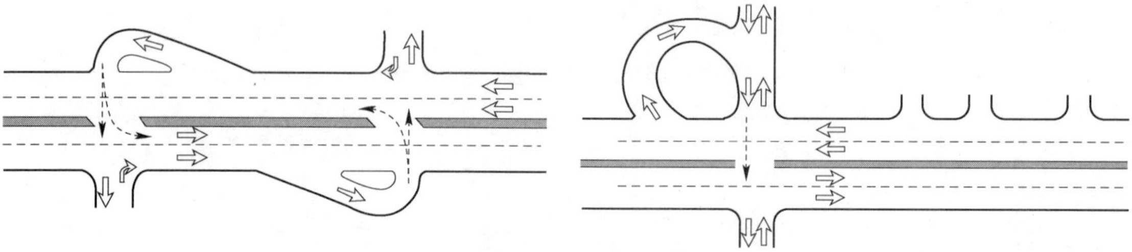

图 4-40　弧形左转示意图

间接左转主要适用于道路宽度较窄，无法设置左转港湾，主线交通量较小，大型车辆需求较大的接入口处，在接入口处不适合设置中央隔离带开口的道路也可用间接左转。但城乡接合部低等级道路两车道道路集中在穿村镇路段，路段两侧可用土地较少，不适合设置间接左转。“右转-掉头型”转弯在掉头处可结合“U 形”转弯形式，如图 4-42 所示。

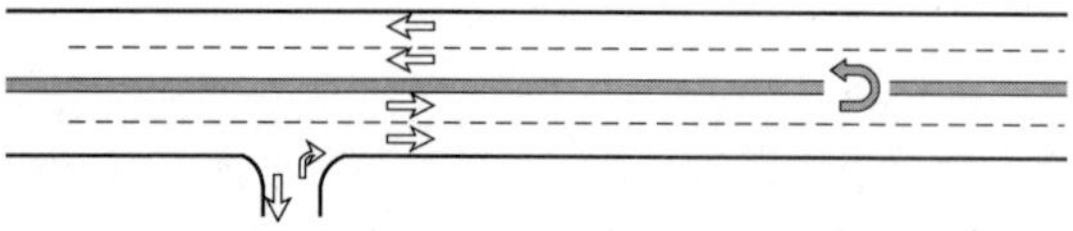

图 4-41　右转-掉头型转弯示意图

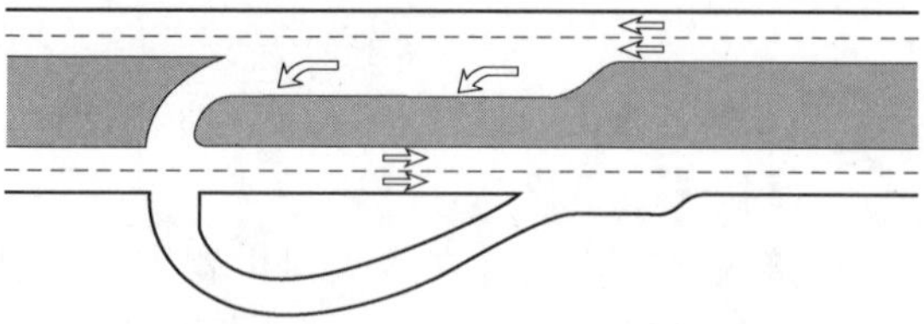

图 4-42　U 形转弯示意图

(2)接入口布局。

当沿线接入口间距无法满足接入口最小间距、接入口过于密集时，需要对接入口的布局进行调整，原则是把接入口与主线分离，也就是路宅分离，通过利用隔离护栏或绿化隔离带等实体隔离进行分离，所需要的技术主要包括合并式接入口、设置沿街辅路两种。

①合并式接入口。

合并式接入口是为所有的接入口提供一个统一的出入口，所有进出接入口的车辆均从统一规划的出入口进出，增大了接入道路间距，减少接入口对主线的影响。合并式接入口主要适用于居民住宅集中区、沿街商铺集中区等拥有独立接入道的区域。

②设置沿街辅路。

沿街辅路是为主线沿线地块出入口提供服务的道路，通常为主线平行的道路。沿街辅路服务范围和服务能力比合并式接入口大，适用于车辆出入需求较大的大型地块。

沿街辅路设置位置有两种形式：设置在主线与沿线建筑之间和辅路两侧均服务于沿街建筑。

a. 设置在主线与沿街建筑之间，适用于大型商业区和住宅区，如图4-43所示。优点：限制了主线与沿街建筑间的接入口数量，减少主线的冲突，增加道路安全性。缺点：辅路交叉口与主线交叉口间距不足时，易发生交通堵塞，引发交通安全问题。

b. 辅路两侧均服务于沿街建筑，适用于小型商业区，如图4-44所示。优点：减少接入道的数量；为将来道路的升级提供空间；缺点：沿街建筑过分依赖辅路。

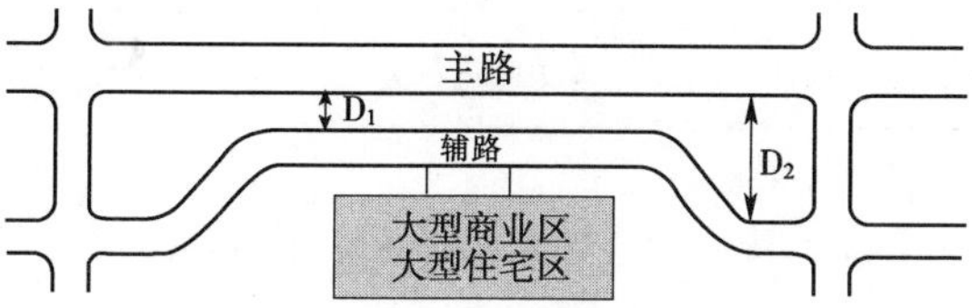

图4-43　辅路在主路与沿街建筑之间

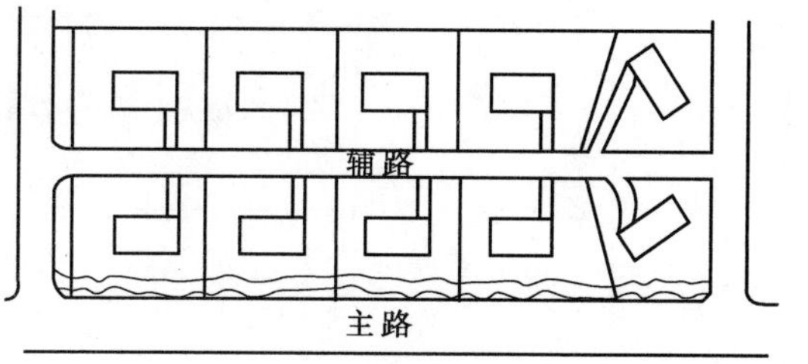

图4-44　沿街建筑位于辅路两侧

结合对现有的接入管理技术进行了梳理并分类，总结出接入管理的三大类型：接入口间距、接入形式和接入口布局，针对每种类型梳理出具体的接入管理技术，结合城乡接合部及村镇段低等级公路的特点，研究分析得到了现有接入管理技术适用低等级公路的条件。各接入管理类型所适用的道路条件见表4-36。

接入管理技术适用道路条件一览表　　表4-36

接入管理技术类别		两　车　道	四　车　道
接入口间距	无信号接入口间距	√	√
	转弯净距	√	√
接入形式	中央分隔带	-	√
	接入口渠化岛	√	√
	间接左转	-	√
接入口布局	合并式接入口	√	√
	设置沿街辅路	√	√

4.3.3.3　接入管理技术优选建议

根据对各类接入口特点及主要接入管理技术的梳理，提出各类接入口所适用的接入管理技术及使用条件见表4-37。

不同类别接入口管理方法一览表 表4-37

接入口类别	接入口类型	适用的接入管理技术	使用条件
Ⅰ类	大型商业区、小区接入口	设置中央分隔带	1. 无开口中央分隔带使用条件： (1)与间接左转接入管理技术协调使用； (2)主线为单车道时，需要与右转港湾接入管理技术协调使用； (3)接入口需邻近信号交叉口，左转车辆可利用信号交叉口进行掉头，实现间接左转。 2. 无限制性开口的实体分隔带使用条件： (1)与左转港湾、路肩超车道等技术协调使用； (2)主线道路宽度需满足设置左转港湾、路肩超车道。 3. 有限制性开口的实体分隔带使用条件： 主线左转或接入道路左转流量较大，流量呈现方向性差异
		设置接入口渠化岛	1. 驶员遵守交通规则； 2. 接入口处设置监控，严格执行违章处罚； 3. 设置形式需满足主要交通流行驶
		合并接入口	1. 入口较密集或接入口间距不足； 2. 其他接入管理技术无法缓解接入口处车辆相互干扰，且干扰严重； 3. 主路与辅路间需保障良好的视距
		设置沿街辅路	
Ⅱ-A类	村庄-主路连接道路接入口	设置接入口渠化岛	渠化岛需配置防撞设施，且前方需设置提示标志，防止由于车速过快与渠化岛碰撞产生的交通事故
		设置沿街辅路	1. 线周边用地满足设置辅路需求； 2. 主线与辅路间需保障良好的视距
Ⅱ-B类	农林耕地接入口	单独Ⅱ-B类接入口对主线交通影响较小，若区段内该类接入口数量较多，可选用设置沿街辅路作为主要接入管理技术	1. 主线周边用地满足设置辅路需求； 2. 主线与辅路间需保障良好的视距
Ⅲ类	沿街小型商铺、民宅接入口	合并式接入口	主线沿线接入口呈现组团式集中
		设置沿街辅路	道路红线与建筑红线之间用地满足设置辅路需求，若不满足可不设置辅路，直接在临街设施和主线之间设置隔离设施，每隔一定长度开口，满足交通需求

第5章　城乡接合部和村镇路段横向干扰与冲突分离技术

随着经济与社会的飞速发展，我国目前城镇化进程进一步加速，城乡一体化明显，临近城区的等级公路沿线土地利用由农业用地逐渐转变为工业、商业以及居住用地，形成了特点鲜明的城乡接合部路段。城乡接合部和公路村镇路段，由于过境交通十分复杂、交通安全监管和安保设施配置不足，道路两旁商店、饭馆林立，存在人车交织情况严重，导致经常发生行人随意横穿公路被来往车辆撞死撞伤的恶性交通事故，交通环境亟须改善。本章针对低等级公路的城乡接合部和公路村镇路段的横向干扰与冲突分离技术进行研究，提出相应的安全保障对策，为这些路段的交通安全水平提升提供参考。

5.1　低等级公路横向干扰与冲突分析

5.1.1　横向交通冲突分析

5.1.1.1　城乡接合部横向交通冲突特征分析

通过对重庆市巴南区青华路、黑龙江省哈尔滨市平房区新疆大街、四川省广元市苍溪县红军路西段这三个城乡接合部路段进行的现场观测，结合视频内容共采集了354个冲突点的相关数据，各个路段的危险系数见表5-1。

城乡接合部路段危险系数　　表5-1

地　址	时均交通冲突总数	距碰撞发生的时间≤1.5s	距碰撞发生的时间>1.5s	时均混合当量小时交通量	危险系数	安全性
重庆市青华路	43	24	19	714.4	0.033	不安全
黑龙江省新疆大街	59	35	24	1130	0.031	
四川省红军路西段	75	45	30	1264	0.036	

由表5-1可知，以上三个低等级公路城乡接合部路段危险系数均≥0.03，可知路段是不安全的，由此，需要从车流特征、人流特征以及行人面对冲突时的反应，对城乡接合部路段人车冲突特征进行研究。

由表5-2可以看出，低等级公路中城乡接合部路段的车流以轿车和中型客车为主，凸显了其作为连接公路和城市的通道作用；而在南方地区（特别是四川），城乡接合部路段上的摩托车和三轮车也较多，比较符合这些地区经济发展水平的实际情况，同时体现了其交通构成的复杂性特征。

小时车流量构成 表5-2

地址	摩托车	三轮车	轿车	中型客车	小货车	中型货车	大货车	总计
重庆市青华路	31	31	486	62	0	0	10	621
黑龙江省新疆大街	0	15	832	154	0	0	0	1001
四川省红军路西段	95	76	1061	19	95	19	19	1383
城乡接合部(平均值)	40	40	794	86	25	5	10	1002

而由于路段车流主要以过境的轿车和中型客车为主且交通量较大，同时这些车辆通常速度较快，所以在城乡接合部路段上的交通冲突多数都是严重冲突，发生交通事故的可能性较大。

由表5-3可以看出，低等级公路中城乡接合部路段过街人流以中青年男女为主，考虑到性别以及年龄特征对行人在冲突时的反应有较大区别，所以需要分别单独进行分析。

性别及年龄构成 表5-3

地址	男性			女性			总计
	少年	中青年	老年	少年	中青年	老年	
重庆市青华路	15	47	10	10	38	8	128
黑龙江省新疆大街	11	137	11	11	181	5	357
四川省红军路西段	6	146	36	5	195	42	429
城乡接合部(平均值)	11	110	19	8	138	18	305

注：上表中统计的是小时人流量中各性别、年龄的组成情况，其总计即这些路段的小时人流量。

由表5-4可以看出，在低等级公路城乡接合部路段上的中青年，无论男女都相较于少年和老年在速度、加速度方面有较大优势，而在车流量越大、人流量越多的地区行人的速度、加速度也要更大，其表现就是行人等待车流间隙加速过街，如果车流量越大，则车流间隙就越小，而行人只能加快速度匆忙过街。由于冲突行人和车辆的速度都较快，所以在这些地区容易产生交通冲突甚至引发严重的交通事故。以重庆市青华路为例，可以看出该路段行人的速度、加速度普遍低于四川省红军西路和黑龙江省新疆大街行人的速度、加速度，所以该路段的危险系数也低于红军西路和新疆大街，并且可以发现，行人的速度、加速度越大，则路段的危险系数越高，也越容易发生危险。

速度、加速度和冲突距离 表5-4

地址	分项	男性			女性		
		少年	中青年	老年	少年	中青年	老年
四川省红军路西段	速度均值(m/s)	0.692	1.152	0.965	0.694	0.986	0.836
	85%速度(m/s)	0.982	1.425	1.131	0.992	1.192	0.941
	加(减)速度均值(m/s^2)	0.070	0.234	0.147	0.067	0.138	0.078
	与冲突点的距离均值(m)	3.626	2.620	2.250	3.231	2.338	2.857

续上表

地　址	分　项	男　性			女　性		
		少年	中青年	老年	少年	中青年	老年
重庆市青华路	速度均值(m/s)	0.697	0.720	0.536	0.513	0.660	0.467
	85%速度(m/s)	0.971	1.015	0.739	0.637	0.951	0.555
	加(减)速度均值(m/s^2)	0.088	0.087	0.047	0.089	0.062	0.068
	与冲突点的距离均值(m)	3.83	3.37	3.5	3	3.53	3
黑龙江省新疆大街	速度均值(m/s)	0.695	0.769	0.609	1.153	0.763	0.792
	85%速度(m/s)	1.058	1.061	0.732	1.37	1.337	0.792
	加(减)速度均值(m/s^2)	0.065	0.075	0.047	0.216	0.084	0.013
	与冲突点的距离均值(m)	3.716	2.982	3.167	3.351	3.141	2.982
城乡接合部(平均值)	速度均值(m/s)	0.696	0.878	0.783	0.769	0.826	0.758
	85%速度(m/s)	1.031	1.180	1.061	1.37	1.122	0.924
	加(减)速度均值(m/s^2)	0.082	0.132	0.101	0.14	0.100	0.076
	与冲突点的距离均值(m)	3.724	2.99	2.97	3.194	3	2.95

注:速度均值指行人过街平均步速;85%速度指行人平均步速85%分位值;加(减)速度均值指行人在遇到人车冲突时的加(减)速平均值;与冲突点的距离均值指行人在遇到人车冲突时与冲突点距离的平均值。

同时,由表5-4可以看出,在与冲突点的距离均值上,重庆市青华路行人在遇到人车冲突时离车辆更远,故该路段危险系数更低,安全性更高。同时,就年龄来看,少年>中青年>老年,其表现就是年龄越小,对冲突就越警觉,也就会提早做出减速或者加速的行为来避让车辆,而老年人由于反应迟钝并且部分老年人存在汽车不敢撞过来的心理,会在距离车辆更近时才采取避让措施,这一点在高车流量和高人流量地区非常明显。就性别来说,在相同年龄的情况下,女性往往会比男性更晚做出避让车辆的行为,这与女性易焦易躁急于过街的特点有关。而值得注意的是,在所有性别、年龄和车流量、人流量的综合因素作用下,在高车流量高人流量状态中的老年男性与冲突点的距离是最近的,达到了2.25m,即与车辆只有2m左右安全距离,在车速较快的情况下,非常容易发生交通事故。

5.1.1.2　村镇路段人车冲突特征分析

通过对山东省德州市齐河县仁里集镇、湖南省衡阳市衡南县向阳镇、贵州省安顺市关岭县顶云乡等4个地区的5个村镇路段进行现场观测,结合视频内容共采集了414个冲突点的相关数据,各个路段的危险系数见表5-5。

村镇路段危险系数　　表5-5

地　址	时均交通冲突总数	距碰撞发生的时间≤1.5s	距碰撞发生的时间>1.5s	时均混合当量小时交通量	危险系数	安全性
贵州省顶云乡	14	8	6	200.4	0.040	不安全
湖南省向阳镇	39	21	18	380.4	0.055	
浙江省大柘镇2	34	18	16	501	0.036	

续上表

地　　址	时均交通冲突总数	距碰撞发生的时间≤1.5s	距碰撞发生的时间>1.5s	时均混合当量小时交通量	危险系数	安全性
山东省仁里集镇	22	12	10	470	0.025	安全
浙江省大柘镇1	29	14	15	483	0.029	

由表5-5可知,贵州省顶云乡、湖南省向阳镇和浙江省大柘镇2的调研路段危险系数≥0.03,处于不安全状态,而山东省仁里集镇和浙江省大枳镇1调研路段的危险系数≤0.03,处于安全状态。下面将从车流特征、人流特征以及行人面对冲突时的反应,对村镇路段人车冲突特征进行研究。

由5-6可以看出,与城乡接合部相比,低等级公路中穿村镇路段的车流量明显减少,同时车流以摩托车和轿车为主,三轮车以及过境的大货车也较多,比较符合村镇路段的实际交通情况,既表现了村镇对农村居民的集聚效应,又凸显了低等级公路连接县市、乡镇的作用。

小时车流量构成　　表5-6

地　　址	摩托车	三轮车	轿车	中型客车	小货车	中型货车	大货车	总计
贵州省顶云乡	79	35	92	0	4	0	22	233
湖南省向阳镇	231	13	163		0		19	425
山东省仁里集镇	97	35	318		0		35	486
浙江省大柘镇1	257	55	324		4		0	499
浙江省大柘镇2	268	57	337		4		0	520
村镇路段(平均值)	197	42	247		3		36	381

由表5-7可知,与城乡接合部路段相比,低等级公路中村镇路段的人数有明显的减少,同时少年和老年人在总人数中的比例有明显的较大增幅,这与大多数村镇的中青年外出打工,而导致的留守人员主要是少年和老年人有关,其中以中西部最为明显。

年 龄 构 成　　表5-7

地　　址	男　　性			女　　性			总计
	少年	中青年	老年	少年	中青年	老年	
贵州省顶云乡	59	21	3	23	18	3	126
湖南省向阳镇	63	80	4	17	101	21	285
山东省仁里集镇	3	27	9	3	27	3	72
浙江省大柘镇1	27	34	6	9	38	7	120
浙江省大柘镇2	42	53	9	15	59	10	188
村镇路段(平均值)	39	43	6	13	49	9	158

注:上表中统计的是小时人流量中各性别、年龄的组成情况,其总计即这些路段的小时人流量。

由表5-8可知，山东省仁里集镇和浙江省大枳镇行人的均速大于其他几个调研路段，结合交通量和人流量的数据可以看出，低等级公路村镇路段，当交通量相差不大时，人流量越少，行人步速越低，同时严重冲突数越少，路段越安全。而从性别来看，男性均速是：老年 > 中青年 > 少年，这表明在车流量和人流量不大、交通冲突较少的情况下，老年男性是走的比较快的，而在实际调研中发现，在村镇地区的老年男性因为做事效率不高、性子较急，所以生活节奏普遍较快。女性均速是：中青年大于 > 少年 > 老年，其中少年女性和老年女性的均速相差不大，这与农村地区中青年外出打工，老年女性承担送孙子孙女上下学等特点有关。除此之外，在车流量、人流量较大的情况下，行人均速与其他地区相比有明显下降，这也与实际情况非常相符。

速度、加速度和冲突距离　　表5-8

路　段	分　项	男　性			女　性		
		少年	中青年	老年	少年	中青年	老年
贵州省顶云乡	速度均值(m/s)	0.738	1.034	0.836	0.655	1.052	0.826
	85%速度(m/s)	1.158	1.914	0.841	0.915	1.753	0.826
	加(减)速度均值(m/s^2)	0.105	0.208	0.112	0.091	0.249	0.106
	与冲突点的距离均值(m)	1.786	1.911	2	1.625	1.85	1.9
湖南省向阳镇	速度均值(m/s)	0.697	0.647	0.618	0.704	0.623	0.615
	85%速度(m/s)	0.849	0.716	0.618	0.974	0.713	0.864
	加(减)速度均值(m/s^2)	0.080	0.070	0.066	0.064	0.065	0.065
	与冲突点的距离均值(m)	3.2	3.447	3.668	3.25	3.338	3.51
山东省仁里集镇	速度均值(m/s)	0.592	1.031	1.269	1.429	1.128	0.854
	85%速度(m/s)	0.592	1.311	2.111	1.429	1.808	1.104
	加(减)速度均值(m/s^2)	0.92	0.193	0.281	0.409	0.249	0.340
	与冲突点的距离均值(m)	2	3.595	3.286	1.9	3.773	2.333
浙江省大枳镇1	速度均值(m/s)	0.698	1.002	1.320	0.810	0.984	0.798
	85%速度(m/s)	1.003	1.380	2.266	1.082	1.504	1.120
	加(减)速度均值(m/s^2)	0.130	0.173	0.282	0.119	0.182	0.179
	与冲突点的距离均值(m)	2.898	3.401	3.667	2.308	2.953	3.235
浙江省大枳镇2	速度均值(m/s)	0.690	0.992	1.307	0.802	0.975	0.79
	85%速度(m/s)	0.092	1.366	2.243	1.071	1.489	1.109
	加(减)速度均值(m/s^2)	0.129	0.172	0.279	0.118	0.180	0.177
	与冲突点的距离均值(m)	2.869	3.367	3.62	2.285	2.914	3.55
村镇路段(平均值)	速度均值(m/s)	0.718	0.902	1.088	0.729	0.886	0.718
	85%速度(m/s)	0.993	1.242	2.039	0.974	1.354	1.008
	加(减)速度均值(m/s^2)	0.117	0.156	0.254	0.107	0.164	0.161
	与冲突点的距离均值(m)	2.55	3.144	3.248	2.077	2.966	2.996

注：速度均值指行人过街平均步速；85%速度指行人平均步速85%分位值；加(减)速度均值指行人在遇到人车冲突时的加(减)速平均值；与冲突点的距离均值指行人在遇到人车冲突时与冲突点距离的平均值。

同时,由表5-8可以看出,在与冲突点的距离均值上,低等级公路村镇路段的普遍情况是:老年 > 中青年 > 少年,这与城乡接合部路段正相反,主要原因是村镇路段上车流一般较少,并且车辆组成以摩托车和轿车为主,危害性较低,车速也较慢,所以行人(特别是少年)容易缺乏警觉。就性别来说,在相同年龄的情况下,女性往往会比男性更早做出避让车辆的行为,这与村镇路段低车流量、低人行量有关,当冲突较少,危害性较低的情况下,女性往往会比男性更有耐心,同时村镇路段生活节奏很慢,女性不容易焦躁,等待过街的忍受时间也更长。值得注意的是,在所有性别、年龄和车流量、人流量的综合因素作用下,少年女性与冲突点的距离是最近的,达到了2.077m,即与车辆只有2m左右安全距离,而且少年男性与冲突点的距离均值为2.55,这表明了在村镇地区少年的安全意识较为薄弱,而在贵州省安顺市顶云乡调研路段上,由于当地小学的正门就在国道320线主路上,大约每2个月就会发生一起小学生被过境汽车撞死的恶性事故。由此可见,村镇路段的少年对交通冲突没有引起足够的警觉。必须加强农村中小学生交通安全知识的普及教育,同时提高学校周围路段的交通安保水平。

5.1.2 计划行为理论模型

理性行为理论模型的吸引力和独特之处在于行为意向决定行为这个理念,可以用于描述和解释行为和态度的控制,完全是自主的情况下的行为。但很多时候,个体的行为并不是由个人意志完全控制的。为了提高模型对意向和行为之间关系的预测能力,Ajzen等人在理性行为理论模型中增加了知觉行为控制这一变量。增加了知觉到行为的控制能力之后的修正模型被称为“计划行为理论”。

计划行为理论以三个阶段来分析行为模式的形成过程:①行为决定于个人的行为意图;②行为意图决定于行为态度、主观规范或认知行为控制等全部或其中某部分的影响;③行为态度、主观规范以及知觉行为控制决定于对事物的信念、对事物的态度、工作特性、人格特征等外部因素。计划行为理论模型如图5-1所示。

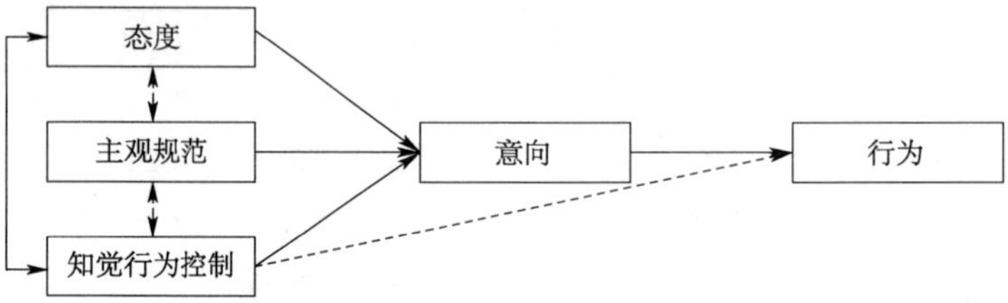

图5-1 计划行为理论模型框架

态度、主观规范和知觉行为控制是计划行为理论的3个主要变量。下面进一步阐述这3个变量的内涵。

(1)态度。

态度是指一个人对人、事、物或行为所持的肯定或否定的评价,反映了个人对人、事、物或行为所抱持的感觉。Ajzen与Fishbein将态度分为两种:对行为的态度和对标的物的态度。对行为的态度是指个体对行为本身所持有的态度,它与行为的发生有直接关系,当个体对某一行为抱持的态度越强烈,则从事该行为的意向会越强;对标的物的态度是指个体对除行为以外的人、事、物或问题持有的态度。

$$A = \sum_{i=1}^{i} BB_i OE_i \tag{5-1}$$

式中：A——态度；

BB_i——行为信念；

OE_i——感知结果评价；

i——显著信念个数。

(2)主观规范。

主观规范是个体在实施某一特定行为时，所感受到的其他重要关系人的压力，是一种社会因素。其他重要关系人包括配偶、子女、亲友等。规范信念和服从动机是主观规范的两个概念组成。前者表示其他重要关系人对行为主体某一行为的期望，后者则表示行为主体服从于这种期望的动机。每个规范信念和相应的服从动机之积的综合即为主观规范的间接测量指标。

$$SN = \sum_{j=1}^{j} NB_j MC_j \tag{5-2}$$

式中：SN——主观规范；

NB_j——规范信念；

MC_j——服从动机；

j——规范信念个数。

(3)知觉行为控制。

知觉行为控制代表个体综合考虑了个人技能、资源、机遇等因素后，对实施某一特定行为的能力的知觉。个体的行为意向并不仅仅受到态度与主观规范的影响，还受到个体对执行该行为的意志力控制的影响。知觉行为控制等于各个控制信念(个体对自己所拥有的实施某一行为的资源、机遇等的认知)与其相应的发生强度(资源、机遇等对实施该项行为影响的程度)的乘积的和。

$$PBC = \sum_{k=1}^{k} CB_k PF_k \tag{5-3}$$

式中：PBC——知觉行为控制；

CB_k——控制信念；

PF_k——发生强度。

计划行为理论对实际行为的预测可以用数学表达式表示如下：

$$BI = \omega_1 A + \omega_2 SN + \omega_3 PBC \tag{5-4}$$

$$B = \omega_4 BI + \omega_5 PBC \tag{5-5}$$

式中：A——态度；

SN——主观规范；

PBC——知觉行为控制；

BI——行为意向；

B——行为；

ω_1、ω_2、ω_3、ω_4、ω_5——回归系数。

5.1.3 驾驶人与行人交通心理特征分析

5.1.3.1 行人过街行为调查

针对项目涉及的行人过街行为调查，本次使用问卷进行数据的收集。

问卷是一种测量工具，它试图确定主观的、抽象的、概念的、定量化测量的程序，对事物的特性变量可以用不同的规则分配数字，因此形成了不同测量水平的测量量表，又称为测量尺度。问卷设计就是设计被访问者的主观特性的度量标准，这里根据问题的类型选择 Likert 量表设计问卷。

Likert 量表的填答方式以 4 点到 6 点最为常见，Berdie 根据研究经验，认为在大多数情况下，5 点量表是最为可靠的，所以本问卷测验项目选用 Likert5 级量表。调查问卷涉及三个维度：行为态度、主观规范、知觉行为控制。由 $-2\sim2$，分为 5 阶，分别表示受访行人对问题所描述情况的反对和赞同情况。

调查主要分为两个阶段。阶段 1：为检验问卷的科学性可靠性进行的预调查，并对问卷进行改进。阶段 2：改进后的正式调查。

(1)阶段 1：预调查。

预调查是在正式调查前，判断受访者能否理解问卷所涉及的内容。如受访者能够较好地理解其内容，则可直接利用预调查问卷进行正式调查；反之，则需要对问卷进行修正。2015 年 4 月，对浙江丽水进行了预调查，发放问卷 68 份，回收有效问卷 32 份。

通过克伦巴赫系数 α 来验证问卷的信度，信度指标判别准则见表 5-9。克伦巴赫系数的公式为：

$$\alpha=\frac{K}{K-1}\left(1-\frac{\sum S_i^2}{S^2}\right) \tag{5-6}$$

式中：K——量表所包括的总题数；

$\sum S_i^2$——量表题项的方差总和；

S^2——量表题项相加总后方差。

信度指标判别准则 表 5-9

内部一致性 α 系数值	量表信度	内部一致性 α 系数值	量表信度
0.9 以上	理想但问题过于重复	0.6 ~ 0.699	尚可
0.8 ~ 0.899	甚佳	0.5 ~ 0.599	可，但偏低
0.7 ~ 0.799	佳	0.5 以下	欠佳，需修改

本问卷整体信度为 0.673，该问卷信度尚可，认为问卷设置有较高的内在一致性。

效度是指能够测到该测验所欲测(使用者所设计的)心理或行为特质到何种程度。效度的分类主要包括三种：内容效度、效标关联效度、建构效度。效度的验证方法主要有：因素分析、内部相关分析等。笔者用内部相关分析法分析行人各个心理要素对过渡信号期间过街行为的影响。由于问卷问题的设计是对赞同程度分了 5 个等级，所以用 Spearman 等级相关系数来检验非参数变量间的相关性，对问卷进行效度分析。

如图 5-2 所示，变量之间除态度和主观规范、主观规范和知觉行为控制间不显著外，其他变量间都有显著相关性。

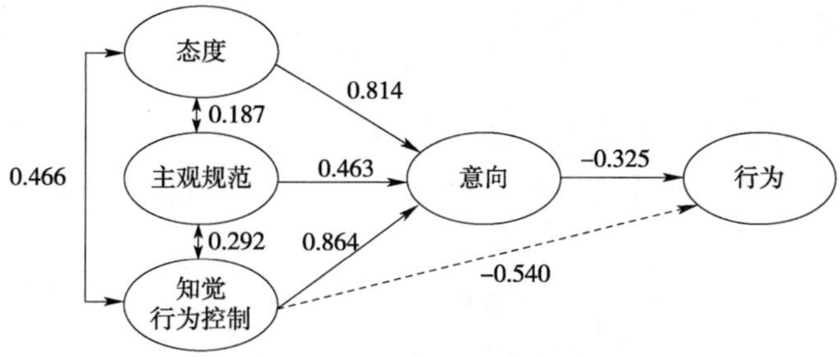

图 5-2　预调研各相关因素的 Spearman 相关系数

(2)阶段 2:正式调查。

由于预调查中分析该问卷的信度和效度尚可,可以有效反映行人的过街行为,故正式调查问卷仍采用预调查问卷。2014 年 12 月至 2015 年 3 月,分别在黑龙江、湖南、山东、四川、贵州进行了正式调查。发放问卷 312 份,共回收 155 份问卷,最终有效问卷共计 150 份,见表 5-10。

调查地点情况　　表 5-10

<table>
<tr><th>编号</th><th>CX1</th><th>CX2</th><th>CX3</th><th>CX4</th><th>CX5</th></tr>
<tr><td>位置情况</td><td>黑龙江省哈尔滨市平房区新疆大街</td><td>1. 湖南省衡南县向阳镇第四人民医院
2. 湖南省衡南县向阳镇向阳路段</td><td>1. 山东省德州市齐河县仁里集镇
2. 山东省泰安市泰山区与岱岳区交界</td><td>四川省广元市苍溪县红军路</td><td>贵州省安顺市关岭县顶云乡小学</td></tr>
<tr><td>调查日期</td><td>2015-01-30
2015-02-07</td><td>2015-02-12
2015-02-15</td><td>2015-02-24</td><td>2015-02-02</td><td>2014-12-17</td></tr>
<tr><td>样本数量(份)</td><td>32</td><td>28</td><td>29</td><td>31</td><td>30</td></tr>
<tr><td>机动车道数</td><td>4 车道
(3 车道 +1 停车区)</td><td>双向 2 车道</td><td>双向 2 车道</td><td>双向 4 车道</td><td>双向 2 车道</td></tr>
<tr><td>斑马线长度(m)</td><td>14</td><td>7</td><td>9</td><td>14</td><td>7</td></tr>
<tr><td>有无信号灯</td><td colspan="3" rowspan="3">无</td><td rowspan="2">无</td><td rowspan="3">无</td></tr>
<tr><td>有无限速标志</td></tr>
<tr><td>有无隔离设施</td><td>有中央隔离护栏</td></tr>
</table>

信度验证和效度分析是调查研究中不可缺少的步骤。信度用来表征受访者能否正确理解问卷所问的问题,反映了问卷的稳可靠性和稳定性;效度用来表征问卷是否能够正确反映受访行人想表达的意思,反映了问卷的有效性。

①问卷的信度验证。

通过 SPSS 软件对正式调查问卷进行了信度验证,问卷整体的克伦巴赫系数 $\alpha = 0.712$,

表明本问卷能够很好地被理解。

②问卷的效度分析。

采用内部相关分析法分析了行人各个心理要素对过渡信号期间过街行为的影响。整理后得到计划行为理论中各因素之间的 Spearman 等级相关系数如图 5-3 所示。

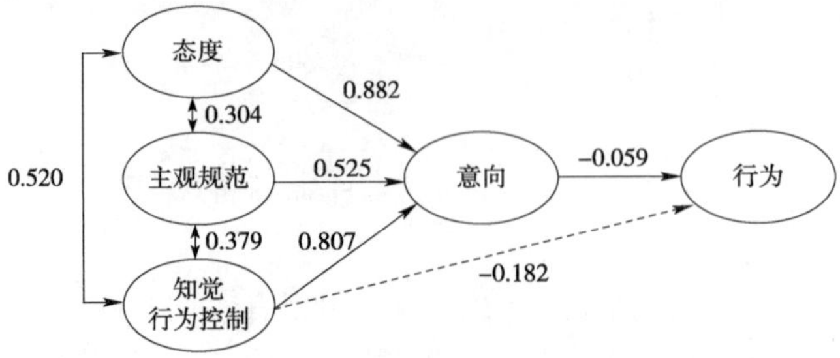

图 5-3 正式调查各相关因素的 Spearman 相关系数

如图 5-3 所示,变量之间除意向和行为之间不显著外,其他变量间都有显著相关性。行人问卷中各个心理要素之间的关系表明:在城乡接合处路段,行人认为安全设施基本能够保障行人的过街安全,家人和朋友也希望行人过街时要遵章守规,如果安全设施设置合理,那么行人选择意向也会增大,从而选择较安全的方式过街。但行人过街的实际行为受到外界影响因素较大,如安全设施设置越合理,行人选择安全过街的概率越大。这与实际调查情况相符合。因此,本问卷能够有效反映行人过街行为。

5.1.3.2 基于计划行为理论的行人过街行为分析

态度、主观规范和知觉行为控制是计划行为理论的 3 个主要变量,下面将问卷按照三个变量进行分类分析。

(1)对行为的态度分析。

态度是指一个人对人、事、物或行为所持的肯定或否定的评价,反映了个人对人、事、物或行为所抱持的感觉。对行为的态度是指个体对行为本身所持有的态度,它与行为的发生有直接关系。当个体对某一行为抱持的态度越强烈,则从事该行为的意向会越强。所以,对个体行为的态度进行衡量,可以预测该行为的意向。在城乡接合部及村镇路段上的行人对安全过街行为的意向如果为正效应,即认为安全性越高、行为越对自身有利,安全过街行为就越有可能发生。反之,则不可能发生。其中,对行为的态度主要包括对标志、标线等安全设施的了解程度,对不安全行为发生后的认知程度。态度变量各项目描述分析见表 5-11。态度变量中各项目平均计分值如图 5-4 所示。

态度变量各项目描述分析 表 5-11

潜在变量	观测变量	样本数 N	-2(%)	-1(%)	0(%)	1(%)	2(%)
态度	ITEM1 对安全设施了解程度	150	1.3	9.3	42.7	41.3	5.4
	ITEM2 对等待时间长短的态度	150	1.3	26.7	26.7	36.0	9.3
	ITEM4 对省时的态度	150	1.3	21.4	28.0	40.0	9.3
	ITEM6 对安全重要性的态度	150	0	4.0	10.7	58.6	26.7
	ITEM7 对人行横道线的态度	150	0	13.3	30.7	52.0	4.0
	ITEM10 对减速带的态度	150	1.3	10.7	38.7	49.3	0
	ITEM13 对隔离设施的态度	150	0	12.0	26.7	54.7	6.6

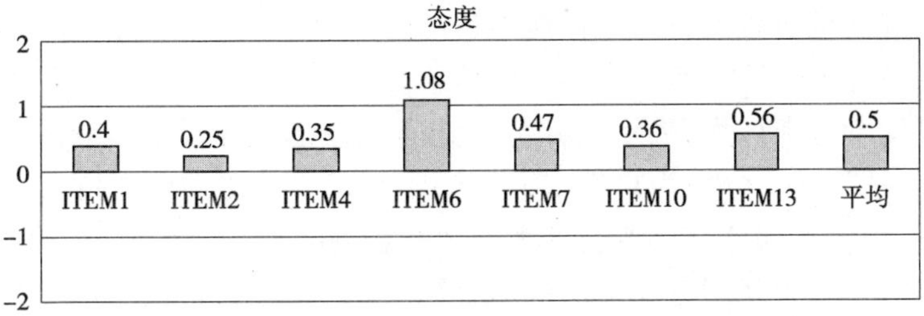

图 5-4　态度变量中各项目平均计分值

对行为的态度所有项目均为正向项目，计分统计后，项目分数越高表示安全过街的倾向越大。分数越低则表示危险过街倾向越大。ITEM1 分数为 0.4，符号为正，46.7% 的受访者选择"了解"以及"非常了解"，表示城乡接合部及村镇路段上的行人对交通安全设施还是有一定了解，合理设置安全设施，对行人安全过街有一定帮助。ITEM2、ITEM4 分数分别为 0.25、0.35，符号都为正，表示行人希望能够较快地过街，不要等待较长时间。等待时间较长会令行人烦躁，容易发生危险过街行为，因此需要设置相应标志对行人和驾驶人警告提示。ITEM6 分数为 1.08，符号为正，85.3% 的受访者选择"重要"及"非常重要"，表示行人觉得安全对于过街来说非常重要，全面合理地设置标志、标线等安全设施十分必要。ITEM7、ITEM10、ITEM13 分数分别为 0.47、0.36、0.56，符号均为正，表示受访行人认为合理设置人行横道线、减速带、隔离设施可以保障行人过街安全。综上所述，在计划行为理论中，态度变量总平均分为 0.5，符号为正，表示受访行人认为安全设施的合理设置可以保障行人过街安全。

（2）主观规范分析。

主观规范是一个人在实施某一行为时，所感受到的来自其他重要关系人的压力，是一种社会因素。其他重要关系人主要为亲友等。主观规范与行为意向两者之间存在比较显著的相关关系。当行为人亲友对行为人的某一行为给予大力支持时，行为人将会倾向于执行该行为。规范信念和服从动机是主观规范的两个概念组成。前者表示其他重要关系人对行为主体某一行为的期望，后者则表示行为主体服从于这种期望的动机。每个规范信念和相应的服从动机为主观规范的间接测量指标。主观规范变量各项目描述分析见表 5-12，各项目平均计分值如图 5-5 所示。

主观规范变量各项目描述分析　　表 5-12

潜在变量	观 测 变 量	样本数 N	-2	-1	0	1	2
主观规范	ITEM15 亲友对安全过街行为认识	150	1.3%	6.7%	22.7%	57.3%	12.0%
	ITEM16 对亲友意见的认同感	150	1.3%	8.0%	36.0%	49.3%	5.4%

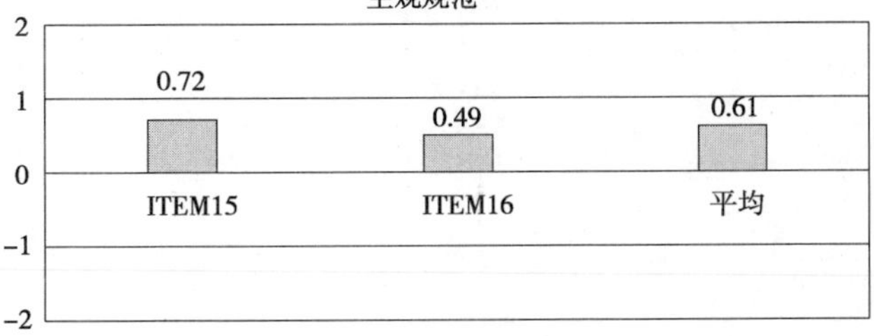

图 5-5　主观规范变量中各项目平均计分值

对行为的主观规范所有项目均为正向项目，计分统计后，项目分数越高表示安全过街的倾向越大。分数越低则表示危险过街倾向越大。ITEM15 分数为 0.72，符号为正，69.3%的受访者亲友支持安全过街行为，表示大部分受访者亲友态度是认为受访者在平时应遵守交通法规安全过街。ITEM16 分数为 0.49，符号为正，54.7%的受访者支持亲友意见，36.0%受访者视情况而定，表示大部分受访者受到来自亲友意见的影响，更趋向安全行为过街。综上所述，计划行为理论中，主观规范变量的平均分为 0.61，符号为正，表示受访者亲友大力支持受访者遵守交通法律、安全过街，受访者将会更倾向于安全行为过街。

（3）知觉行为控制分析。

知觉行为控制代表行为人综合考虑了个人技能、资源、机遇等因素后，对实施某一特定行为的能力的知觉。理性行为理论提出后，当行为人认为自己具有实施行为的能力时，知觉行为控制可以对行为意向产生直接影响。也就是说，行为的执行不只是受一个人动机的影响，还决定于时间、技能、个体知识等非动机因素。通常，当个体对行为的肯定态度和行为主观规范越多、行为可控性越高时，实际行为越容易落实，预测结果越准确；相反，个体越无法控制自己的行为。知觉行为控制变量各项目描述分析见表 5-13，各项目平均计分值如图 5-6 所示。

知觉行为控制变量各项目描述分析 表 5-13

潜在变量	观 测 变 量	样本数 N	-2（%）	-1（%）	0（%）	1（%）	2（%）
知觉行为控制	ITEM3 乱穿马路的行人对过街行为的影响	150	0	17.3	29.3	50.7	2.7
	ITEM5 时间因素对过街行为的影响	150	0	32.0	29.3	36.0	2.7
	ITEM8 斑马线对过街行为的影响	150	1.3	13.3	16.0	62.7	6.7
	ITEM9 减速带对过街行为的影响	150	2.7	18.7	42.6	33.3	2.7
	ITEM11 车速对过街行为的影响	150	0	20.0	13.3	61.3	5.4
	ITEM12 减速带及斑马线对过街行为的影响	150	0	8.0	29.3	48.0	14.7
	ITEM14 隔离设施对过街行为的影响	150	0	6.7	22.7	66.6	4.0

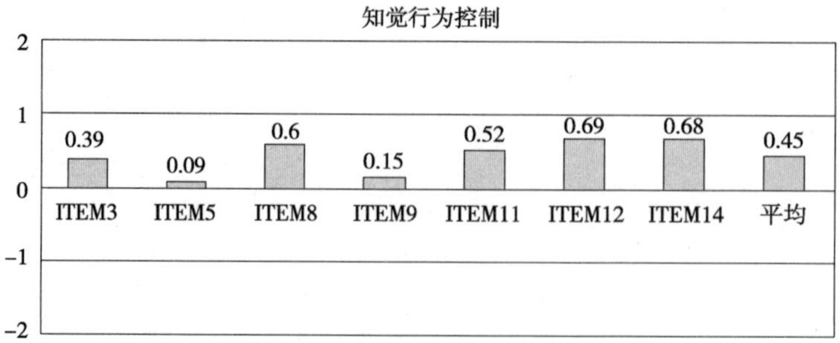

图 5-6 知觉行为控制变量中各项目平均计分值

对行为的知觉行为控制的所有项目中，ITEM3、ITEM5 及 ITEM9 为反向题目。反向计分后，重新计分后分数越大表示安全过街倾向越大。ITEM3 分数为 0.39，符号为正，表示大部分受访行人(52.7%)认为乱穿马路的行为是危险的过街行为，自己一般情况下不会跟随。ITEM5 分数为 0.09，符号为正，分数接近 0，表示在赶时间的情况下，安全过街的倾向降低了。ITEM8 分数为 0.60，符号为正，表示在人行横道线设置合理的环境下，行人更倾向于在人行横道线处过街。ITEM9 及 ITEM12 分数分别为 0.15、0.69，明显上升，符号均为正，表示同时设置人行横道线及在人行横道线前方合理设置减速措施，能够保障行人过街安全，行人更倾向于选择在人行横道线处过街。ITEM11 分数为 0.52，符号为正，69.4% 受访者选择"会"和"非常会"，表示车速直接影响行人安全过街，如果车速能再降低，行人过街会更安心。ITEM14 分数为 0.68，符号为正，70.6% 选择"会"和"非常会"，表示隔离设施可以有效地保障行人过街安全，行人等待过街会更安心。综上所述，在计划行为理论中，知觉行为控制变量总平均分为 0.45，符号为正，表示在标志、标线等安全设施设置合理的环境下，行人会认为过街有保障，会选择安全的过街行为。

针对上述分析结果可知：

①在行为态度方面(图 5-4)，ITEM6 的分值最高，表示行人过街时对过街安全性最为看重。因此，在城乡接合部及村镇行人聚集过街路段，应完善标志、标线等安全设施设置，宣传不安全行为的危害，提高行人对安全设施的认知，从而增大行人选择安全过街行为的意向。

②在主观规范方面(图 5-5)，ITEM7 的分值最高，表示行人过街时的行为直接受到亲友态度的影响。因此，应加强城乡接合部及村镇地区交通安全的宣传和教育，形成人人了解安全重要性的氛围，从而影响身边人的过街行为。

③在知觉行为控制方面(图 5-6)，ITEM12、ITEM14 分值最高，表示行人过街时对人行横道线、减速带、隔离设施最为看重。因此，在城乡接合部及村镇地区较多行人过街的路段，不仅要设置人行横道线，还应配套设置减速带和隔离设施，使车辆在靠近人行横道时降低速度，让行人在等待过街时与车辆保持分离，保障行人过街和等待过街时的安全。

5.1.4　驾驶行为调查

针对驾驶员的行为调查，同样使用问卷进行。根据计划行为设计方法，调查问卷涉及三个维度：行为态度、主观规范、知觉行为控制。另外，问卷测验项目选用 Likert5 级量表，由 −2 到 2，分为 5 阶，分别表示受访行人对问题所描述情况的反对和赞同情况。

调查主要分为两个阶段。阶段 1：为检验问卷的科学性可靠性进行的预调查，并对问卷进行改进。阶段 2：改进后的正式调查。

(1)阶段 1：预调查。

为了判断受访者能否理解问卷所涉及的内容，于 2015 年 4 月在浙江丽水进行了预调查，发放问卷 85 份，回收有效问卷 58 份。

本文通过克伦巴赫系数 α 来验证问卷的信度，信度指标判别准则见表 5-14。克伦巴赫系数的公式为：

$$\alpha = \frac{K}{K-1}\left(1 - \frac{\sum S_i^2}{S^2}\right) \tag{5-7}$$

式中：K——量表所包括的总题数；

$\sum S_i^2$——量表题项的方差总和；

S^2——量表题项相加总后方差。

信度指标判别准则 表 5-14

内部一致性 α 系数值	量表信度	内部一致性 α 系数值	量表信度
0.9 以上	理想但问题过于重复	0.6～0.699	尚可
0.8～0.899	甚佳	0.5～0.599	可，但偏低
0.7～0.799	佳	0.5 以下	欠佳，需修改

本问卷整体信度为 0.804，该问卷信度甚佳，认为问卷设置有高度的内在一致性。

为了验证问卷能否有效反映驾驶人的心理行为，采用 Spearman 等级相关系数来检验非参数变量间的相关性，对问卷进行效度分析。

如图 5-7 所示，变量之间都有显著相关性。问卷中各个心理要素之间的关系表明：在城乡接合处道路下，驾驶人希望按照标志、标线等安全设施的指引行车，驾驶人身边家人和朋友也希望驾驶人安全驾车，在标志、标线齐全的前提下，驾驶人也会选择安全驾驶，安全驾驶意向增大，意向与违规驾驶成负相关，驾驶人真实驾驶行为更趋于安全驾驶。这与实际调查相符。因此，本问卷是能够有效反映行人过街行为。

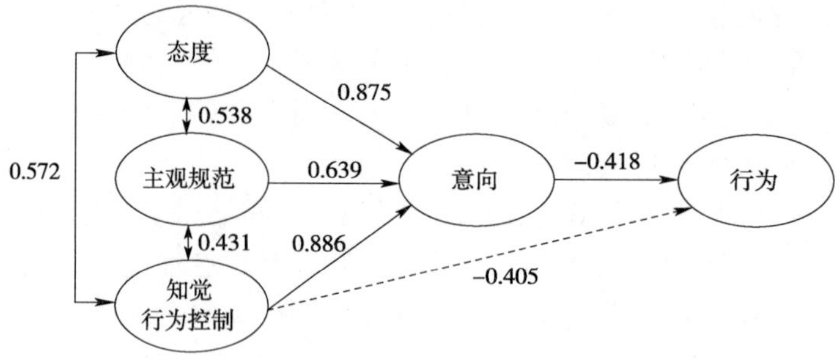

图 5-7 预调研各相关因素的 Spearman 相关系数

(2)阶段 2：正式调查。

通过预调查分析，该问卷的信度和效度可有效反映行人的过街行为，故正式调查问卷仍采用预调查问卷。2014 年 12 月至 2015 年 3 月，分别在黑龙江、湖南、山东、四川、贵州进行了正式调查。发放问卷 302 份，共回收有效问卷 155 份。正式调查的问卷克伦巴赫系数 α = 0.767，表明本问卷能够很好地被理解。另外，问卷的效度结果如图 5-8 所示。

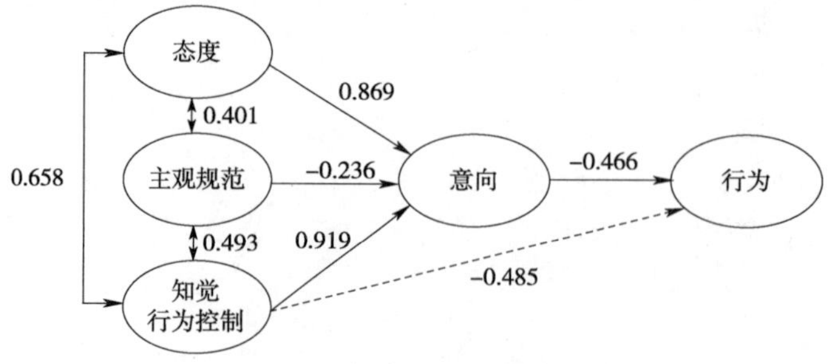

图 5-8 正式调研各相关因素的 Spearman 相关系数

5.1.5 基于计划行为理论的驾驶行为分析

(1)态度因素分析。

在城乡接合部及村镇路段上的驾驶员对安全驾驶行为的意向如果为正效应,即认为安全性越高、行为越对自身有利,安全过街行为就越有可能发生。反之,则不可能发生。其中,对行为的态度主要包括对标志、标线等安全设施的了解程度,对不安全行为发生后的认知程度。针对问卷设计中态度的调查结果统计如图5-9所示。

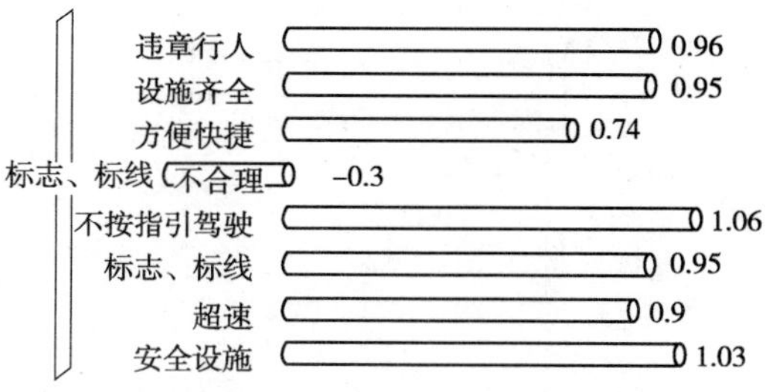

图5-9　态度变量中各项目平均计分值

对行为的态度所有项目均为正向项目,计分统计后,项目分数越高表示安全驾驶行为的倾向越大。分数越低则表示危险驾驶行为的倾向越大。由图5-9可知,对安全设施的了解程度中,分值为1.03,符号为正,表示城乡接合部及村镇路段驾驶人对交通安全设施比较了解,合理设置安全设施,对驾驶人安全驾驶有一定帮助。对超速态度一题中,分值为0.90,符号都为正,表示受访驾驶人认为超速会对周边其他人带来安全威胁,因此一般情况下驾驶人不会超速。对标志、标线态度一题中,分值为0.95,符号为正,表示标志、标线可以规范驾驶人驾驶习惯。不按照标志、标线指引驾驶的态度一题中,分值为1.06,符号为正,表示驾驶人认为如果不按照标志、标线指引驾驶会导致行车危险。标志、标线设置不合理的态度一题中,分数为0.30,符号为负,表示受访驾驶人认为如果标志、标线设置不合理,为了安全起见,就不能按照标志行驶,会按照自己经验安全驾驶。方便快捷一题中,分数为0.74,符号为正,表示驾驶人认为在安全驾车前提下,方便快捷对于驾驶人来说很重要。对安全设施齐全态度一题中,分值为0.95,符号为正,表示安全设施越齐全,驾驶人驾驶时会越安心。对行人违章一题中,分值为0.96,符号为正,表示受访驾驶人认为行人随意在机动车道行驶会令其不安,影响其驾驶。

(2)主观规范因素分析。

在城乡接合部及村镇路段上,如果驾驶人亲友对驾驶人安全驾驶行为是支持的,驾驶人也听从亲友意见,则驾驶人会产生服从亲友意见的动机,即也会在平时驾驶中遵守法律规范安全驾驶。主观规范变量中各项目平均计分值如图5-10所示。

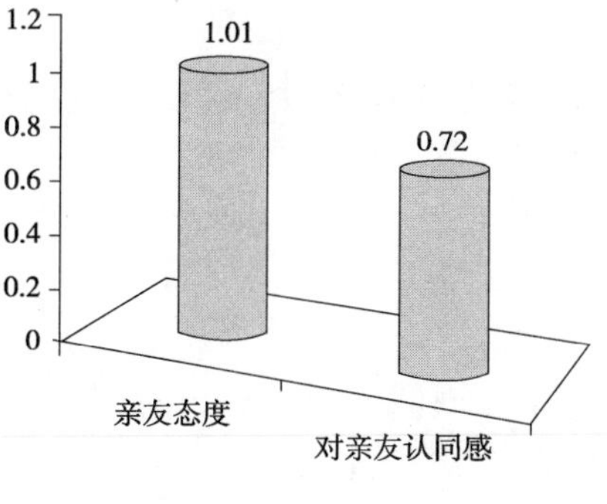

图5-10　主观规范变量中各项目平均计分值

对行为的主观规范所有项目均为正向项目,计分统计后,项目分数越高表示安全过街的倾向越大,分数越低则表示危险过街倾向越大。亲友对过街行为的态度分数为1.01,符号为正,表示大部分受访者亲友态度是认为受访者在平时应遵守交通法规安全驾驶。对亲友态度的认同感分数为0.72,符号为正,表示大部分受访者受到来自亲友意见的影响,更趋向安全驾驶行为。

(3)知觉行为控制分析。

在城乡接合部及村镇路段上,如果外界交通设施设置全面、合理，增加机动车道与非机动车道的隔离措施，就会对驾驶人驾驶意向产生直接影响。也就是说，如果在上述外界环境下，驾驶人会趋于安全驾驶。意向越大，发生安全驾驶行为的概率就越大。知觉行为控制变量中各项目平均计分值如图 5-11 所示。

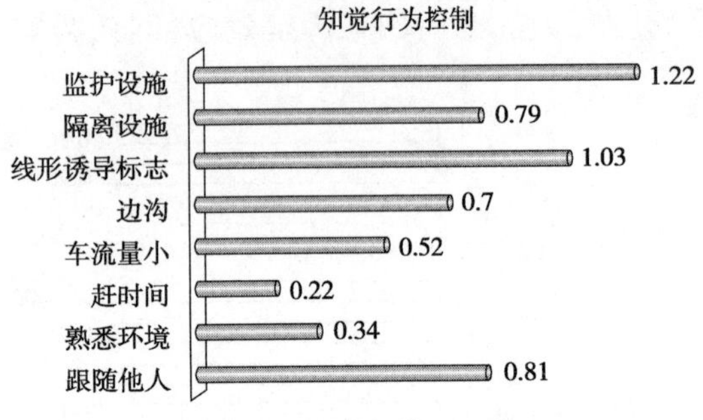

图 5-11　知觉行为控制变量中各项目平均计分值

对行为的态度所有项目均为正向项目，他人驾驶行为对其影响为反向题目，反向计分后，项目分数越高表示安全驾驶的倾向越大。他人驾驶行为对其影响一题分数为 0.81，符号为正，表示受访者认为不按照标志标线驾驶是非常危险的行为。熟悉环境因素对驾驶行为影响一题，分数为 0.34，符号为正，表示一部分受访者认为，熟悉的环境中可以随意驾驶，安全驾驶的倾向有点降低。时间因素对驾驶行为影响一题中，分数 0.22，符号为正，表示一部分在赶时间的情况下会选择超速行驶，但大部分受访者还是选择在限速内过街。车流量较小时对驾驶行为影响一题中，分数为 0.52，符号为正，表示受访者认为限速值内驾驶可保证其驾驶安全。边沟对驾驶行为影响一题中，分数为 0.70，符号为正，表示如果边沟设置合理，驾驶人会更安心，安全驾驶行为意向增大。线形诱导标志对驾驶行为影响一题中，分数为 1.02，符号为正，表示受访者认为在弯道时，线形诱导标志可让驾驶人较为准确地感知线路曲线变化，能够保障其驾驶安全。隔离设施对驾驶行为影响一题中，分数为 0.79，符号为正，表示如果行人能够在人行道行走，并且有相应隔离设施保障行人和车辆空间分离，会使驾驶人驾驶时更加安心。监控设施对驾驶行为影响一题中，分数为 1.22，符号为正，表示适当的监控措施及惩罚措施可能让驾驶人会更加遵守法律规范要求，安全驾驶。

5.2　城乡接合部和村镇路段行人过街交通特征分析

5.2.1　行人过街基本特性

5.2.1.1　行人交通流特征

行人交通流理论与机动车交通流理论相似，主要采用行人平均步速、行人密度、行人交通流这三大参数来描述行人交通流的基本特征。

(1)行人平均步速 V，指在行人从过街开始到完成过街行为过程中，整个人群速度的平均值，单位为 m/s。

(2)行人密度 ρ，指单位空间的行人数量，其倒数是人均步行面积 F，单位为 m^2/人，即：

$$F = \frac{1}{\rho} \tag{5-8}$$

(3)行人交通量 P，指单位时间单位宽度内通过人行道某一段面的人数。单位时间可用 h、15min、1min 或 1s，单位宽度可以用 1m 或一条人行带的宽度(我国定为 0.75m)，行人交通量的单位为人/m、人/min · m 或人/s · m。

(4)行人平均步速、行人密度与行人交通量三者之间的关系,按照定义可知:

$$p = \rho v = \frac{V}{F} \text{或} p = \frac{V}{F} \tag{5-9}$$

由上述公式可知:当人流量一定时,行人密度越大,则行人平均步速越小;当行人密度增加时,行人空间减少,人流的机动性下降,平均步速相应降低。

5.2.1.2　行人过街分析

在无信号控制的路段,由于没有明确的路权,所以行人作为弱势群体,通常是需求机动车流间隙来穿越车道。当行人到达路边开始,一旦发现机动车车流的车头时距大于行人过街最小时间,便开始穿越过街。行人过街最小时间可由式(5-10)计算。

$$T_p = \frac{L}{V} + \frac{N}{S_P + W} \tag{5-10}$$

式中:T_p——行人过街最小时间(s);

L——车道宽度(m);

V——行人过节速度,通常可取1(m/s);

N——每周期等待过街的行人数(人);

S_p——过街行人饱和流量(人/m·s);

W——人行横道宽度(m)。

由上述公式可知:在无信号控制的路段,车道宽度越大,过街行人饱和流量越大;行人的平均步速越小,则行人过街时间越长,对车辆的干扰也越大。

5.2.1.3　机动车车流可穿越间隙

影响机动车到达的因素主要有:路段上下游交叉口的控制方式、相邻交叉口的距离、断面距上游交叉口的距离以及车道数、车流量等。当车流密度较小,车辆间的相互影响较为微弱时,其车辆到达一般符合泊松分布,车头时距满足负指数分布。则车头时距的概率分布为:

$$P(h_v \geqslant t) = e^{-\lambda_v t} \tag{5-11}$$

式中:h_v——机动车车头时距(s);

$P(h_v \geqslant t)$——车头时距大于等于 ts 的概率;

λ_v——单位时间内机动车的平均到达率(veh/s)。

显然,车头时距小于 ts 的概率为:

$$P(h_v \leqslant t) = 1 - e^{-\lambda_v t} \tag{5-12}$$

设车流的流量为 q,则 $H_q = q/3600$,令 $\lambda H_q = \frac{1}{\lambda} = \frac{q}{3600}$,其中 H_q 表示车头时距分布的平均值。这样,负指数分布表达式为:

$$P(h_v \geqslant t) = e^{-t/H_q} \tag{5-13}$$

$$P(h_v < t) = 1 - e^{-t/H_q} \tag{5-14}$$

5.2.1.4　行人过街规律

由于在无信号路段行人是寻找车流间隙通过人行横道,在穿越过程中,行人和车流都会彼此相互影响。当行人到达路边时,会判断车道上行驶的车流是否有安全可穿越间隙,若临界间隙满足预期,则行人开始过街,否则就在路侧等待,而到达人行横道前的车辆也存在是否穿越人行横道的判断过程,这两个过程如图 5-12 所示。

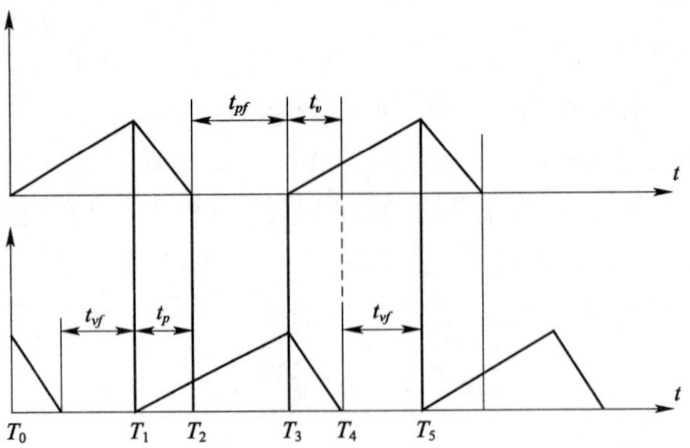

图 5-12　行人和机动车通过无信号人行横道时的聚散过程

t_p-行人过街时间;t_{pf}-行人等待时间;t_v-车辆过街时间;t_{vf}-车辆等待时间

图 5-11 中,上半部分表示行人过街的判断过程,下半部分表示车辆通过路段的判断过程。通常,由于行人处于弱势地位,所以行人在路边的等待时间要大于车辆的等待时间,而部分行人由于等候时间过长,会主动寻求穿越车道,通过逼停车辆的方式完成过街行为。而此时,行人对过街时间整周期的期望(即行人等待时间 + 过街时间)便是行人过街交通安全保障最重要的指标,也是路侧护栏、行人信号灯和车辆信号灯等交通安全设施设置最重要的依据。

而通常在行人过街相关研究中使用的间隙接受理论、离散选择模型、交通冲突理论以及计划行为理论这四种研究方法,都无法表征行人对于过街的时间特征,故需要采用生存理论模型来进行研究。

5.2.2　生存理论模型的建立

5.2.2.1　生存分析基本函数

生存分析(survival analysis)是将事件的结果(终点事件)和出现这一结果所经历的时间结合起来分析的一种统计分析方法,通常用在医学领域研究病人手术之后的生存率、中位生存期等问题。其优势在于:①允许有截尾数据(即非完整数据);②能够以时间为节点分析分布规律未知的数据,而且能很好地表征各点出现的概率。生存分析已被广泛地应用到农业、财经、旅游等领域,近年来,也逐步被运用到城市交通的研究中。部分学者在信号交叉口行人过街最大等待时间、交通拥堵持续时间的非参数估计、城市快速路瓶颈交通流失效问题以及通勤者出行行为特征分析等方面,都采用了这一理论模型。

生存分析模型包括生存函数、密度函数和风险函数 3 个概念。

(1)生存函数 $S(t)$,表示的是行人在 t 时间后仍然未完全通过人行横道的概率,函数表达式为:

$$S(t)=P(T>t)=1-P(T<t)=1-F(t) \tag{5-15}$$

式中:T——行人过街时间(s);

$F(t)$——行人过街时间 T 不超过某一时点 t 的概率。

(2)密度函数$f(t)$,表示在指定区间$(t,t+\Delta t)$时间范围内某一特定事件发生的概率,在本书中指行人过街时间在 t 时间点附近的概率密度,函数表达式为:

$$f(t)=\lim_{\Delta t\to 0}\frac{P(t<T<t+\Delta t)}{\Delta t} \tag{5-16}$$

(3)风险函数$h(t)$,表示行人在t时刻还在人行横道线上,在$(t,t+\Delta t)$时间范围内开始过街的条件概率(也称为风险率),函数表达式如下:

$$h(t)=\lim_{\Delta t\to 0}\frac{P(t\leqslant T<t+\Delta t\mid T\geqslant t)}{\Delta t}=\frac{f(t)}{S(t)} \tag{5-17}$$

而累计风险函数的表达式为:

$$H(t)=\int_0^t h(t)\,\mathrm{d}t \tag{5-18}$$

生存分析主要是利用收集到的样本数据估计生存函数、密度函数和风险函数。

将行人过街的整个过程视为一个生存过程,则行人从路边等待开始,直到完成过街行为的整个时间跨度称为其个人的生存时间,然后通过生存函数、密度函数和风险函数来研究其在过街过程中的时间特征。

5.2.2.2　生存模型统计方法

通常,生存理论模型不仅研究生存对象的时间分布,还需分析生存时间的影响因素,即协变量。协变量可分为时间相依协变量(Time Varying Covariates,TVC)和固定协变量(Time Invariant Covariates,TIC)。前者随时间变化,后者不随时间变化。因此,生存模型的统计方法非常复杂,主要可以分为参数、非参数和半参数三大类。参数法是在提前确定了生存函数的特定数学形式时采用;非参数法是在对数据分布规律未知的情况下,仅对生存对象未来结果研究时所使用的方法;半参数法是在确定了生存函数中的部分函数数学形式,其余部分完全不了解的情况下使用,该方法主要应用于样本量较小或对生存时间分布形式的预测不可靠时的情况。以上方法中的生存事件必须随即发生。

(1)参数法。

如果已知生存时间的分布能拟合为常规分布函数(包括指数分布、威布尔分布以及对数正态分布等),则可以使用此分布函数来对生存时间进行分析,称为参数法。此时,常采用最大似然估计对样本进行生存分析。

假设$f(t,\theta)$为生存时间t的概率密度,当样本量为n且各个样本相互独立的情况下,总体生存时间最大似然函数为$L^*=\prod_{i=1}^{n}f(t_i,\theta)$。若有截尾数据,可以假设一个 0-1 变量$d_i$,当$t_i$为完整数据时,$d_i=1$;当$t_i$为截尾数据时,$d_i=0$,此时对数似然估计函数$L(\theta)=\ln L^*(\theta)$,即:

$$L(\theta)=\sum_{i=1}^{n}d_i\ln f(t_i,\theta)+\sum_{i=1}^{n}(1-d_i)\ln S(t_i,\theta) \tag{5-19}$$

因$f(t,\theta)=\lambda(t,\theta)s(t,\theta)L(\theta)=\ln L^*(\theta)$,$\ln S(t,\theta)=-\wedge(t,\theta)$,所以此时最大似然函数可以表示为:

$$L(\theta)=\sum_{i=1}^{n}d_i\ln f(t_i,\theta)-\sum_{i=1}^{n}\wedge(t_i,\theta) \tag{5-20}$$

当已知生存时间符合某常规分布函数时,就可将相应的分布函数代入上述似然函数,通过最大似然估计法进行参数估计。估计出的参数是实际参数的一致估计,相应的信息矩阵的逆表示为：

$$\vee[\sqrt{n(\theta^{*}-\theta)}]=-\frac{\partial\theta\partial\theta}{n^{-1}\partial^{2}L(\theta)} \tag{5-21}$$

该公式可以用来计算参数估计值的方差协方差矩阵，进而可以进行区间估计。

(2)非参数法。

当生存时间的分布函数未知时，可以采用非参数法拟合该时间分布。其中常用的有寿命表法和 Kaplan-Meier(K-M)估计法，前者适用于大样本资料的生存分析，后者适用于小样本资料的生存分析。

Kaplan-Meier(K-M)估计法定义如下：假定样本量为 n，令 $t_1<t_2<\cdots<t_k$ 表示离散的生存时间。对于每个 $i=1,2,\cdots,k$，令 n_j 为在 t_i 时刻面临风险的样本个数，即风险集个数，令 d_i 为 t_i 时刻发生事件的个数，$s_i=n_i-d_i$，这样 d_i/n_i 就是对某观测对象刚好在 t_i 前生存，而在 t_i 发生事件的条件概率的估计。除生存时间 $t_1,\cdots,t_k$ 外，对那些生存时间未被观测到的对象设定一个截尾时间 L_j。

此时，平均生存时间为：

$$\hat{\mu}=\sum_{i=1}^{n}\hat{s}(t_{i-1})(t_i-t_{i-1}) \tag{5-22}$$

当样本量较大时，一般采用寿命表法。假定观测对象的事件发生时间为相邻但不重叠的区间内 $[(t_i-t_{i-1})]$，$i=1,2,\cdots,k+1$，这里 $t_0=0$，$t_{k+1}=\infty$。令 n_i 为进入区间 $[(t_{i-1}-t_i)]$ 的单位数，d_i 为在此区间内的事件发生数。又令 $b_i=t_i-t_{i-1}$，$n_i=n_i-w_i/2$，w_i 为在此区间内的截尾数量，n_i 为区间 $[(t_{i-1}-t_i)]$ 的有效样本量。t_{mi} 为区间 $[(t_{i-1}-t_i)]$ 的重点，则样本发生在区间 $[(t_{i-1}-t_i)]$ 的标志寿命表估计式为：

$$\hat{q}_i=\frac{d_i}{n_i} \tag{5-23}$$

估计标准差为：

$$\hat{\sigma}(\hat{q}_i)=\sqrt{\frac{\hat{q}_i\hat{p}_i}{n_i}} \tag{5-24}$$

这里 $\hat{p}_i=1-\hat{q}_i$。在 t_i 处的生存函数估计式为：

$$\hat{\sigma}(\hat{s}(t_i))=\hat{s}(t_{i-1})p_{i-1}=\prod_{j=1}^{i}\left(1-\frac{d_j}{n_j}\right)(i>0) \tag{5-25}$$

当 $i=0$ 时，$\hat{s}(t_i)=1$。这与 Kaplan-Meier(K-M)估计法的基本思路是一样的，K-M 估计法是寿命表法的一种极限情况。此时，函数生存函数的标准差为：

$$\hat{\sigma}(\hat{s}(t_i))=\hat{s}(t_{i-1})\sqrt{\sum_{j=1}^{i=1}\frac{\hat{q}_j}{n_j\hat{p}_j}} \tag{5-26}$$

5.2.3 数据采集和整理

通过实地调研共获得1300人次行人过街的相关信息(其中城乡接合部500人次，村镇路段800人次)，数据内容包括车流量、人流量、行人过街时间(等待时间+过街时间)、冲突车辆数(指行人在过街过程中与行人有冲突的车辆数)、行人的平均步速等。以四川省红军路西段行人过街数据统计为例,见表5-15。

四川省红军路西段行人过街数据　　表5-15

序号	h_1			h_2			h_3			…	h_6		
	$Q=1336$		$K=460$	$Q=1448$		$K=356$	$Q=1592$		$K=456$	…	$Q=1352$		$K=540$
	t	m	v	t	m	v	t	m	v	…	t	m	v
1	22	2	0.73	20	4	0.80	18	1	0.89	…	28	4	0.57
2	15	1	1.07	23	1	0.70	17	1	0.94	…	17	1	0.94
3	23	6	0.70	36	9	0.44	26	3	0.62	…	18	1	0.89
4	50	11	0.32	24	5	0.67	21	4	0.76	…	18	3	0.89
5	20	3	0.80	21	2	0.76	16	5	1.00	…	27	2	0.59
6	20	3	0.80	18	0	0.89	15	1	1.07	…	14	1	1.14
…	…	…	…	…	…	…	…	…	…	…	…	…	…
121	22	3	0.73	11	1	1.45	23	5	0.70	…	26	5	0.62

注:h_i为第i个小时(h);Q为小时车流量(辆/h);t为行人过街时间(s);K为小时过街人流量(人/h);v为行人过街平均步速(m/s);m为冲突车辆数(辆)。

5.2.4　城乡接合部行人过街交通特征分析

5.2.4.1　城乡接合部行人过街时间生存分析

由于行人过街时间分布规律未知,且样本量较大,故本文主要采用寿命表法计算生存函数和密度函数。以四川省广元市苍溪县红军路西段调研路段为例,根据SPSS数据分析软件中的生存分析模型计算生存函数和密度函数,如图5-13和图5-14所示。

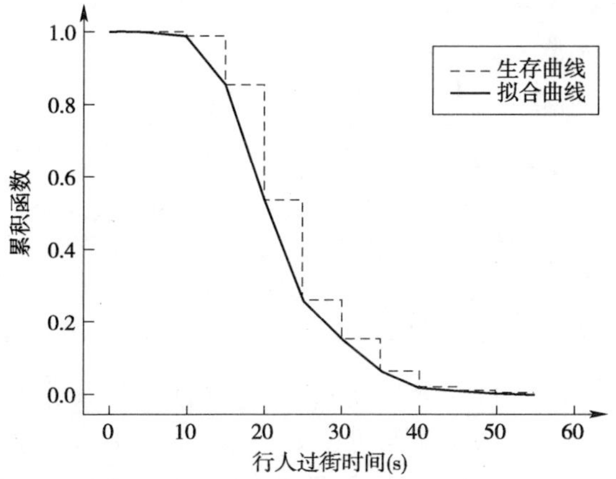

图5-13　红军路西段行人过街时间生存函数

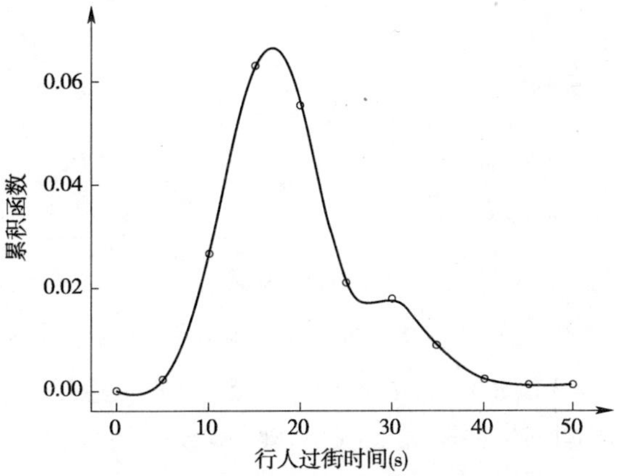

图5-14　红军路西段行人过街时间密度函数

同理,计算重庆市巴南区青华路、黑龙江省哈尔滨市新疆大街以及总体行人过街时间的生存函数和密度函数,如图5-15~图5-20所示。

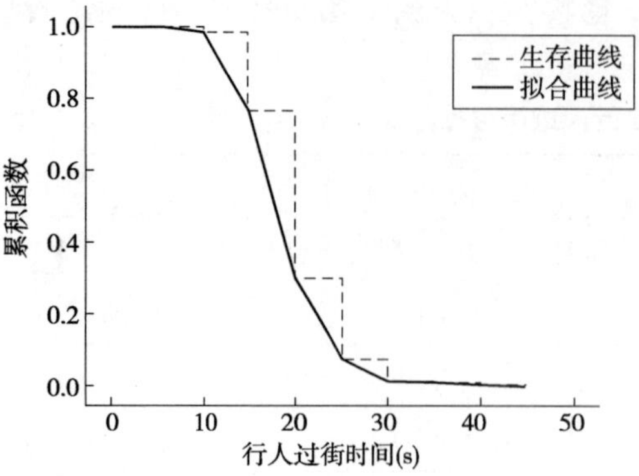

图 5-15　青华路行人过街时间生存函数

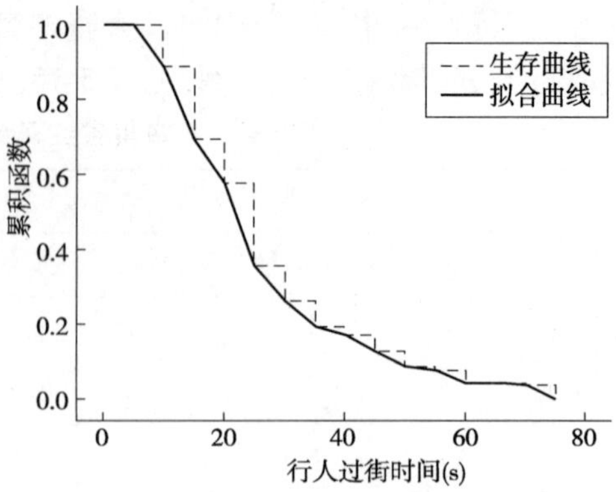

图 5-16　新疆大街行人过街时间生存函数

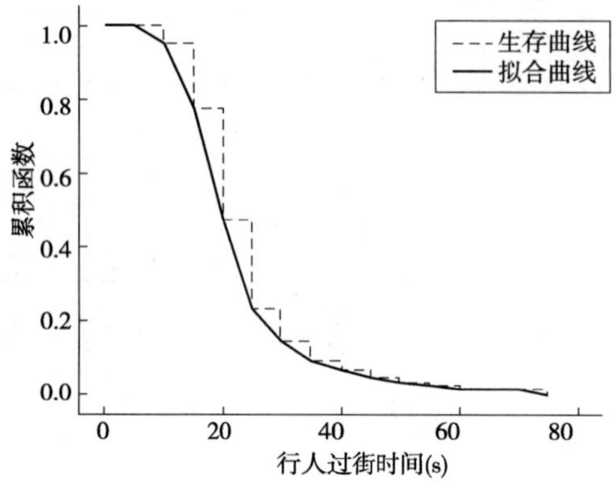

图 5-17　总体行人过街时间生存函数

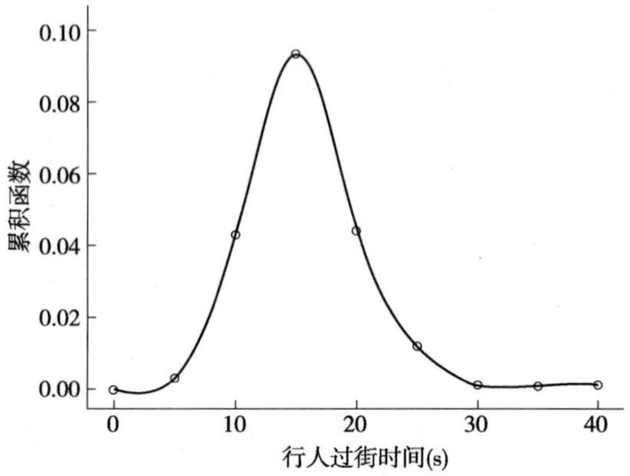

图 5-18　青华路行人过街时间密度函数

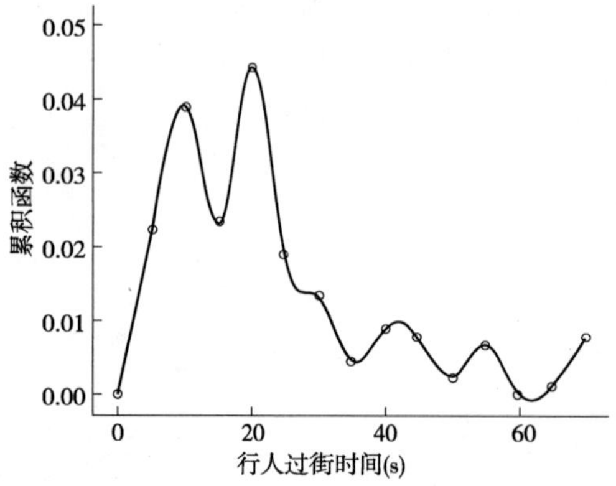

图 5-19　新疆大街行人过街时间密度函数

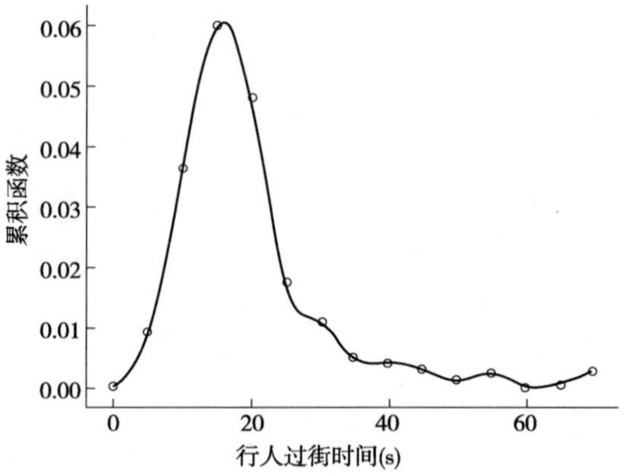

图 5-20　总体行人过街时间密度函数

由图 5-13、图 5-15 ~ 图 5-17 的生存函数复合曲线可以看出，随着时间的增加，行人过街时间的生存率逐渐减小，即行人过街的耗时等于 t 的概率逐渐减小，其中位生存率（50% 累计生存率）和 20% 生存率所对应的时间分别约为 20s 和 30s，即有 50% 的行人过街时间小于等于 20s，而有 80% 的行人过街时间小于等于 30s。因此，城乡接合部路段的交通安全设施在设置时可以考虑满足大多数行人的过街需求，将设计参数设置为 30s。

同时，可以看到这些曲线在 50s 左右（哈尔滨市新疆大街除外），其累积生存率趋于 0，表明行人最大过街时间为50s左右,也就是说城乡接合部路段的行人过街比城区内的行人过街所用的总时间更短,所能忍受的最大等待时间也更短。

而由图5-14、图5-18~图5-20可以看出,在通常情况下,城乡接合部路段行人过街时间满足正态分布模型,其等待时间集中在15~25s之间,并在20s左右最为集中,且函数较为陡峭,表明等待时间集中度较高。同时,当遇到特别情况(例如冰雪条件)时,行人过街时间的正态分布函数特征不明显。

5.2.4.2　生存函数和密度函数的曲线拟合

由于SPSS数据分析软件中生存分析模型的寿命表法只能得出生存函数和密度函数的分布图,因此,还需要采用Matlab对所计算的生存函数和密度函数进行曲线拟合。

取总体生存函数中 $x=0,5,10\cdots70$ 的14个位点对生存函数进行线性拟合。经过比对,发现运用高斯(Gaussian)函数(Ⅱ型)对数据的拟合效果最好,如图5-21所示。

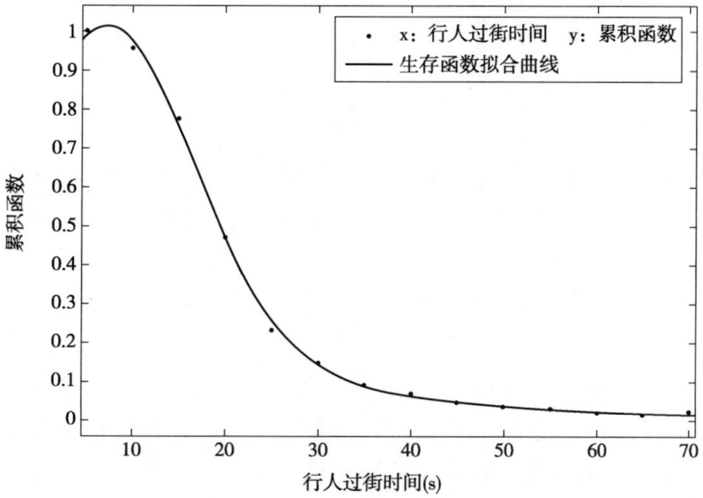

图5-21　生存函数拟合曲线

则低等级公路中城乡接合部路段行人过街时间生存函数拟合公式如下:

$$S(\mathrm{t})=0.8047\times\exp\left[-\left(\frac{t-7.689}{12.9}\right)^2\right]+0.298\times\exp\left(-\frac{t+21.59}{48.93}\right) \tag{5-27}$$

$r^2=0.9976$(95%置信区间)

根据该生存公式可以得出在任意时间 t 内行人过街的百分比,例如代入 $t=40\mathrm{s}$,则对应的 $S(t)=0.089$,即还有8.9%的行人无法在40s内完全过街,而有91.1%的行人能够在40s内完成过街行为。该公式主要是为城乡接合部无信号交叉口人行信号灯信号配时以及人行道隔离设施设置长度提供计算依据。

同理,对密度函数的数据进行拟合,如图5-22所示。

则低等级公路中城乡接合部路段行人过街时间密度函数公式如下:

$$f(\mathrm{t})=0.05279\times\exp\left[-\left(\frac{t-15.67}{7.069}\right)^2\right]+0.01045\times\exp\left[-\left(\frac{t-21.48}{18.71}\right)^2\right] \tag{5-28}$$

$r^2=0.9904$(95%置信区间)

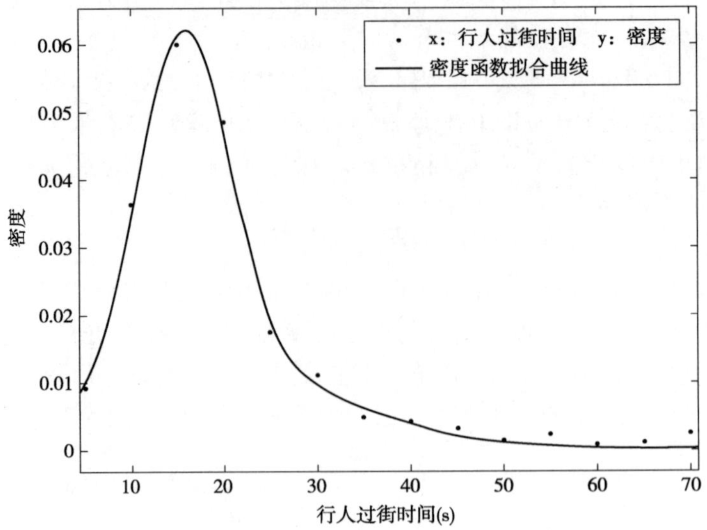

图 5-22 密度函数拟合曲线

根据该时间密度函数公式可以得出在任意时间 t 的时间点上完成过街行为的行人比例，例如代入 $t=19$s，则 $f(t)=0.061$，则有 6.1% 的行人过街时间为 19s，是对行人过街时间密度的量化。

5.2.4.3 行人过街等待时间的影响因素分析

目前，在生存理论中，对生存时间的影响因素分析通常采用 Cox 比例风险模型（proportional hazards regression model）。Cox 比例风险模型是一种采用偏似然函数对协变量进行估计，来研究各协变量对生存时间影响大小的计算模型，是介于参数和非参数模型之间的一种半参数回归方法，结合了参数模型和非参数模型两者的优点，其表达式为：

$$h(t,x)=h_0(t)e^{(\beta_1x_1+\beta_2x_2+\cdots\beta_nx_n)} \tag{5-29}$$

式中：$h_0(t)$——t 时刻的基准风险率；

β_i——各影响因素的回归系数；

x_i——影响因素。

由于 $h_0(t)$ 代表 t 时刻的基准风险率（即所有影响因素为 0 时的风险率），是一个 t 时刻的固定参数，因此，要研究 $h(t,x)$ 中各协变量对样本的影响，实际上只需要研究 $e^{(\beta_1x_1+\beta_2x_2+\cdots\cdots\beta_nx_n)}$ 部分即可。

根据文献中对于路段参数的选取，结合实际数据，选用的城乡接合部路段行人过街时间的影响因素包括：小时车流量 Q，小时过街人流量 K，冲突车辆数 m（指行人在过街过程中与行人有冲突的车辆数）以及道路宽度 L。

选取低等级公路城乡接合部实地调研所获取的 500 人次行人过街时间相关参数，利用 SPSS 数据分析软件中的 Cox 比例风险模型计算参数见表 5-16。

由表 5-16 可以看出，影响因子的系数估计值 β_1 为 0.029，β_2 为 −0.073，β_3 为 −0.264，β_4 为 −0.161，则城乡接合部路段行人过街时间回归模型为：

$$h(t,x)=h_0(t)e^{(0.029Q-0.073K-0.264\mathrm{m}-0.161L)} \tag{5-30}$$

Cox 比例风险模型参数计算表　　　　表 5-16

影 响 因 子	系数估计值 β	标准误 SE	Wald 检验值	自由度 df	显著性水平 Sig	Exp(β)
车流量	0.029	0.035	0.683	1	0.409	1.029
过街人流量	-0.073	0.069	1.133		0.028	0.930
冲突车数	-0.264	0.028	88.532		0.011	0.768
道路宽度	-0.161	0.025	41.016		0.009	0.851

其中 β_1 值小于 0.05，可以忽略不计，表明车流量对行人过街时间没有直接影响。但考虑到车流量越大，在过街人流量一定的情况下，车流间隙越小，冲突车数就越多，行人过街时间也就越长，所以认为其是一个隐性的影响因素；而过街的人流量、冲突车数以及道路宽度是对城乡接合部路段行人过街时间有直接关联的因素，其中以冲突车数的影响因子最大。

5.2.5　村镇路段行人过街交通特征分析

5.2.5.1　村镇路段行人过街时间生存分析

根据上节分析方法，村镇路段行人过街时间分析也采用寿命表法计算生存函数和密度函数。根据 SPSS 数据分析软件中的生存分析模型，首先计算生存函数如图 5-23 ~ 图 5-28。

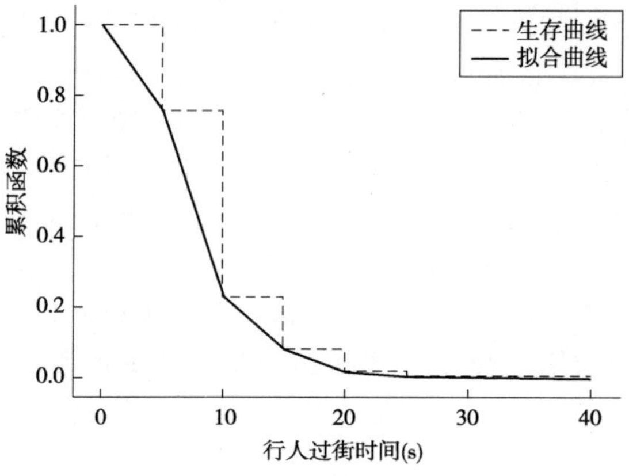

图 5-23　顶云乡行人过街时间生存函数

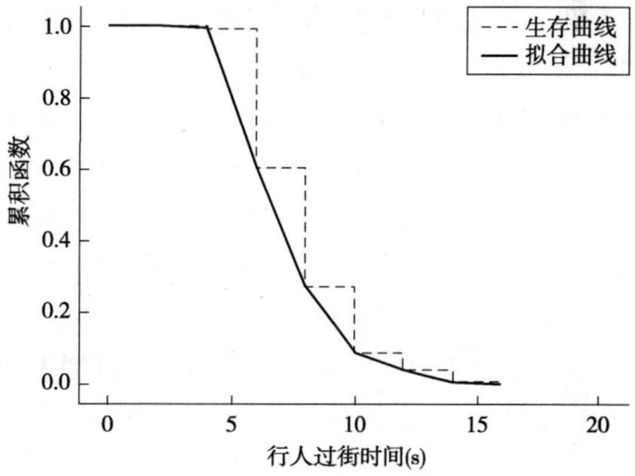

图 5-24　向阳镇行人过街时间生存函数

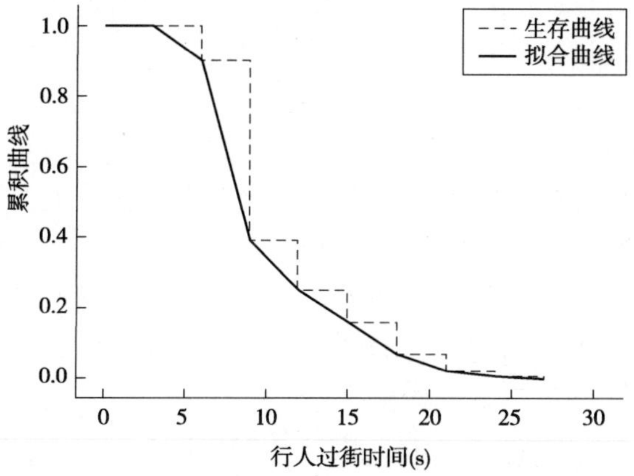

图 5-25　仁里集镇行人过街时间生存函数图

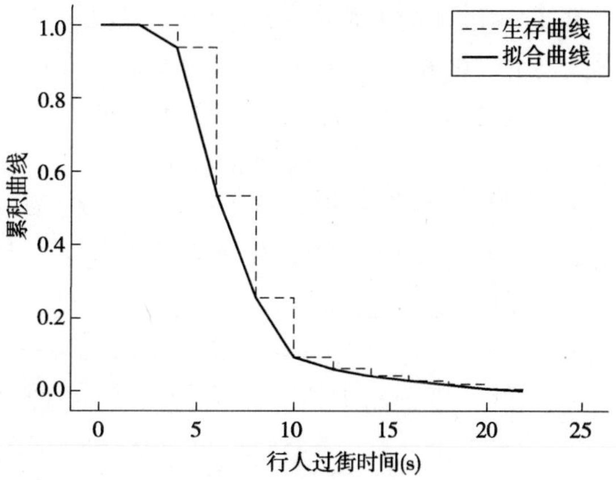

图 5-26　大枳镇 1 行人过街时间生存函数

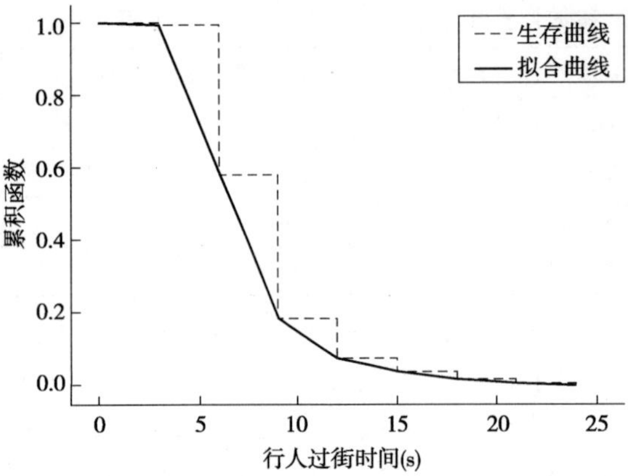

图 5-27　大枳镇 2 行人过街时间生存函数

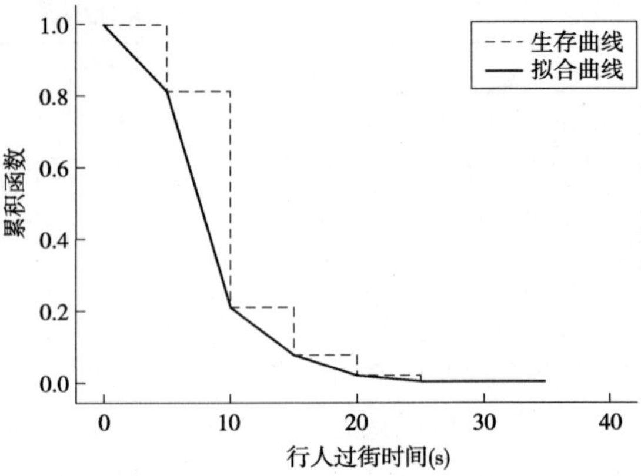

图 5-28　总体行人过街时间生存函数

由图 5-23 ~ 图 5-28 可以看出，随着时间的增加，行人过街时间的生存率逐渐减小，即行人过街的耗时等于 t 的概率逐渐减小，贵州省顶云乡、湖南省向阳镇、山东省仁里集镇和浙江省大枳镇调研路段的生存函数在不同的位置达到 20% 生存率，分别为 10s、8s、12s、8s、9s；村镇调研路段总体生存函数的 20% 生存率对应的是 10s，即有 80% 的行人过街时间小于等于 10s，这与城乡接合部调研路段的数据差别较大，主要因为村镇路段道路一般为双向 2 车道(车道宽度为 7 ~ 7.5m)，并且交通冲突较少，行人能很顺利地过街。同时，五个调研路段的 50% 生存率分别为 7s、6s、7s、6s、6s，总体生存函数的 50% 生存率对应的是 7s，即有 50% 的行人过街时间小于等于 7s，是生存函数的中位值。故针对村镇路段行人等待时间并不长的情况，无须在整个路段加装交通安全设施，而只需要在特殊路段(例如大中型商店、超市和重要的平交口、接入口以及中小学周围)加强交通安全设施即可。

同时，可以看出这些生存率曲线趋于 0 时所对应的时间也是不一样的，分别为 20s、15s、23s、19s、21s，总体生存函数在 21s 左右趋于 0，这表明所有人在 21s 内都能完成过街行为，低于正常行人的忍耐时间，所以村镇路段相对来说冲突更少，行人遭遇冲突车辆而强行过街的行为也更少。

接下来是对行人过街时间密度函数的研究，由图 5-29 ~ 图 5-34 可以看出，村镇调研路段的行人过街时间满足正态分布模型，其过街时间集中在 3 ~ 13s 之间，并在 7s 左右最为集中，表示村镇路段在 7s 的时候完成过街的行人数量最多；从总体密度函数来看，左右两边线性衰减较快，这表明行人过街时间的集中度较高。

5.2.5.2　生存函数和密度函数的曲线拟合

因 SPSS 数据分析软件中生存分析模型的寿命表法只能得出生存函数和密度函数的分布图，故还需要采用 Matlab 对所计算的生存函数和密度函数进行曲线拟合。

取总体行人过街时间生存函数中 $x=0,2,4,5,6,8,\cdots,24$ 的 16 个位点对生存函数进行线性拟合经过比对，发现运用高斯(Gaussian)函数(Ⅱ型)对数据的拟合效果最好，如图 5-35 所示。

则低等级公路中村镇路段行人过街时间生存函数拟合公式如下：

$$s(t)=2.388\times\exp\left[-\left(\frac{t-6.815}{8.335}\right)^2\right]+3.049\times\exp\left[-\left(\frac{t-5.255}{9.160}\right)^2\right] \tag{5-31}$$

$r^2=0.993$(95% 置信区间)

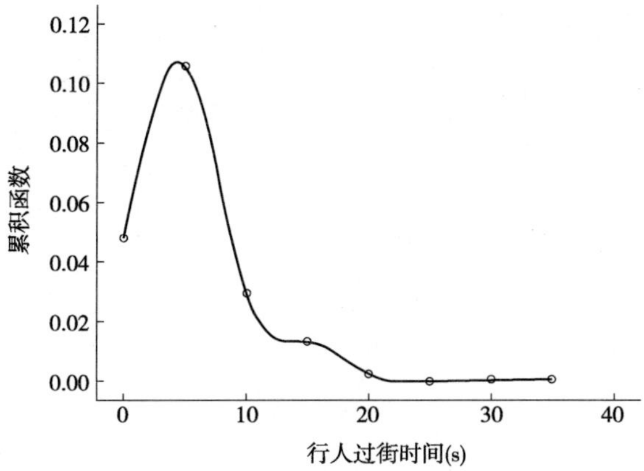

图 5-29　顶云乡行人过街时间密度函数

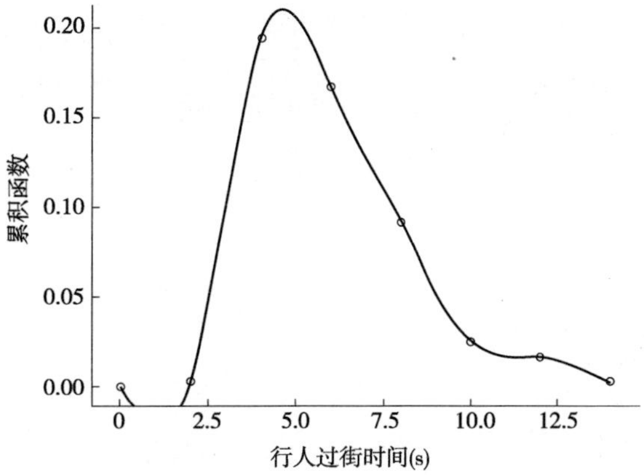

图 5-30　向阳镇行人过街时度函数

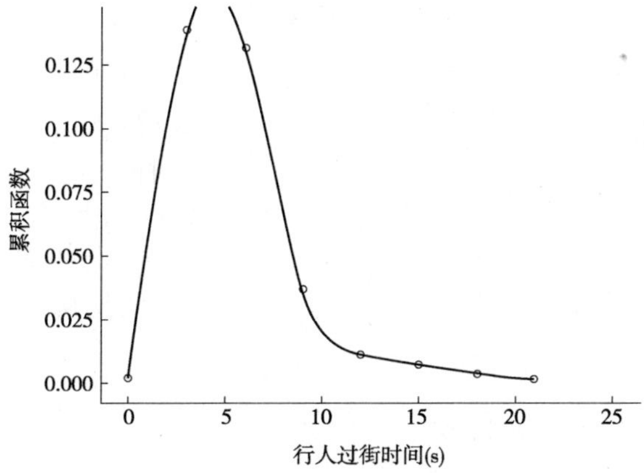

图 5-31　大枳镇 2 行人过街时间密度函数

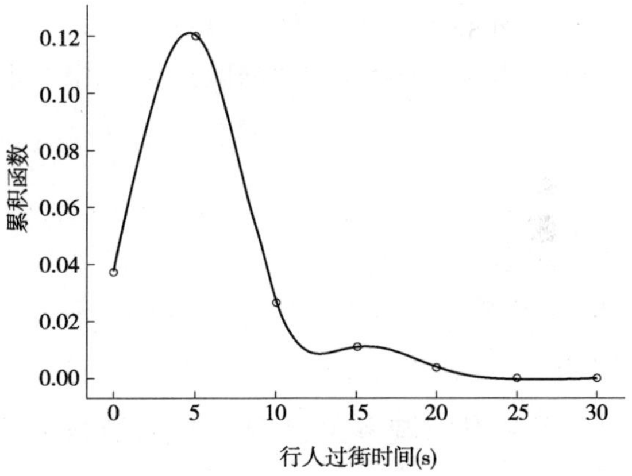

图 5-32　总体行人过街时间密度函数

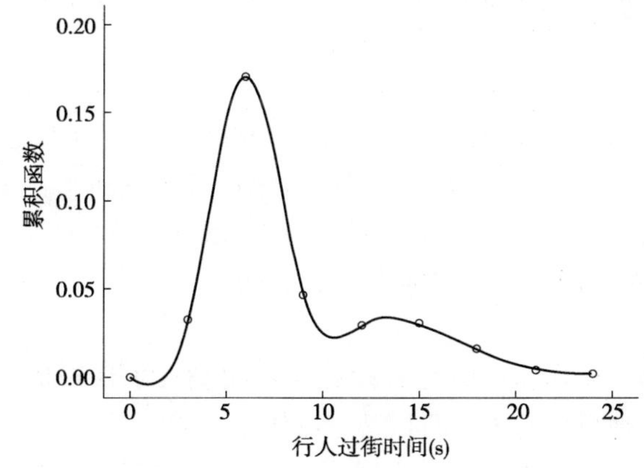

图 5-33　大枳镇 2 行人过街时间密度函数

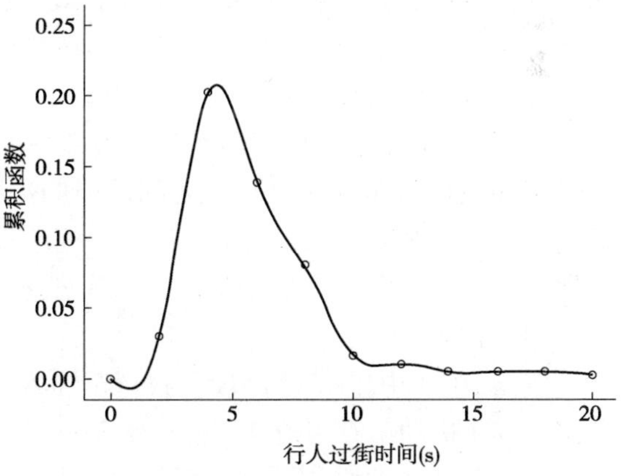

图 5-34　总体行人过街时间密度函数

根据该生存公式可以得出在任意时间 t 内行人能够过街的百分比，例如代入 $t=15\text{s}$，则对应的 $S(t)=0.082$，即还有 8.2% 的行人无法在 15s 内完全过街，而有 91.8% 的行人能够在 15s 内完成过街行为，该公式主要是为低等级公路穿村镇路段的特殊点（如大中型商店、超市和中小学周围）设置交通安保设施时提供计算依据。

同理，对密度函数的数据进行拟合，如图5-36所示。

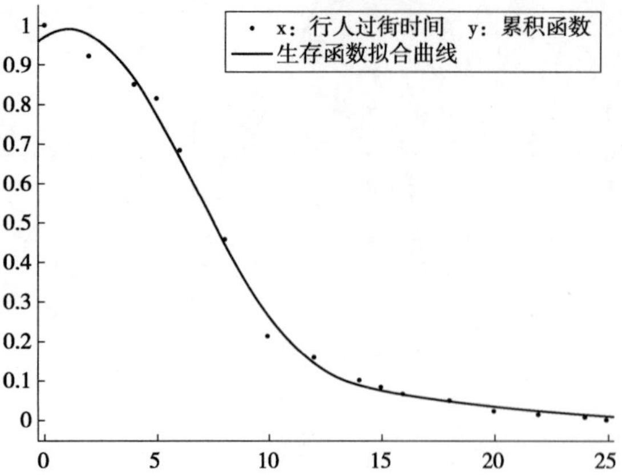

图5-35　生存函数拟合曲线图

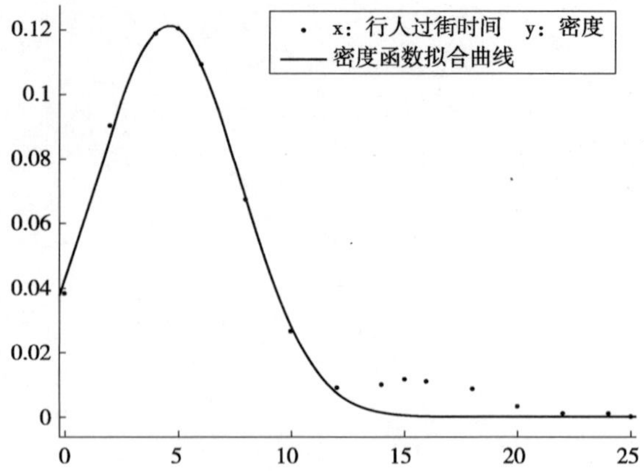

图5-36　生存函数拟合曲线图

则低等级公路中村镇路段行人过街时间密度函数拟合公式如下：

$$s(t)=0.1214\times\exp\left[-\left(\frac{t-4.583}{4.453}\right)^2\right] \tag{5-32}$$

$$r^2=0.9841(95\%\text{置信区间})$$

根据该时间密度函数公式可以得出在任意时间 t 的时间点上过街的行人比例，例如代入 $t=5\text{s}$，则 $f(t)=0.121$，则有12.1%的行人花费5s时间过街，是对行人等待时间密度的量化。

5.2.6　城乡接合部和村镇路段机非交通冲突分析

由于设计指标较低，设计车流量较小，低等级公路（三级及以下）主要起到连接乡镇的作用。在低等级公路的村镇路段上，由于车流量较小，车辆主要是自由行驶，而且主线通常是双向2车道的情况，所以不存在机动车和非机动车之间的横向干扰。

而在低等级公路的城乡接合部路段，因为过境车流和当地车流的混合，导致车流量增加，通常路面也被拓宽为双向4车道或双向6车道，在这种情况下，虽然车流以自由流为主，但是也存在机动车与非机动车之间的横向冲突，这种冲突主要表现在两方面：当非机动车在机动车侧向同速行驶并且距离较近时，机动车驾驶人由于安全原因会降低车速行驶，被称为摩擦干扰；当非机动车从机动车变道行驶，迫使机动车减速，被称为阻滞干扰。

（1）摩擦干扰。

美国HCM中显示，当路段上自行车临近机动车行驶时，机动车车流会主动降速约4km/h，若路段有非机动车专用道且宽度在4.27m以上，则自行车不会对机动车有任何影响。

摩擦干扰主要采用流体力学原理分析非机动车对机动车车流的干扰。当机动车流越接近非机动车流时，其所受干扰越大，模型表达式为：

$$F_y=u\frac{w}{y}(v_1-v_2) \tag{5-33}$$

式中：F_y——机动车受到的干扰(N)；

u——机动车动力粘度(kg/s)；

w——车道总宽度(m);

y——机动车与非机动车的间距(m);

v_1——机动车车流均速(m/s);

v_2——靠近非机动车的机动车时速(实际也是非机动车车速)(m/s)。

同时,还可以采用 logistic 分布模型对非机动车和机动车车速变化进行定量分析,模型表达式为:

$$f(v)=\frac{\exp\left(\frac{v-u}{\sigma}\right)}{\sigma\left[1+\exp\left(\frac{v-u}{\sigma}\right)\right]^2} \tag{5-34}$$

式中:$f(v)$——分布概率;

v——机动车时速(m/s);

u——分布的均值(m/s);

σ——方差。

经过数据提取,在调研地区城乡接合部的 656 辆非机动车中,有 82 辆非机动车存在贴近机动车车流行驶、对机动车有摩擦干扰的情况,占比 12.5%,由于低等级公路城乡接合部的车流多数是自由流,非机动车普遍都在路侧行驶,所以实际只有较少非机动车会行驶在主车道中,贴近机动车车流行驶。

通过 SPSS 数据处理软件对机动车受到摩擦干扰前后速度分布进行计算,如图 5-37、图 5-38所示。

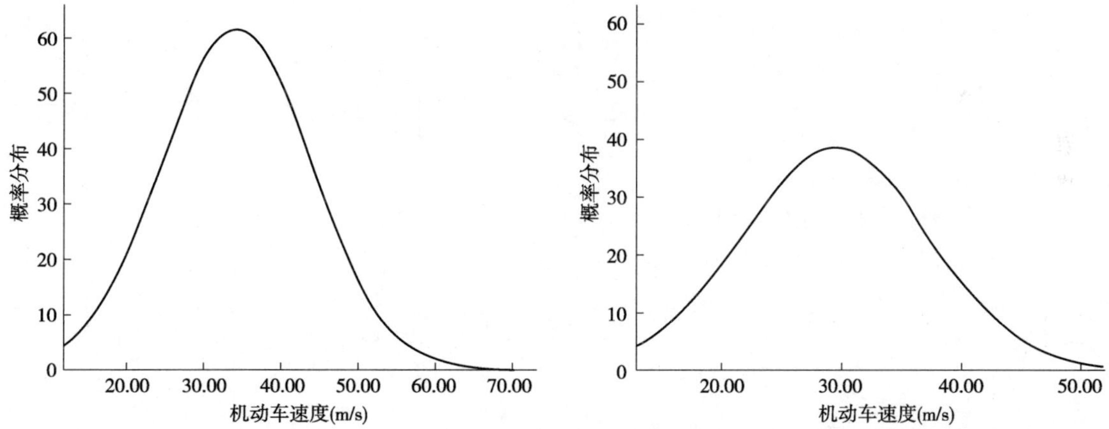

图 5-37　机动车干扰前后速度分布 I

由图 5-37、图 5-38 是通过 k-s 检验得到的正态分布检验数据,机动车在受到非机动车摩擦干扰前后速度分布的 k 值分别为 0.588 和 0.751,P 值(即 sig 值)分别为 0.880 和 0.625,表明正态分布明显。

由图 5-37 可以看出,机动车在受到非机动车摩擦干扰前的平均车速为 34.2km/h,在受到摩擦干扰后的平均车速为 29.4km/h,平均降速 4.8km/h,降速比例为 14%。可见,当非机动车贴近机动车行驶的时候,机动车会受到较大干扰。

单样本Kolmogorov-Smirnov检验

		VAR00001
N		82
正常参数[a,b]	中值	34.2183
	标准差	9.71713
最大差异列表	最大绝对值	0.76
	最大正值	0.76
	最大负值	-0.51
检验Z值		0.588
两侧检验显著值		0.880

a.检测分布正常
b.结果从数据计算得到

单样本Kolmogorov-Smirnov检验

		VAR00001
N		82
正常参数[a,b]	中值	29.3983
	标准差	7.75282
最大差异列表	最大绝对值	0.97
	最大正值	0.97
	最大负值	-0.83
检验Z值		0.751
两侧检验显著值		0.625

a.检测分布正常
b.结果从数据计算得到

图 5-38　机动车干扰前后速度分布指数 I

(2)阻滞干扰。

通常在车流缓慢的非自由流中,非机动车由于其灵活小巧的特点在机动车车流中穿梭,从侧后方超越机动车并在机动车前方行驶,这个超车的过程对机动车驾驶人的影响非常大,被称为阻滞干扰。通常研究机非混合交通中的阻滞干扰时,以流体力学原理和概率分布这两种方法为主。

经过数据提取,在调研地区城乡接合部的 656 辆非机动车中,有 25 辆非机动车存在从侧后方超越机动车行驶、对机动车有阻滞干扰的情况,占比 3.8%。由于低等级公路城乡接合部路段的车流多数是自由流,车速一般较快,非机动车普遍都在路侧行驶,所以发生阻滞干扰的情况比例较低,这与正常市区内和城郊大型商住区产生的城乡接合部的情况有所不同。

采用 logistic 分布模型对阻滞干扰进行定量分析,模型表达式见式(5-35),计算结果如图 5-39、图 5-40 所示。

$$f(v)=\frac{\exp\left(\frac{v-u}{\sigma}\right)}{\sigma\left[1+\exp\left(\frac{v-u}{\sigma}\right)\right]^{2}} \tag{5-35}$$

式中:$f(v)$——分布概率;

v——机动车时速(m/s);

u——分布的均值(m/s);

σ——方差。

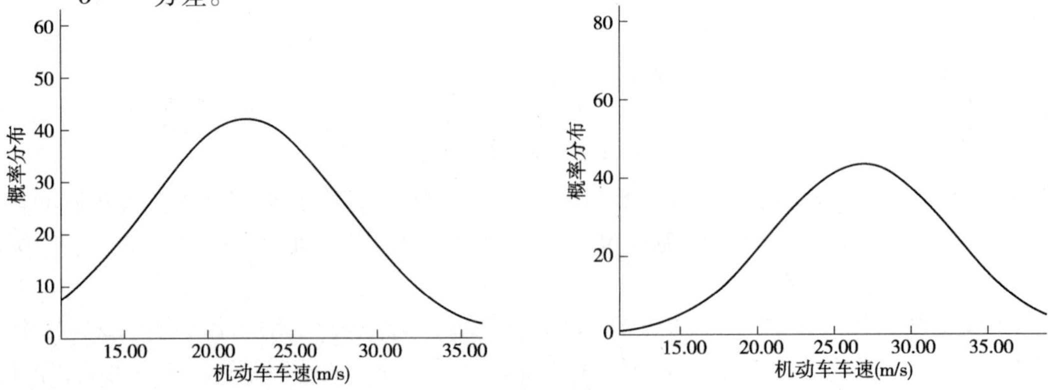

图 5-39　机动车干扰前后速度分布 II

单样本Kolmogorov-Smirnov检验

		VAR00001
N		25
正常参数[a,b]	中值	22.2800
	标准差	5.92895
最大差异列表	最大绝对值	0.200
	最大正值	0.200
	最大负值	-0.106
检验Z值		1.002
两侧检验显著值		0.268

a.检测分布正常
b.结果从数据计算得到

单样本Kolmogorov-Smirnov检验

		VAR00001
N		25
正常参数[a,b]	中值	26.8600
	标准差	5.72101
最大差异列表	最大绝对值	0.110
	最大正值	0.070
	最大负值	-0.110
检验Z值		0.549
两侧检验显著值		0.924

a.检测分布正常
b.结果从数据计算得到

图 5-40　机动车干扰前后速度分布指数Ⅱ

通过 k-s 检验得到的正态分布检验数据，机动车在受到非机动车阻滞干扰前后速度分布的 k 值分别为 1.002 和 0.549，P 值（即 sig 值）分别为 0.268 和 0.924，表明正态分布明显。

由图 5-38 可以看出，机动车在受到非机动车阻滞干扰前的平均车速为 26.9km/h，在受到摩擦干扰后的平均车速为 22.3km/h，平均降速 4.6km/h，降速比例为 17.1%。可见，当非机动车从侧后方对机动车进行超车的时候，机动车会受到很大干扰，同时可以看出，当机动车平均车速较低（低于正常行驶速度 34.2km/h）的时候，容易发生阻滞干扰。

5.3　横向抗干扰综合处置措施

5.3.1　城乡接合部与村镇路段典型安全问题及改善思路

5.3.1.1　城乡接合部路段典型交通安全问题及改善思路

（1）城乡接合部路段典型交通安全问题。

城乡接合部是兼具城市和乡村土地利用性质的城市与乡村地区的过渡地带，是城市与公路之间的连接通道，同时也是人口构成、人口密度、建筑密度、产业结构、工作性质等要素激烈转换的地带，其主要交通问题表现在以下几个方面。

①使用功能错位。

随着城市的不断扩张，原有的低等级公路被转化为城乡接合部道路，大量居民、商铺、工厂在道路两旁聚集，使得城乡接合部路段不仅承担城市-城市、城市-乡镇的连接作用，也要满足沿线居民、企业的生活、贸易需要，因此，城乡接合部路段改变了原有低等级公路的设计功能，在一段时期内无法满足过境交通和周围居民、工厂的生活、通勤需求。

②缺乏相应的硬件设施。

低等级公路与城市道路在线形设计、路幅结构、照明情况、安全设施、交通环境、交通管理等方面存在较大差异。例如，城市道路一般为双向 4 车道以上，路幅较宽，并设有人行道和机非分隔带将行人、机动车、非机动车有序分离，同时夜间提供照明，在交叉口处设置有信号灯，交通管理较为有序；相反，低等级公路线性指标较差，路侧无任何分隔带，且在交叉口、平交口等处无任何交通控制设施，对车辆的管理和引导功能很弱。以上差异决定了处于城市道路和低等级公路之间的城乡接合部路段实际交通供给与安全通行的交通需求存在巨大矛盾。同时,由于城乡接合部通常都是城市扩张未完善的地带,基础设施较为薄弱,所以,其硬件设施非常缺乏。

③交通环境较差。

低等级公路的城乡接合部路段车流以过境轿车和中型客车为主,通常交通量较大且车速较快,由于缺乏交通安全设施导致交通环境恶化,具体表现在:机非混行情况十分严重,交通流呈现无序状态;车流构成混杂使得车速差异较大,超车现象严重,容易导致追尾等交通事故;交叉口缺乏信号控制或渠化,导致交通冲突点位增加,危险性加大;交通监管措施不到位,导致驾驶员交通安全意识淡薄,行车不规范,容易诱发交通事故。

④对过街行人的保护不足。

低等级公路的城乡接合部路段行人以中青年为主,当车流量越大、人流量越多时,由于车流间隙更小,其行人的速度、加速度往往越大,表现为行人匆忙过街,容易导致交通事故的发生,路段更为危险。而目前大多数城乡接合部,无论是普通路段还是交叉口路段,都缺乏工程措施对行人进行保护。

(2)城乡接合部路段交通安全改善思路。

通过对低等级公路城乡接合部路段主要交通问题的梳理,可以得出其交通安全保障改善的思路如下。

①明确城乡接合部路段功能和特点。

交通管理部门必须从规划、建设方面明确城乡接合部的连接通道作用,以及服务当地居民和工厂的作用;必须认识到由于缺乏硬件设施和交通监管水平而导致城乡接合部路段的无序和危险性,提高对城乡接合部路段交通安全的重视。

②加强硬件设施建设。

为了提高城乡接合部路段的安全性,需要加强路幅结构、交通安全设施、照明设施等硬件设施的建设。由于城市道路的设计标准高于低等级公路的设施标准,所以城乡接合部路段的规划、设计、建设应主要按照城市道路的规范执行,同时需要兼顾城乡接合部路段的车流、人流特征。

③采用交通工程措施改善交通环境

低等级公路城乡接合部路段的交通环境改善需从以下几个方面来进行,包括:采用中央隔离和机非隔离来分离机动车和非机动车;采用各种交通工程措施对路段进行控速,降低路段车流的速度差,减少超车现象;对交叉口进行渠化或设置交通信号灯对各方向的车流分时段放行,减少交通冲突;采用交通违章拍照系统等设施,将城乡接合部路段纳入城市道路交通监管的范围,加强对驾驶人的约束。

④加强对过街行人的保护。

由于过街行人在发生人车冲突时处于弱势地位且容易受到严重伤害,故需要采用行人信号灯和路侧隔离设施等措施,保障过街行人的安全。

5.3.1.2 *村镇路段典型交通安全问题及改善思路*

(1)村镇路段典型交通安全问题。

低等级公路村镇路段由于交通组成复杂,公路街道化严重,路侧干扰大,同时,经济发展水平低,基础设施情况较差,在人流较为集中的地方如大中型超市和学校路段容易发生交通事故，其主要交通问题表现在以下几个方面。

①缺乏系统规划。

由于农村地区缺少房建和道路规划，所以农民普遍把房子修在国道、县道等公路的两旁以方便进城和交换货物。而由于集聚效应，村镇地区的主要商品交易活动都在公路主线两旁展开，在一些中小型的集市、商店和学校附近，过境车流和当地生活商贸车流、人流交织，产生了大量的交通冲突和车辆拥堵情况（图5-41）。

图5-41　某低等级公路村镇路段（附近有集市）

②缺乏相应的硬件设施。

通常，低等级公路村镇路段无论从线形设计、路幅结构、交通安全设施等方面，都与普通公路路段并无差异，道路狭窄且两旁无人行道导致多数行人在公路主线的车道上行走，当有车辆接近时靠路边行走避让车辆，容易造成行人避让不及发生交通事故。同时，中小型村镇严重缺乏必要的标志标线及减速设施，对过境车流的速度控制不足，严重威胁着村镇路段过街行人的交通安全。

③当地农民缺乏交通安全意识。

由于我国农村地区人口素质普遍较低，且缺乏必要的交通安全教育，导致行人对过往车流的警惕性不高，在面对人车冲突时往往不能采取正确的避让行为，有发生交通事故的危险。

（2）村镇路段交通安全改善思路。

通过对低等级公路村镇路段主要交通问题的梳理，可以得出其交通安全保障改善的思路如下。

①加强系统规划。

当地政府应大力加强村镇路段的房建规划，避免过多农民在公路两旁建房，影响主路通行，同时要避免人流聚集的大中型集市、商超和学校等分布在公路主线两侧，减少行人过街的频率。除此之外，由于过境车辆对村镇内部车流及人流有严重干扰，需采用改线的方式将过境车辆进行分流。

②道路市政化改造。

针对低等级公路村镇路段缺乏人行道、减速设施、交通标志标线等硬件设施的情况，需要对村镇路段进行市政化改造，以达到降低车速、减少交通冲突，保障行人交通安全的目的。

③加强交通安全教育。

交通管理部门应采取多种方式对村镇路段的驾驶人和行人进行交通安全教育，普及交通法律法规，警示驾驶人及行人注意交通安全。

5.3.2 城乡接合部综合安全保障对策研究

5.3.2.1 普通路段

普通路段的交通安全保障应从隔离设施、路段控速以及行人过街保护设施这三个方面进行研究。

(1)中央分隔带隔离。

中央分隔带指的是沿道路中线纵向设置的分隔车行道所用的带状设施。其优点在于能分离对向交通流,同时抑制行人横穿马路的行为,维护交通秩序和保证交通安全。

根据美国道路交通行业的相关研究,中央隔离带是重要的道路交通安全设施之一,安装中央隔离带的路段交通事故率远远低于无隔离设施的同类路段,同时交通事故死亡率能够减少65%。美国中央分隔带建议宽度见表5-17。

美国中央分隔带建议宽度(m) 表5-17

中央分隔带功能	最小宽度	理想宽度
分隔对向车流	1.2	3.0
行人过街安全岛	1.8	4.2
路口渠化时的左转车道	4.2	6.0
车辆穿越中央分隔带的安全等候区	6.0	12.0
车辆掉头	7.8	18.0

注:当中央分隔带宽度<1.8时,必须通过缩小直行车道宽度才能渠化左转交通。

而日本国土狭小,人口众多,属于土地资源奇缺的国家,故日本推荐双向大于等于4条机动车车道的道路设置中央分隔带,同时规定在交叉口处,中央分隔带可渐变为行人过街的交通安全岛,以保障过街行人的人身安全。除此之外,日本还规定分隔带宽度需>0.5m,且中央分隔带的宽度需根据车道数的变化进行调整,其中,双向4车道路段的中央分隔带宽度一般为1.5m,双向6车道道路的中央分隔带宽度一般为4.5m。

目前,我国的中央隔离方式主要有三种,包括:双黄线隔离、中央绿化带隔离以及中央栅栏隔离。

①双黄线隔离。

当双向车道数≥4条而没有其他中央分隔带形式时,应采用双黄线区分不同方向的车道(图5-42)。双黄线的作用是严禁超车、转弯、掉头等跨越分割线行为,设置宽度一般为15~20cm,应用于路面宽度不足、车流量较小的情况。

②中央栅栏隔离。

中央栅栏隔离主要采用钢架和塑钢材料制成的栅栏进行隔离,其具有养护成本低、寿命长、强度高等特点,是目前主流的中央隔离形式,通常应用于路面宽度不足但车流量较大的情况(图5-43)。

③中央绿化带隔离。

中央绿化带隔离主要应用于对景观要求较高、路面宽度较大的路段,其具有美化城市、消除驾驶人视觉疲劳以及预留车道空间等优点(图5-44、图5-45)。同时,中央绿化带还有净化环境、消音滞尘以及吸收有害气体的作用。

图 5-42　双黄线隔离

图 5-43　中央栅栏隔离

图 5-44　中央绿化带隔离

图 5-45　中央绿化带隔离

综合以上中央分隔带的使用条件及实际效果，结合相关规范，可得中央分隔带设置条件见表 5-18。

中央分隔带设置条件表　　表 5-18

中央隔离形式	设 置 条 件
双黄线隔离	路面宽度≤16m，中央分隔带≤1m； 小时交通量≤700veh/h； 行人横穿马路的情况较少
中央栅栏隔离	路面宽度≤16m，中央分隔带≤1m； 小时交通量≥700veh/h； 行人横穿马路的情况较多
绿化带隔离	路面宽度≥16m，1m≤中央分隔带≤3m； 有景观或预留车道的需求

(2)路侧隔离。

路侧隔离指在车行道两侧纵向设置的对机动车、非机动车、行人进行分隔所用的带状设施。其优点在于能够达到机非分离以及限制路侧行人横穿马路和保护行人不受机动车干扰的作用，保持良好的交通秩序。路侧隔离通常包括立柱式、水泥墩式、花台式、钢管式以及栅栏式这五种形式。

①立柱式隔离设施。

立柱式隔离设施又称警示柱，其通常全高 80cm，基座埋深 20cm，顶部距地面高 60cm，采用1.2mm复合钢制成，一般红黑相间涂装（图5-46、图5-47）。其主要特点是防撞性能较差，但对人流的通过性较好，并且对车辆具有警示功能。

图5-46 立柱式隔离设施1

图5-47 立柱式隔离设施2

②水泥墩式隔离设施。

水泥墩式隔离设施又称水泥隔离墩，通常全高40～60cm，无埋深，主要由纯水泥、钢筋水泥这两种形式的材料制成，一般红白涂装，用于机动车与非机动车的隔离（图5-48、图5-49）。其主要优点是造价低、耐用性好，易于运输，安装简便；缺点是外观粗糙、防撞性能较差，且易于丢失。

图5-48 水泥墩式隔离设施1

图5-49 水泥墩式隔离设施2

③花池式隔离设施。

花池式隔离设施又称花台式隔离设施，既可以用来隔离机动车与非机动车，也可以用来隔绝路侧行人随意穿越马路，其通常全高50～70cm，种植当地特色植物或常绿植物（图5-50、图5-51）。其优点是美观、隔离效果好；缺点是成本相对较高且不利于养护。

④钢管式隔离设施。

钢管式隔离设施是通过水泥混凝土基座上加装钢管来实现的，其主要用来隔离机动车和非机动车，同时可以加装在人行道边起到行人隔离的作用（图5-52）。其优点是用处多样，隔离效果好，防撞性能好，耐久性好且不易丢失；缺点是安装过程较长，费用较高。

⑤栅栏式路侧隔离设施。

栅栏式路侧隔离设施是目前国内较为常用的一种人行道隔离设施（图5-53、图5-54）。其优点是简洁美观，易于维护，同时对随意过街的行人具有良好的约束力；缺点是防撞性能较差，对行人的保护不足。

图 5-50　花池式隔离设施 1

图 5-51　花池式隔离设施 2

图 5-52　钢管式隔离设施

图 5-53　栅栏式隔离设施 1

图 5-54　栅栏式隔离设施 2

综合以上五种路侧隔离设施的使用条件及实际效果，结合相关规范，可得路侧隔离设施设置条件见表 5-19。

路侧隔离设施设置条件表　　表 5-19

隔离形式	使用范围	设置条件
立柱式	人行道隔离	适用于人流量较大而路段车流量较小的路段
水泥墩式	机非隔离	适用于对景观需求较低、车速较慢而机非混行严重的路段
花池式	人行道隔离（或机非隔离）	适用于对景观需求极高，并且机动车与非机动车冲突多或行人随意横穿马路的情况较多的主路
钢管式	人行道隔离	适用于车流量较大、车速较高的主路
栅栏式	人行道隔离	适用于车流量一般，车速较低的主路或支路

(3)路段控速。

低等级公路城乡接合部路段上车流以过境轿车和中型客车为主,由于过境车辆通常车速较高,所以需要通过交通工程措施降低路段车速。为了达到限速要求,仅仅通过交通限速标志很难奏效,可以考虑通过以下方式进行速度控制。

①车行道减速标线。

车行道减速标线用于警告驾驶人前方应减速慢行,设置于需要减速的路段前或路段中的机动车行车道内,分为车行道横向减速标线和车行道纵向减速标线,可采用振动标线的形式。

车行道横向减速标线如图 5-55 所示。车行道横向减速标线的设置间隔应使车辆通过各标线间隔的时间大致相等,以利于行驶速度逐步降低,减速度一般设计为 $1.8m/s^2$。

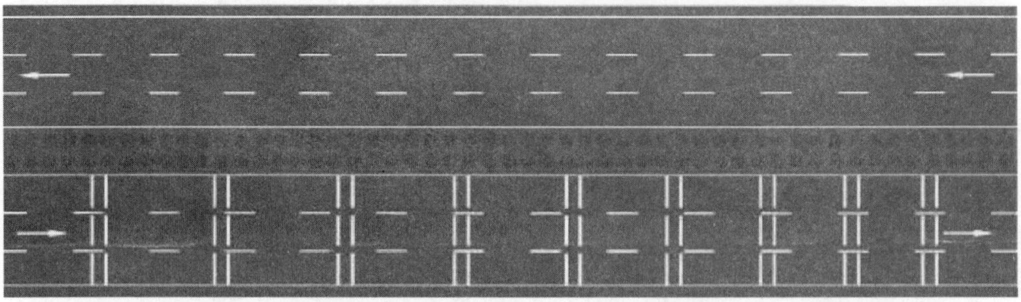

图 5-55　车行道横向减速标线设置示例

车行道纵向减速标线如图 5-56 所示,为一组平行于车行道分界线的菱形块虚线。在车行道纵向减速标线的起始位置,设置 30m 的渐变段,菱形块虚线由窄变宽。它主要通过给予驾驶人车道变窄的感觉来达到减速目的。

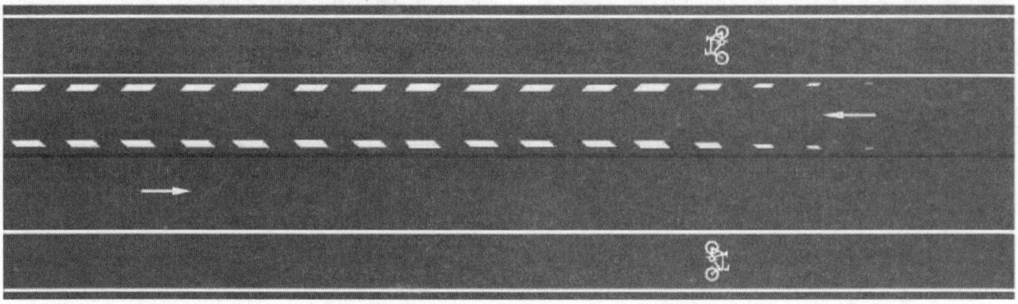

图 5-56　车行道纵向减速标线设置示例

②视错觉标线。

视错觉标线(图 5-57、图 5-58)是一种通过视觉错觉效果,达到降低车速目的的标线。当车辆行驶在有这种标线的路段时,从视觉上感到前方将是突起的物体,基于这种强烈的视觉冲击,驾驶人会不由自主地制动减速。

③减速带。

在城乡接合部常用的减速带包括振动减速标线、橡胶减速带以及水泥混凝土减速带这三种。

震动减速标线主要用于警示驾驶人按车道行驶和必须减速慢行,避免驾驶人疲劳驾驶,以提高路段的安全性,其一般设置于车流量较大、车速较高的主线(图 5-59、图 5-60)。

图 5-57　视错觉标线 1

图 5-58　视错觉标线 2

图 5-59　振动减速线 1

图 5-60　振动减速标线 2

橡胶减速带又称橡胶减速垄，主要根据车辆轮胎与地面橡胶的角度原理进行设计，并使用特殊橡胶制成，具有减震性、抗压性好，寿命长，对车磨损少等优点，适用于车流量较大、车速较高、需要强制减速的路段（图 5-61、图 5-62）。

图 5-61　橡胶减速带

图 5-62　橡胶减速钉

水泥混凝土减速带是采用水泥混凝土浇筑形成的路面突起，其强制减速效果较好，造价低，制作方便，但减震性较差，对车辆的损害较高，只适用于车辆较少、车速较低的支线路段，主要起到对驾驶人的警示和强制减速的作用（图 5-63、图 5-64）。

（4）行人过街保护设施。

通常，普通路段上行人过街保护除了在行人过街较为密集处设置斑马线以外，还会采用人行道隔离设施将随意过街的行人约束到指定位置过街，同时，设置人行信号灯对车辆和行人分时放行,保障交通秩序,避免行人横穿马路发生危险。

图 5-63　水泥混凝土减速带 1

图 5-64　水泥混凝土减速带 2

①人行道隔离设施。

通常人行道隔离设施有立柱式、花池式、钢管式以及栅栏式这四种形式,在不同路幅宽度、不同交通量的情况下可灵活使用。而对于人行道隔离设施的长度限制,目前没有正式的国家规范,依据南京市《城市道路交通管理设施设置规范》(DB3201/T265—2015)中规定,人行道隔离设施长度宜为:主干路 90 ~ 120m,次干路 60 ~ 90m,支路 30 ~ 60m。鉴于城乡接合部路段与市区内部道路的差异性,结合 5.2 节中的城乡接合部路段行人最大过街时间 50s 和规范中行人步速 0.8 ~ 1m/s 的规定,可以计算出城乡接合部路段路侧人行道隔离设施最优长度宜为 70 ~ 100m。

②人行信号灯。

根据《中华人民共和国国家标准道路交通信号灯设置与安装规范》(GB 14886—2006)中的设置条件:在双向机动车高峰小时流量超过 750pcu 及 12h 流量超过 8000pcu 的路段上,当通过人行横道的行人高峰小时流量超过 500 人次时,应设置人行横道信号灯,但规范中对人行信号灯配时并无相关规定。

考虑到城乡接合部路段行人过街的时间特征,当普通路段设置人行横道信号灯时,建议信号灯全周期接近于 50s。而除了固定配时的人行信号灯之外(图 5-65),目前,国内外部分路段也在尝试使用行人按钮信号控制的人行信号灯(图 5-66),但在实际应用过程中出现了行人频繁按钮导致绿灯配时过长,从而影响主路车流通行能力等问题,所以目前普通路段上还是以固定信号配时的人行信号灯为主。

图 5-65　标准人行信号灯

图 5-66　按钮控制的人行信号灯

综合以上各种交通工程设施的设置条件及实际效果,结合相关规范,可得城乡接合部普通路段在不同交通量、人流量情况下的交通设施组合设计见表5-20。

城乡接合部普通路段交通设施推荐表　　表5-20

小时车流量(pcu/h)	小时人流量(人/h)	中央隔离	路侧隔离	减速设施	人行信号灯
$q \leqslant 700$	≤500	双黄线	/	横向减速标线	/
	>500	栅栏式	立柱式	横向减速标线	标准式
$700 \leqslant q \leqslant 1200$	≤500	栅栏式	栅栏式	视错觉标线/震荡标线	/
	>500	栅栏式	栅栏式/钢管式	橡胶式	标准式
$q > 1200$	≤500	栅栏式/绿化带	栅栏/水泥墩	纵向减速标线/视错觉标线	标准式
	>500	栅栏式/绿化带	花池/钢管式	纵向减速标线/视错觉标线	标准式

注:中央绿化带隔离以及花池式路侧隔离需根据道路宽度和实际景观绿化需求决定。

5.3.2.2 交叉口路段

与普通路段不同,城乡接合部交叉口路段不仅存在人车冲突,还存在支路车流与主路车流的直接冲突。为了保证良好的交通秩序,首先需要明确主路车流、支路车流以及过街行人的路权。

明确路权主要从两个方面进行:①通过在交叉口设置信号灯,从时间上明确人流和车流的路权,减少冲突点的个数;②通过交叉口渠化明确人流和车流冲突点的位置并通过标线规范行人的过街行为。

(1)设置信号灯。

低等级公路城乡接合部路段上,车流量越大、人流量越多的路段,由于车流间隙更小,其行人的速度、加速度更大,表现为行人匆忙过街,容易导致交通事故的发生,路段更为危险,故当人流量和车流量较大时,应在路段交叉口处设置机动车信号灯和人行横道信号灯。

《中华人民共和国国家标准道路交通信号灯设置与安装规范》(GB 14886—2006)中的设置条件见表5-21。

机动车信号灯设置条件　　表5-21

主要道路单向车道数(条)	次要道路单向车道数(条)	主要道路连续8h平均小时流量(pcu/h)	次要道路连续8h平均小时流量(pcu/h)
≥2	1	900	75
		600	150
≥2	≥2	900	100
		600	200

因城乡接合部路段交通安全设施在设置时应满足城市道路基本设计标准,故表5-21也

是城乡接合部路段机动车信号灯设置条件。同时,考虑到城乡接合部路段行人过街的时间特征,对机动车信号灯和人行横道信号灯进行信号配时的时候,建议考虑行人过街全周期在50s左右。

(2)交叉口渠化。

交叉口渠化是指在道路上采用交通标志标线,使不同类型、不同方向和不同速度的交通流能像渠道内的水流一样,沿规定的方向互不干扰地通过。同时,可以规范行人过街的区域,明确车流和人流的冲突点。渠化在一定条件下可以有效地提高道路通行能力,减少交通事故。当人流量车流量都较小的情况下,交叉口一般不会采用信号灯控制,而采取渠化的方式保障车辆和行人的安全。

以最常见的十字形路口渠化为例:

①十字形交叉口是指两条道路相交无错位且交叉角度在75°~90°之间的规范型交叉口。

②十字形交叉口在无信号控制时其渠化及标志标线设计原则是优先保证主线畅通,支路车辆进入交叉口时需减速慢行或停车让行。

③对于无信号交叉口,支线路口必须采用“停”车让行标志标线避让主线车辆和过街行人,而主线通常可以采用减速慢行标志标线(人流量较少的情况)或者停车让行标志标线避让人行横道上的行人。

④无信号交叉口在进行渠化设计时,应考虑行人过街的安保需求,不仅需要设置人行横道线,还需要在人行横道前30~50m处设置人行横道警告标志。

城乡接合部交叉口路段的行人过街保护除了设置信号灯和对交叉口进行渠化以外,通常也需要对路段进行控速并在路侧加装人行道隔离设施,其设置条件及设置长度等参见普通路段。

5.3.3 村镇路段综合安全保障对策研究

5.3.3.1 宏观措施

城乡接合部路段处于城市与低等级公路之间,其线路一般来说不能轻易改变,相比之下,村镇路段则要灵活得多。就村镇路段而言,通常可以通过主路改线、道路市政化和加强交通安全教育这三种宏观措施来减少实际的交通冲突,降低发生交通事故的风险。

(1)主路改线。

目前,通过主路改线而实现过境车辆的分流,减少过境车辆对村镇内部车流人流的影响是低等级公路村镇路段提高交通规划水平、保障村镇路段行车安全的主要手段。在贵州山区和浙江平原区的许多调研路段上,大中型村镇普遍开始或者已经采用改线的方式来改善村镇内部的交通环境,对村镇路段的交通安全水平提升效果显著。以浙江省丽水市遂昌县石练镇为例,通过改线之后,三际线由原来的穿村镇中心而过改为了边缘通过,极大地分流了过境车辆,不仅满足了该村镇的通行需求和贸易需求,也大大减少了路段上的交通冲突,改善了三际线实际通行能力的同时提高了村镇路段的安全性,具有良好的示范作用。

(2)道路市政化。

在全国的大部分村镇中,不仅存在房屋修建在公路两旁的情况,而且其间距普遍较近,即在低等级公路村镇路段路肩两侧就是房建红线的情况非常普遍，行人只能在公路上行走而无法走在路侧，这也是村镇路段路侧干扰较大，人车交通冲突较多，经常发生事故的主要原因。

在这种情况下，村镇路段道路市政化就可以很好地解决这个问题。以浙江省丽水市遂昌县三际线 K13 +100 段的永安村为例，该村镇是以附近山上的农民集体安置搬迁所形成的集镇，由于主线道路没有进行市政化改造，居民只能在三际线主线两侧行走。同时，由于缺少人行横道线等必要的标志标线，行人随意横穿马路的情况非常严重，在集镇刚建成的前三年，几乎每个月都会发生因为居民随意横穿马路造成的恶性交通事故，死亡率非常高。随后，遂昌县公路局在该路段 7.5m 路宽的基础上进行了市政化改造，增加了人行道以引导村民沿街行走，并在斑马线区域内集中过街，便再无恶性交通事故发生，足以显现村镇路段道路市政化的积极作用（图 5-67 ~ 图 5-69）。

图 5-67 浙江省丽水市遂昌县石练镇改线示意图

图 5-68 一般性村镇路段

图 5-69 永安村人行道建设

(3)加强交通安全教育。

与城乡接合部路段的老年男性最易受到人车冲突伤害的情况不同,村镇路段存在交通事故低龄化的现状,其中以少年女性离冲突点最近,最容易受到车辆伤害。由于我国目前交通安全教育在村镇一级中小学的缺失,导致许多低龄儿童在遇到车辆冲突时不主动避让,过街时也不注意查看路况,当过境车辆较多,车速较快时非常容易发生交通事故。目前,我国交通运输部正在积极制订针对村镇路段驾驶人与行人的交通安全教育指南,用来指导驾驶人和行人安全出行,其中,应重点加强中小学生的交通安全意识教育。

5.3.3.2 微观措施

除以上宏观交通安保措施以外,针对一般村镇路段、平交口、接入口以及村镇学校路段,应采取相应的交通安保措施。

(1)一般村镇路段综合处治对策。

村镇路段车流量以过境轿车和当地摩托车为主,由于过境轿车通过村镇时一般车速较快,在村镇路段行人过街较为集中的地方有时来不及减速或减速效果不理想,经常发生擦碰行人的事故,故需要交通工程措施对车辆进行减速并保障行人过街的安全。具体措施如下:

①在进入村镇时设置"村庄"标志、"限速"标志和中型减速设施强制过境车辆减速;

②在行人过街较为集中的区域设置人行横道线,如果过街人流量较大,可以通过抬高路面设置人行安全岛的方式警示过往车辆减速;

③在离开村镇时设置"解除限速"标志。

图 5-70 ~ 图 5-72 为处治措施示例。

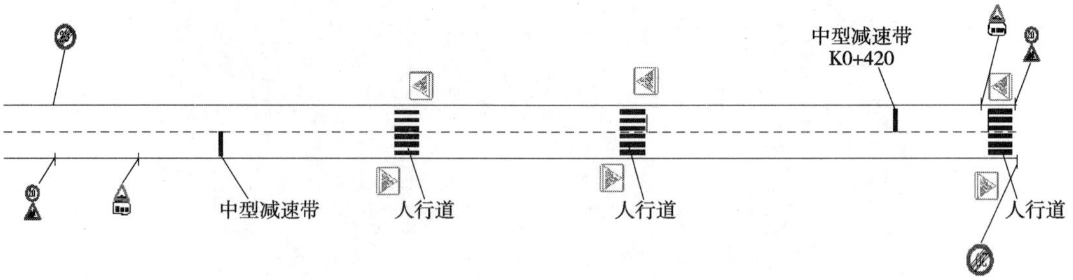

图 5-70 一般村镇路段交通设施图

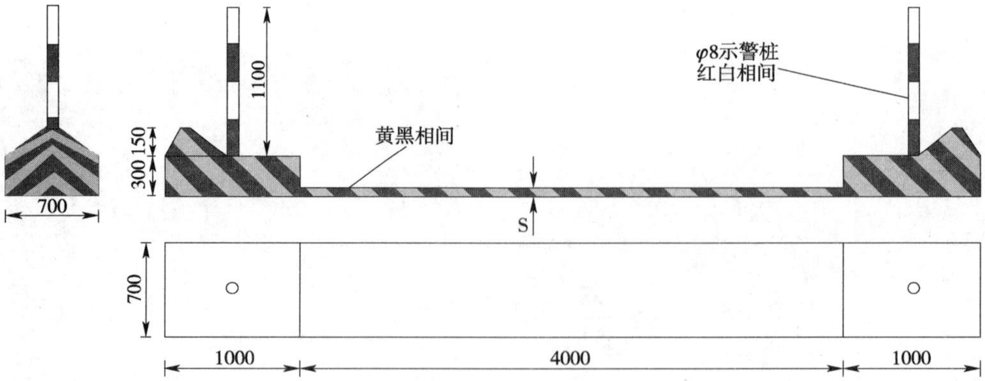

图 5-71 村镇路段人行安全岛

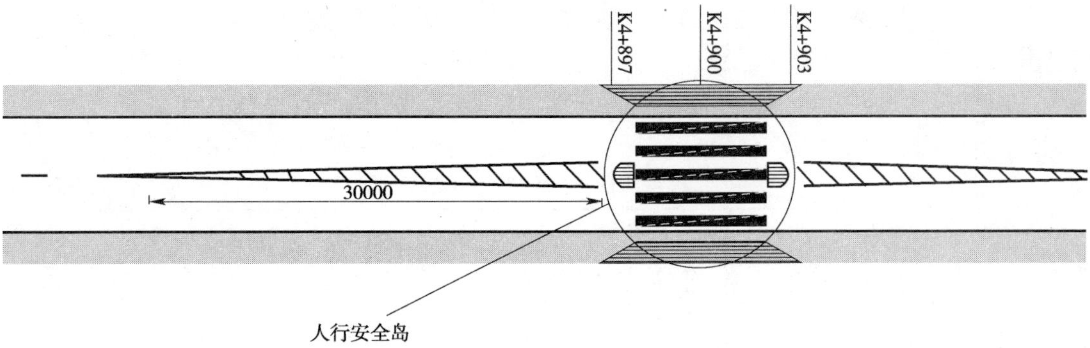

图 5-72　村镇路段人行安全岛细部图

(2)村镇路段平交口综合处治对策。

村镇路段平交口由于缺乏必要的标志标线、减速设施等,对主路和支路的路权没有明确,同时由于建筑物遮挡、支路狭窄等问题导致多数平交口视距存在一定问题,需通过一定的措施对村镇路段平交口进行升级改造。具体措施如下:

①对平交口进行渠化,完善必要的交通标志标线,明确主路车流、支路车流以及过街行人的路权;

②对于视距不良的平交口,需通过标志标线提前警告或清除影响视距的建筑物等方式进行改造;

③对车速较快的主路或支路要进行速度控制,通常对主路采用彩色防滑减速带或热熔式震动减速带,对支路采用橡胶减速丘或水泥混凝土减速丘;

④对于相邻距离过近的平交口,需依据表 5-22 的村镇路段平交口最小间距对平交口进行合并或改造;

⑤对过街人流量较大的平交口,需在人行道边缘设置立柱式、栅栏式或钢管式路侧隔离设施。

村镇路段平交口最小间距表　　表 5-22

设计速度(km/h)	平交口功能区长度(m)	满足识别距离的平交口间距(m)	满足标志设置有效性间距(m)	满足平稳运行的平交口间距(m)	平交口最小间距推荐值(m)
80	275/300	460	654	498/523	654
60	180/200	310	516	347/367	516
40	120/130	185	416	231/241	416

(3)村镇路段接入口综合处治对策。

与平交口连接其他等级公路的性质不同,村镇路段的接入口主要满足周围农民房屋、工厂等房建进入主线的需求,由于这些接入口一般都是农民私自接入,在视距、接入角度以及接入口最小间距等方面不满足要求,需通过工程措施予以处置。具体措施如下:

①对视距不良的接入口,需清除障碍物并设置道口桩和相应的标志标线对驾驶员进行提前警示;

②接入口的接入口角度应不小于 70°(特殊情况下不小于 60°),否则容易发生交通事故;

③对于相邻距离过近的接入口，需依据表5-23的村镇路段接入口最小间距对接入口进行合并或改造；

④应在接入道路上设置橡胶减速丘或水泥混凝土减速丘，避免驶入主路的车辆车速过快。

村镇路段接入口最小间距表　　表5-23

设计速度(km/h)	停车视距要求(m)	交叉视距要求(m)	警告标志距离要求(m)	出口道通行能力(m)	出入口识别距离(m)	接入口最小间距
80	125	175	195	209	157	210
60	85	115	100	195	107	200
40	50	70	75	146	63	150

(4)村镇学校路段综合处治对策。

在村镇路段的过街行人中，少年对交通冲突最缺乏警觉，因此需要特别针对村镇学校路段提出综合交通安保对策，起到保护中小学生人身安全的目的。具体措施如下：

①在进入村镇之前设置“村庄”“注意儿童”及“限速”标志；

②在进入村镇前设置中型减速设施强制过境车辆在进入村镇时减速；

③在中小学生集中过街区域设置人行横道；

④根据需要可在人行横道前设置减速路面，同时必须在路侧修建人行道及路侧护栏。

图5-73为处治示例。

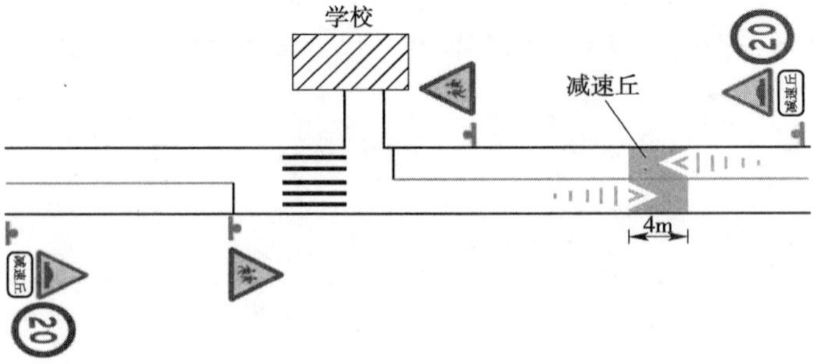

图5-73　学校路段处治示意图

第 6 章 低等级公路农村客运安全保障技术

农村公路的建设和农村客运的发展，是促进我国农村经济和社会发展，改善广大农民生活的必然需求。“十二五”期间，“强农惠农、加快社会主义新农村建设”仍是我国的重要国策，农村公路设施条件的改善、客运基础设施建设和农村客运班线的开通将得到进一步快速发展。然而，在农村公路建设和农村客运得到快速发展的同时，其安全问题也逐步凸显，而客运车辆一旦发生事故，极易酿成群死群伤的恶性交通事故。本章针对我国农村公路建设现状和开通客运线路的需求，开展农村公路开通客运线路条件与安全现状评估，根据农村客运车型特点和安全保障需求，制订农村公路客运线路通车技术条件，为农村客运线路安全运行提供技术方案。

6.1 农村公路建设和养护现状

我国的山区地形主要分布在中西部，诸如重庆、贵州、四川、云南、内蒙古、甘肃、广西、陕西、宁夏等省市、自治区皆以山区地形地貌为主。在山区，由于受到地形、地貌、地质等条件的影响，山区交通主要以公路交通为主，其他交通为辅。

2003 年，为认真贯彻党的十六大关于建设社会主义新农村的战略部署，当时的交通部党组提出“修好农村路，服务城镇化，让农民兄弟走上柏油路和水泥路”的目标。自此，全国农村公路迈入了大发展的黄金时期。

2003 ~ 2013 年这十年，国家累计投入车购税资金超过 3200 亿元，带动全社会投资 19610 亿元，新改建农村公路 310 万 km。全国农村公路总里程从 271.8 万 km 增加到 378.5 万 km，增长了 39.2%；等级公路里程从 142.5 万 km 增加到 321.2 万 km，增长 125.4%；铺装路面里程从 61.8 万 km 增加到 244.5 万 km，增长了 295.5%；铺装率从 22.7% 增加到 64.6%；乡镇通达率从 99.57% 增长到 99.97%，通畅率从 77.86% 增长到 97.81%；建制村通达率从 91.89% 增长到 99.70%，通畅率由 50.50% 增长到 89.00%。截止到 2013 年年底，全国 37709 个乡镇中，仅有 10 个未通公路，638155 个建制村中，仅有 1892 个未通公路。

6.1.1 全国农村公路建设情况

(1)技术等级公路里程。

全国农村公路总里程从 2003 年的 271.8 万 km 增加到 2013 年的 378.5 万 km，增长了 39.2%，十年来的变化趋势如图 6-1 所示。截止到 2013 年，我国公路总里程已经达到了

435.62 万 km,农村公路总里程达 378.48 万 km,占公路总里程的 86.9%。其中,二级及以上公路里程 15.45 万 km,三级公路里程 32.33 万 km,四级公路里程 273.45 万 km,等外公路里程 57.25 万 km,公路类型及农村公路技术等级结构比例如图 6-2 和图 6-3 所示。

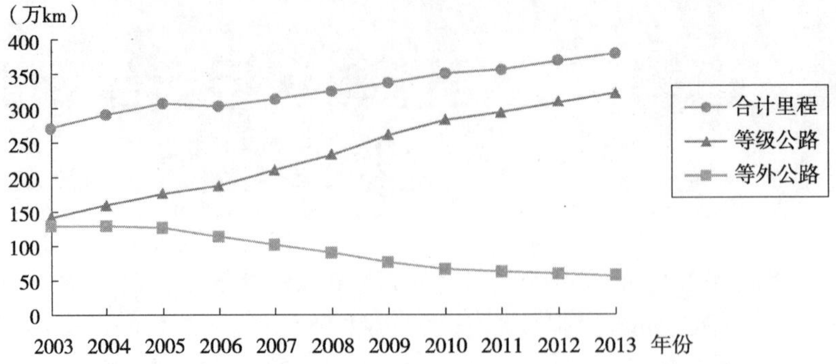

图 6-1 2003 ~ 2013 年全国农村公路里程变化趋势图—技术等级

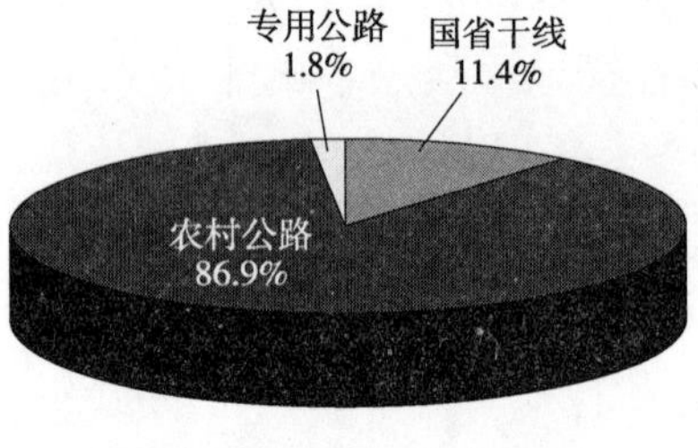

图 6-2 全国公路类型结构比例

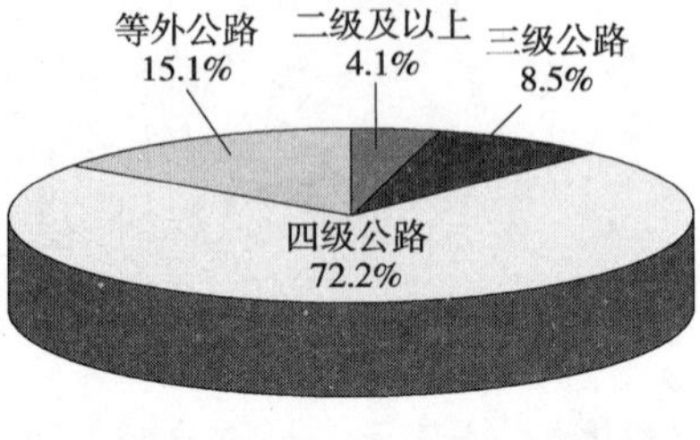

图 6-3 农村公路技术等级类型结构比例

对于以上各等级的公路,二级及以上公路主要分布于我国东部地区。东部地区二级及二级以上公路通车里程约占全国二级及二级以上公路通车里程的 58.9%;三级公路主要分布于我国中东部地区,约占全国三级公路通车里程的 71.3%;四级公路主要分布于我国中西部地区,约占全国四级公路通车里程的 72.2%;等外公路主要分布于我国西部地区,约占全国等外公路通车里程的 59.9%。

(2)行政等级公路里程。

全国行政等级公路包括国道、省道、县道、乡道、专用公路和村道。我国农村道路主要包括县道、乡道、村道,里程依次为 54.68 万 km、109.05 万 km、214.74 万 km,如图 6-4 所示,村道占农村公路总里程的 50% 以上。

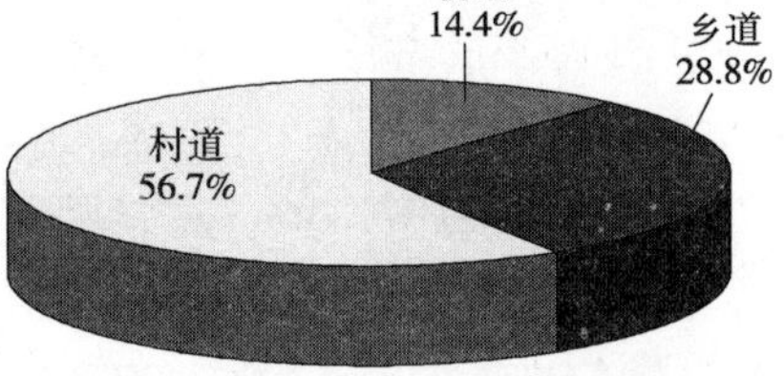

图 6-4 2013 年全国农村公路行政等级结构比例

我国农村公路各行政等级公路分布情况:县道和村道主要位于我国西部地区。西部地区省份,县道通车里程占全国县道通车总里程的 45.4%,村道通车里程占全国村道总里程的 39.9%;乡道分布比较均匀,东部、中部及西部乡道通车里程占全国乡道总里程的比例依次为 31.3%、32.7% 和 36.0%。

(3)公路路面铺装情况。

2003 ~ 2013 年这十年里,我国有铺装路面的公路里程不断增加,变化趋势如图 6-5 所示。截止到 2013 年年底,全国有铺装路面公路里程达 244.5 万 km,占公路总里程的64.6%。铺装路面包括沥青混凝土路面、水泥混凝土路面和简易铺装路面,其铺装里程依次为 34.68

万 km、166.91 万 km、42.94 万 km；未铺装路面 133.96 万 km，如图 6-6 所示。

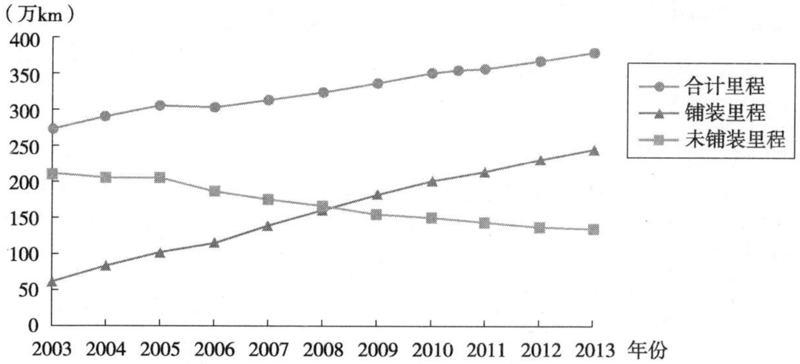

图 6-5　2003～2013 年全国农村公路路面铺装里程变化趋势图

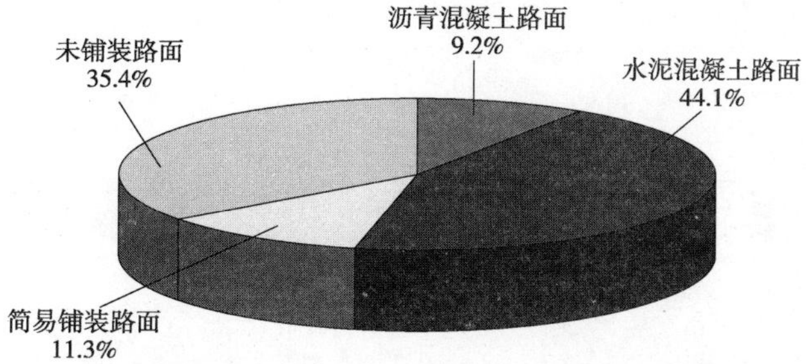

图 6-6　2013 年全国农村公路路面铺装类型结构比例

全国农村公路路面类型分布情况：东部和西部地区以沥青路面为主，东部和西部地区沥青路面公路通车里程约占全国沥青路面公路通车里程的 77.8%；中部地区以水泥路面为主，中部地区水泥混凝土公路通车里程约占全国水泥混凝土公路通车里程的 43.7%。未铺装路面大部分位于西部地区，西部地区未铺装路面公路通车里程占全国未铺装路面公路通车里程比例高达 61.3%。

（4）乡镇及建制村通达畅通情况。

2003～2013 年这十年间，全国公路未通畅乡镇数量急剧减少，由 2003 年的 8798 个减少到 2013 年的 826 个，通畅率由最初的 77.86% 提升到 97.81%，涨幅接近 20%，变化趋势如图 6-7 所示。截止到 2013 年年底，全国 37709 个乡镇中只有 10 个乡镇未通公路，通达率高达 99.97%，基本实现所有乡镇通公路的目标。

未通畅的 826 个乡镇中，有 819 个位于西部地区，剩余 7 个位于中部地区，东部地区的所有乡镇畅通率达 100%。另外，未通公路的 10 个乡镇均位于西部地区，中东部地区乡镇通达率为 100%。

建制村是指经省市级国家机关批准设立的村。截止到 2013 年年底，全国建制村 638155 个，未通公路数量为 1892 个，通达率由 2003 年的 91.89% 提升到 99.7%，如图 6-8 所示。通畅率也由 50.50% 提升到 89.00%，涨幅接近 40%，基本达到通畅的状态。

不通公路的 1892 个建制村中，有 1583 个位于西部地区，远远高于东部地区的 98 个和中部地区的 211 个。截止到 2013 年年底，未畅通的建制村 90192 个，其中 65983 个位于西部地区，西部地区建制村通畅率仅为 65.2%，远低于东部地区的 99.91% 和 98.08%。

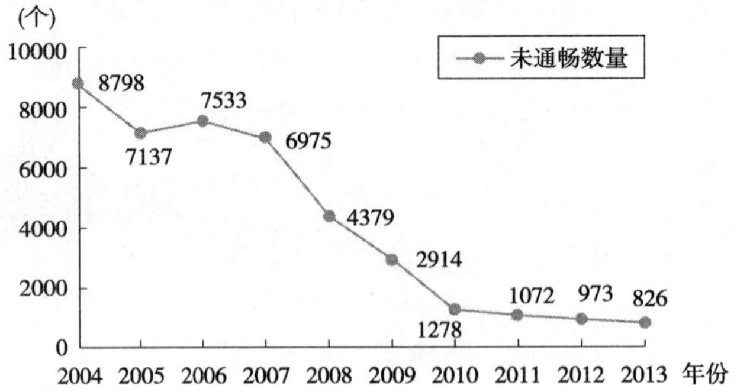

图 6-7 2003 ~ 2013 年全国公路未通畅乡镇数量变化趋势图

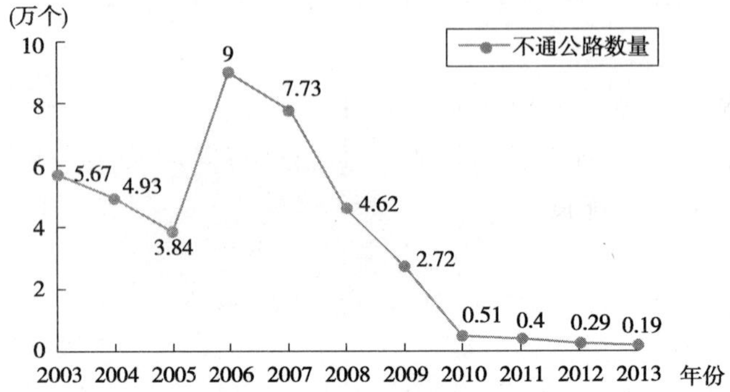

图 6-8 2003 ~ 2013 年全国未通公路建制村数量变化趋势图

6.1.2 全国农村公路养护情况

(1)公路养护投资情况。

公路建成通车后,因承受车轮的磨损和冲击,受到暴雨、洪水、风沙、冰雪、日晒、冰融等自然力的侵蚀和风化,以及人为的破坏和修建时遗留的某些缺陷,公路使用质量会逐渐降低。因此,公路建成通车后必须采取养护维修措施,并不断进行更新改善。公路养护必须及时修复损坏部分,否则将导致修复工程的投资加大,缩短公路的使用寿命,并给用路者造成损失。在"以建代养"传统观念主导的时代,公路养护被放在次要的地位,2006 年全国公路的养护覆盖率仅有 78% 。随着养护不足问题的曝露,公路管理的思路逐渐向"建养并重"靠拢,养路比例一举上升到 2012 年的 97.2% ,全养路时代已经到来。"十二五"期间,长期累积的养护需求的集中爆发,将公路管理思路向"养护优先"转换,中大修和预养护等深层养护的大面积应用将迫使养护投资加速上行。

2013 年,全国农村公路小修养护、大中修工程投资合计 363.1 亿元,其中,小修养护的投资额达 131.3 亿元,中修工程投资额达 79.8 亿元,大修工程投资额达 152 亿元,投资比例如图 6-9 所示。总投资额中,中部和西部地区投资额分别为 61.3 亿元和 77.4 亿元,东部地区投资额 224.3 亿元,远高于中西部的投资额。

(2)公路技术状况。

公路技术状况分为优、良、中、次、差五个等级,评价内容包括路面、路基、桥隧构造物和沿线设施四部分,其中路面包括沥青路面、水泥混凝土路面和砂石路面。公路技术状况用公路技术状况指数 MQI 和相应分项指标表示,MQI 和相应分项指标值域为 0 ~ 100。

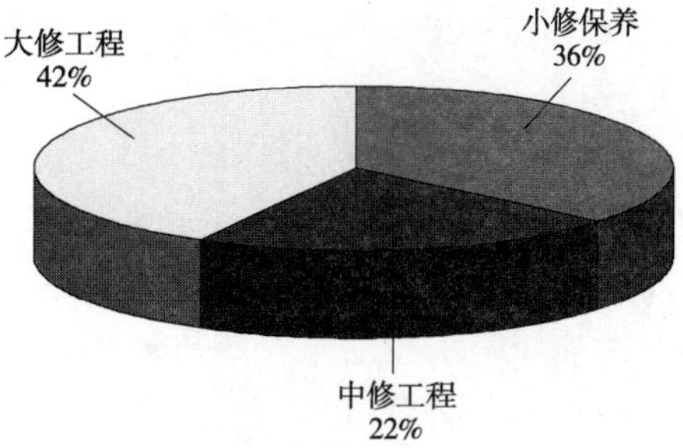

图 6-9 全国农村公路各类养护投资额比例

2013 年全国农村公路技术状况评定里程 204.2 万 km,优良路率为 60.5%。其中,县道、乡道、村道的评定里程分别为 40.4 万 km、61.1 万 km、102.8 万 km,相应优良路率依次为 65.5%、63.1%、56.8%,村道的优良路率未达到 60%。

中部地区和西部地区的优良路率分别为 60.8% 和 44.5%,东部地区优良路率 73.1%,远高于西部地区。道路优良路率与公路养护投资额基本呈现正比关系。

(3)公路路面使用状况。

公路路面使用情况用路面使用性能指数(PQI)表示,该指数是判断道路通行能力及服务水平的重要指标,涉及路况平整度、破损度和路域环境等。2013 年全国农村公路路面使用状况评定里程 201.7 万 km,优良路率为 60.2%,其中,县道、乡道、村道的评定里程分别为 40.4 万 km、59.4 万 km、101.9 万 km,优良路率依次为 65%、63.1%、56.7%,村道优良路率较低,未达到 60%。

中部地区和西部地区的优良路率分别为 63.4% 和 42.7%,东部地区优良路率 70.6%,远高于西部地区。道路优良路率与公路养护投资额基本呈现正比关系。

(4)桥梁基本状况。

截止到 2013 年年底,全国农村公路上共有桥梁 47.98 万座,其中危桥数量为 8.04 万座,危桥比例达 16.76%。全国各省份中,危桥比例位于前三名的分别是河南、黑龙江、湖北,危桥比例依次是 42.87%、40.03%、36.70;危桥比例最少的三个省份分别是北京、上海、天津,危桥比例依次是 2.47%、1.05%、0.09%.

6.2 农村公路建设相关标准和技术要求

农村公路是县级行政区域内部连接县城与乡镇、乡镇与村屯以及村屯之间的公路。农村公路是一种行政分类,从我国实际建设情况来看,农村公路的技术等级多样,在东部沿海地区,甚至有县道的技术等级为高速公路的情况,而在西南山区,大量农村公路,特别是村道,还是等外公路。项目研究的农村公路主要考虑的是三级及三级以下公路,特别是四级公路和等外公路的设施情况。

我国三级公路和四级公路的建设主要参考行业标准规范《公路工程技术标准》(JTG B01—2003)和《公路路线设计规范》(JTG D20—2006)等,建设的技术指标比较明确。然而对于等外公路,以往并没有明确的规定。2004 年,为了适应农村公路快速发展的需要,交通部发布了交公路发[2004]372 号《关于印发农村公路建设指导意见的通知》文件,其附件《农村公路建设暂行技术要求》给出了农村公路建设在线形、路基路面、交通工程设施等方面的最低要求。《农村公路建设暂行技术要求》中给出的部分指标,低于《公路工程技术标准》

(JTG B01—2003)和《公路路线设计规范》(JTG D20—2006)等标准的要求,实际上给出了等外农村公路建设的技术标准。

然而,在交公路发[2004]372 号文件发布之前,贵州、山西、甘肃、广东、浙江、江苏等地制定了农村公路建设地方标准规范,依据这些地方标准规范,各省已开展了大量农村公路建设。在交公路发[2004]372 号文件发布后,一些条件受限省份(如贵州、甘肃)仍然依据其地方标准开展了相当里程的村道建设,只是在近年(如贵州是 2012 年起),随着条件逐渐具备,才逐步要求所有村道均按交公路发[2004]372 号文件或部颁标准四级公路建设。

各省制定的农村公路建设地方标准规范,往往根据本省实际情况,适当降低技术标准。经调研发现,这些地方标准规范,在个别指标上低于交公路发[2004]372 号文件的要求。

在实际开展农村客运工作中,这些依据交公路发[2004]372 号文件要求和依据地方标准规范,事实上已经突破公路发[2004]372 号文件标准的农村公路,也有相当一部分开通了客运线路。同时,由于大都修建在地形条件和经济条件受限的地区,这些公路的通行条件短期内很难得到改善。因此,项目对交公路发[2004]372 号文件要求和各省地方标准规范中突破公路发[2004]372 号文件标准的内容进行了调研和总结。这些农村公路建设的技术要求实质上指导了相当一段时期我国农村公路的建设,反映了我国农村公路,特别是山区条件受限农村公路的通行条件。

6.2.1 符合交公路发[2004]372 号文件标准的等外公路

我国现行公路设计标准规范没有对等外公路进行任何要求。交公路发[2004]372 号《关于印发农村公路建设指导意见的通知》中给出的《农村公路建设暂行技术要求》重点规定了等外公路的部分设计要求。

6.2.1.1 设计速度

设计速度可采用 15km/h,回头曲线路段设计速度可采用 10km/h;不同设计速度相邻路段,设计速度差不应大于 20km/h。

6.2.1.2 公路横断面

(1)路基宽。

新建公路路基宽度,单车道不应小于 4.5m,双车道不应小于 6.5m;改建公路路基宽度无法满足上述规定时,可保持原路基宽度不变。

(2)路面宽。

单车道路面宽度不应小于 3.0m,双车道路面宽度不应小于 5.5m。

(3)错车道。

单车道路基应设置错车道,其路基宽度不应小于 6.5m,间距可结合地形、交通量大小、视距等条件确定,有效长度不应小于 10m。

6.2.1.3 建筑限界

受限路段净高不应低于 3.5 m。

隧道净高不应小于 3.5m,行车道宽度不应小于 4.0m;长度应严格控制,不应过长;洞内应设置避车洞,并宜采用单向纵坡。

6.2.1.4 公路平面

(1)圆曲线最小半径。

设计速度采用 15km/h 时，圆曲线最小半径不应小于 15m。回头曲线设计速度采用 10km/h 时，最小半径不应小于 10m。

(2)超高与加宽。

当采用最小半径时，超高不应大于 6%。超高和加宽缓和段最小长度不应小于 15m，单车道路面加宽最小值不应小于 2.5m，超高不大于 6%。

(3)视距。

受限路段停车视距不应小于 15m，会车视距不应小于 30m，超车视距不应小于 80m。

6.2.1.5　公路纵断面

当采用最小半径时，纵坡不应大于 5%。单车道公路纵坡不应大于 5.5%。

新建公路最大纵坡不宜大于 10%；改建公路最大纵坡不宜大于 12%，特殊情况下可视当地条件确定；海拔 2000m 以上或积雪冰冻地区最大纵坡不应大于 8%。

新建公路不同纵坡坡度的最大坡长应符合表 6-1 的规定。

公路发[2004]372 号文件规定的最大坡长　　表 6-1

纵坡坡度(%)	5	6	7	8	9	10
最大坡长(m)	1100	900	700	500	350	200

当新建公路越岭路线连续上坡(下坡)路段平均纵坡大于 6% 时，应在不长于 2km 处，设较平缓的缓和坡段，缓和坡段的纵坡不应大于 3%，长度不小于 40m。

6.2.2　超交公路发[2004]372 号文件标准的等外公路

6.2.2.1　设计速度

受限路段可采用 10km/h 和 15km/h 的设计速度，山西省提出的"准四级公路"没有给出设计速度规定。

6.2.2.2　公路平面

(1)视距。

村道在平曲线和竖曲线上的停车视距和会车视距见表 6-2。

地方较低标准的停车视距和会车视距　　表 6-2

设计速度(km/h)	15	10
停车视距(m)	15	10
会车视距(m)	30	20

(2)平曲线最小半径。

村道可不设缓和曲线，用直线径相连接，但应设超高加宽缓和段，其长度规定见表 6-3。

地方较低标准的缓和段最小长度　　表 6-3

设计速度(km/h)	20	10
缓和段最小长度(m)	20	10

平曲线最小半径要求见表 6-4。

地方较低标准的平曲线最小半径　　表6-4

设计速度(km/h)	15	10
极限最小半径(m)	12	10
一般最小半径(m)	/	15
不设超高最小半径(m)	50	60

(3)圆曲线加宽。

平曲线半径等于或小于60m时,应在平曲线内侧加宽。双车道路面的加宽值规定见表6-5。双车道路面的加宽值按表中值加倍。

地方较低标准的圆曲线加宽值　　表6-5

平曲线半径(m)	[60,50)	[50,40)	[40,30)	[30,25)	[25,20)	[20,15)	[15,10)
加宽值(m)	0.2	0.3	0.4	0.5	0.7	0.9	1.1

(4)回头曲线。

村道回头曲线各部分的极限指标规定见表6-6(取自两个地方标准,因此规定并不连续)。

地方较低标准的回头曲线指标　　表6-6

设计速度(km/h)	主曲线最小半径(m)	缓和段最小长度(m)	超高横坡度(%)	单车道路面加宽值(m)	最大纵坡(%)
10	10	15	6	2.5	5.5
15	12	10	6	1.4	5.5

6.2.2.3　公路纵断面

(1)纵坡长度。

村道纵坡的最小坡长规定见表6-7。

地方较低标准的最小坡长　　表6-7

设计速度(km/h)	15	10
最小坡长(m)	50	40

(2)最大坡长。

村道不同纵坡的最大坡长规定见表6-8(取自两个地方标准,因此规定并不连续)。

地方较低标准的最大坡长　　表6-8

纵坡坡度(%) \ 最大坡长(m) \ 设计速度(km/h)	15	10
4	—	1400
5	1000	1100
6	800	900
7	600	700
8	400	500

续上表

纵坡坡度(%) \ 最大坡长(m) \ 设计速度(km/h)	15	10
9	300	350
10	200	250
11	150	180
12		150

(3)平均纵坡。

村道连续坡段的平均纵坡大于6%时,应在不长于2km处设置缓和坡段,缓和坡段的纵坡不应大于3%,其长度不应小于40m。

(4)高原纵坡。

在海拔2000m以上的高原地区,村道的最大纵坡值应按表6-9的规定折减。

地方较低标准的高原村道最大纵坡 表6-9

海拔高度(m)	2000~3000	3001~4000	4001~5000	5000以上
折减值(%)	2	3	4	5

(5)合成坡度。

在设有超高的平曲线上,超高与纵坡的合成坡度值不得超过表6-10的规定。冬季路面有积雪或结冰的地区、自然横坡较陡的傍山路段、非汽车交通比率高的路段,这些特殊地区的村道,其合成坡度必须小于8%。

地方较低标准的超高与纵坡的合成坡度值 表6-10

设计速度(km/h)	15	10
合成坡度值(%)	10.5	10.5~12.5

受限路段中设计速度采用15m/h,圆曲线半径采用15m时,纵坡不应大于5%,超高不应大于6%。设计车速10km/h的特殊困难路段,当最小圆曲线半径采用10m时,纵坡不应大于5.5%。

(6)竖曲线。

村道在纵坡变更处均应设置竖曲线,竖曲线的最小半径和最小长度规定见表6-11。

地方较低标准的竖曲线的最小半径和最小长度 表6-11

设计速度(km/h)		15	10
凸形竖曲线半径(m)	极限最小值	80	75
	一般最小值	—	150
凹形竖曲线半径(m)	极限最小值	80	75
	一般最小值	—	150
竖曲线最小长度(m)		15	11.0~12.5

6.2.2.4　公路横断面

对于受投资限制的地形困难路段，可采用4.0m的路基宽度（路面宽度3.0m）；工程艰巨的特殊困难路段或利用旧路加宽有困难的局部路段，可采用3.5m的路基宽度（路面宽度3.0m）。

6.3　农村公路交通事故情况和特性分析

6.3.1　农村公路事故形态分布

根据公安部交通管理局统计资料，2009年全国县道、乡村道死亡事故形态分布统计见表6-12和图6-10。

2009年全国县道、乡村道死亡事故形态分布　　表6-12

事故类型 / 事故数 / 公路类型	正面相撞	侧面相撞	尾随相撞	翻车	刮撞行人	对向刮擦	通向刮擦	碾压	坠车	撞固定物	撞静止车辆	其他
县道	3171	2789	1205	760	1023	231	246	368	238	502	94	275
乡村道	1223	1092	325	474	469	110	96	231	140	172	47	136
总计	4394	3881	1530	1234	1492	341	342	599	378	674	141	411

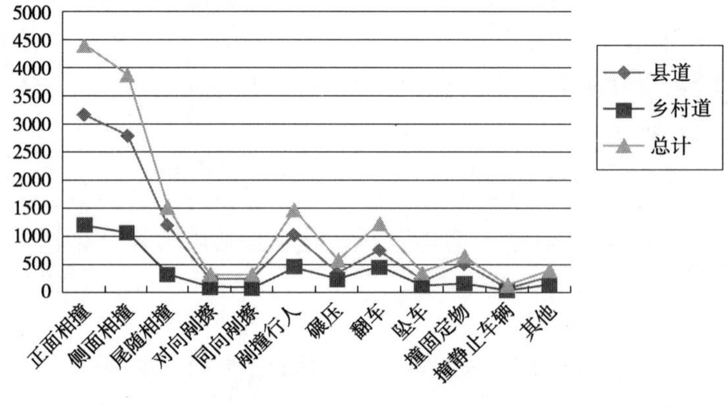

图6-10　2009年全国县道、乡村道死亡事故形态分布

2009年我国农村公路因正面相撞所导致的死亡事故占总数的28.5%，远远高出了其他事故形态的死亡事故比例。合并表中类似事故类型，并将事故类型主要分为碰撞、刮擦、碾压、翻车、撞静止物、坠车和其他，得各类型事故比例分布如图6-11所示。

农村公路上的死亡事故数据统计显示，事故类型以碰撞、刮擦、翻车为主。受到公路线形条件、公路几何尺寸等影响，车辆自身尺寸与行车速度不适应公路现有条件，如急弯车速过快、路面过窄、路侧边坡过大等，容易发生翻车事故。随着农村公路路面状况逐步改善，农村交通需求逐渐加大，农村公路上的各种机动车与非机动车的行驶速度越来越快，过快的车速不适应低标准的公路线形、几何条件等，一旦视距不良、操作不及时就可能造成碰撞、刮擦、翻车等交通事故。

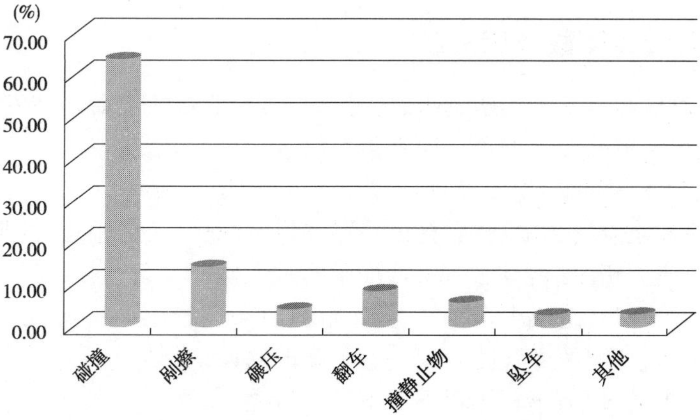

图 6-11　全国农村公路死亡事故形态分布比例

6.3.2　农村公路事故路段分布

农村公路中,急弯、陡坡、高路堤等典型路段众多,公路平、纵线形组合出现急弯陡坡的现象时有发生。

统计重庆农村公路事故多发路段类型可知,高路堤路段事故数占事故总数的75%,说明了涉及路侧的交通事故占有较大比例。高路堤等路侧险要路段成为农村公路事故重灾区,其中原因是车速过快、路幅过窄、路侧边坡大,路侧深度较大,缺乏合理的交通安全防护措施等公路条件下,车辆行驶在这样的路段上,容易因驾驶操作不当而冲出公路,造成翻车、落水等重大交通事故。

农村公路设计和建设先天不足,公路上出现了很多急弯、陡坡、视距不良等典型路段,并且平、纵线形组合出现了连续急弯、连续下坡、急弯陡坡等组合路段。由于车速过快、弯道半径超过极限值、客运车辆几何尺寸、车辆性能等因素影响,视距不良、急弯等路段的事故占到较大的比例。

贵州铜仁地区相关公路事故多发路段资料显示出事故多发路段中视距不良、急弯、连续急弯、急弯陡坡等路段居多,如图 6-12 所示。

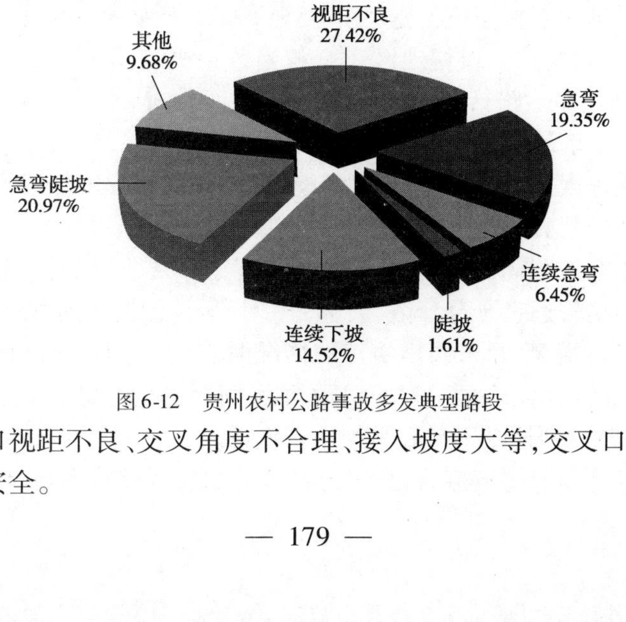

图 6-12　贵州农村公路事故多发典型路段

农村公路交叉口视距不良、交叉角度不合理、接入坡度大等,交叉口接入管理混乱状况也严重影响的客运安全。

6.3.3 农村公路事故成因分析

近年来,山区农村客运安全问题越来越突出,给人民群众的生命财产安全带来了严重的威胁与损害,导致交通事故发生的重要原因包括以下几个方面。

(1)农村公路技术等级低,路基路面质量差,路侧环境复杂。

受到地形地貌和建设资金限制,农村公路路幅过窄,路侧净区不足,线形条件差,技术标准低,急弯、陡坡等典型路段组合形式多,增加了驾驶人操作复杂性。

①路面宽度严重不足,造成会车困难,人车混行时一旦避让不及就会酿成事故;

②转弯半径不够,公路的交叉路口很少有加宽的路面;

③交叉口口转半径过小,车辆不得不占道转弯行驶;

④急弯处根本就没有设置"反超高"横坡度,临界速度稍快一点,就可能造成车辆侧翻;

⑤陡坡底端连接急弯,由于下坡车速过快、急弯视距不良等原因就有可能造成碰撞、翻车或冲出路外交通事故;

⑥大部分农村公路路边没有硬质路肩,车辆在行驶中需要停车时,只能停在原本就不宽的公路上,形成路障,可能导致碰撞、剐擦等交通事故。

(2)农村公路交通安全防护措施缺乏或设置不当,不能达到安全防护的要求。

①缺少交通安全设施,无标志、标线、诱导设施、防护设施等安全设施的路段或交叉口大量存在。部分交叉路口属于典型的"三无"路口(无标志、无标线、无信号控制),交叉口相交角度及坡度不规范现象时有发生,相邻交叉口距离过近增加了驾驶人操作复杂性;

②一些急弯、陡坡、视距不良等路段缺少相关标志、标线,无视线诱导设施或减速设施等;

③部分路段路侧边坡较大、路侧临崖、临渠等危险路段,缺少诱导设施、防护设施。

总之,农村公路建设提高了公路通达性,但对交通安全防护需求考虑相对不足。

(3)农村机动车存在安全隐患。

农村公路车辆组成复杂,包括农用运输车、拖拉机、摩托车与报废车。随着农村经济的快速发展和农民生活水平的逐步提高,农村机动车从以交通运输为主逐渐转变为运输、生产和生活的工具而迅速进入农村家庭。这些车辆绝大多数低效能、年限长、车况差、安全性能差,安全运行条件达不到要求。农村地区还有相当数量机动车未能上牌照,大量的无牌照、脱检和拼装车以及"病"车上路行驶,大部分车很少进行检查、维护和保养。

(4)农村交通参与者交通安全、法制教育不足。

农村驾驶人文化程度低、驾驶技能不规范、交通安全认知程度低以及接受交通安全教育次数少,无证驾驶、疲劳驾驶、车辆不按规定年检在农村机动车驾驶人中时有发生。

农村居民搭乘非客运车辆、摩托车超载出行的现象非常普遍。长期以来,农村中小学生家庭所在地和学校距离较远且十分分散,大部分中小学生上学、放学必须经过较长的农村公路,在公路上打闹追逐、横穿马路、并排骑车的情况时有发生;很多农村中小学生上学、放学乘坐非法营运的超载的农用车、摩托车,埋下了重大交通安全隐患。

(5)道路交通应急处理体系不足和救护水平低下。

山区农村社会经济发展比较落后,救援力量分散和救援经费不足,导致农村地区相当缺乏救护车等紧急救援装备,紧急救护技术也较为落后。在面对重大交通事故时,只能临时从其他地方调集救援设备,延误了救援时间。道路交通应急处理和救护水平偏低,其结果是导致死亡率和致残率上升,使事故后果加重。

通过以上分析可看出,农村公路的交通安全现状不容乐观,在事故高发、公路环境复杂的农村公路上开展客运建设面临着巨大的安全挑战。若对农村公路实施安全保障工程,不仅提高整个农村公路的交通安全水平,还能加强对山区农村客运安全保障。

(6)典型农村公路事故成因分析(以重庆为例)。

调查重庆农村公路客运事故情况,如图6-13所示,其事故数虽然呈逐年下降状态,但总体情况仍旧不容乐观,且乡道客运事故占总体客运事故的比例逐年攀升,在2012年高达49%,应高度引起注意。

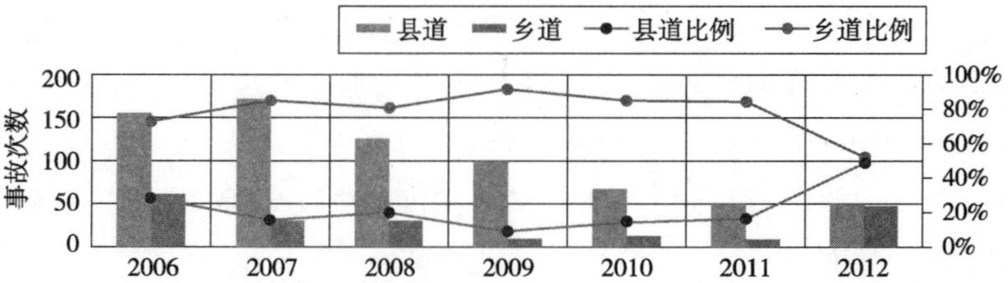

图6-13　重庆农村公路客运历年事故数及分布

分析、掌握山区公路客运事故规律,有助于综合治理农村公路客运事故安全问题,提高客车营运安全性,并为宏观政策提供了前提和依据。

6.3.4　农村公路安全特征分析

(1)农村公路交通事故死亡率高,群死群伤的特大交通事故多。

根据2009年的全国道路交通事故统计数据,公路上发生交通事故137596起,共导致48871人死亡,占交通事故死亡总人数的72.1%。其中,二级公路、三级公路和四级公路事故死亡人数分别占公路交通事故死亡人数的26.0%、16.0%和7.2%。2009年一次死亡10人以上特大交通事故统计数据表明,该类事故中农村公路事故起数比例占到20.8%,造成了18.2%的死、伤人数。2009年全国死亡事故公路类型分布如图6-14所示。

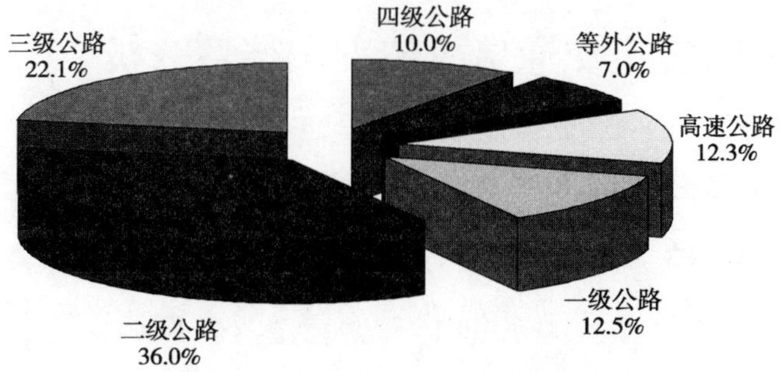

图6-14　2009年全国死亡事故公路类型分布

(2)农村公路的交通死亡事故多因超速行驶或未按规定让行。

驾驶人法制观念淡薄、交通安全意识不强,在农村公路引发交通事故的违法因素中,超速行驶、未按规定让行、无证驾驶较多。调查的568起交通事故中,死亡46人,占农村公路交通事故总数的14.63%和死亡人数的35.11%；未按规定让行发生交通事故369起，死亡21人，分别占农村公路交通事故总数的9.5%和死亡人数的16.03%；违法上路行驶发生交通事故173起，死亡20人，分别占农村公路交通事故总数的4.46%和死亡人数15.27%。

(3)农村公路典型路段缺乏交通安全设施。

2009年，全国交通安全设施不全或无防护道路发生交通事故170886起，死亡46881人，分别占总数的71.69%和69.19%。交通安全设施是农村公路驾驶人最后一道生命线，针对农村公路地形环境复杂特点，客运车辆行驶在急弯、陡坡、路侧危险路段时，交通安全设施能告知驾驶人前方道路信息，以便于驾驶人及时采取相应措施。交通安全设施的缺乏或不齐全，无法满足驾驶人的心理预期，也无法防止事故发生后的更严重的二次事故。

(4)农用车、摩托车事故率高。

农村公路上大货车、农用车、拖拉机等非法客运车辆拉客、报废客车上路营运造成了许多重大的交通事故。农村客源流动大、范围广、季节性强，客运实载率低，运价低、运营成本高等原因，导致农村客运经济效益差，正规客运车辆利润较低，而乘坐非客运车辆成本低，成为首选的交通工具。同时，农村公路客运执法监管任务重、困难多，警力、经费相对不足，交通管理部门对农村监管力度较小，造成了大部分农村公路基本上处于失控状态，无证驾驶、酒后驾驶、车辆无牌照行驶、带"病"行驶、未检未审、超速超载等严重违章现象十分突出。

(5)农村公路上中小学生成为最大的受害群体。

公安部统计数据：2009年农村地区中小学生的交通事故比例高达62.3%，成为农村公路最大的受害群体。农村中小学生家庭住址分散，上学路途较远，常常骑行自行车或搭载摩托车、三轮车等安全性能差的交通工具，经常出现并排骑车、超载超速、违法超车、无证驾驶、占道行驶等交通违法行为现象，故中小学生发生交通事故的事情屡见不鲜。

(6)国道、省道与农村公路交接处、人车密集的乡镇公路交叉口发生交通事故较多。

国道、省道与城乡公路接合部，人流、车流密集的乡镇公路交叉口，缺乏必要的安全标志和警告标志，道路两旁缺乏安全防护设施，这是导致发生交通事故较多的主要原因。农村交通参与者自身交通安全意识薄弱，接受安全教育的机会少，因此，在这样的区域应该设置必要的安全、警告标志，道路两边设置防护设施，以减少交通事故的发生。

6.4 农村公路客运交通事故情况和特性分析

6.4.1 客运事故路段分布特征

农村公路地形险要，路窄、弯急、坡陡、坡长、视距不良、高路堤及支路口等危险路段较多，经常引发重特大交通事故。调研发现，农村公路发生客运事故的路段集中在高路堤、急弯、长大纵坡及支路口，其所占比例如图6-15所示。

高路堤路段极易引发烈度较大的客运事故，占事故多发路段的比例为75%，尤其是那些缺乏防护设施的沿溪、沿河、沿崖、沿塘路段。急弯往往伴随线形的不良组合，线形变化复杂，视距不良，同样易引发客运事故，占事故多发路段的比例为14%。支路口的无序接入、不规范接入，往往成为农村公路客运的事故多发点，占事故多发路段的比例为11%。

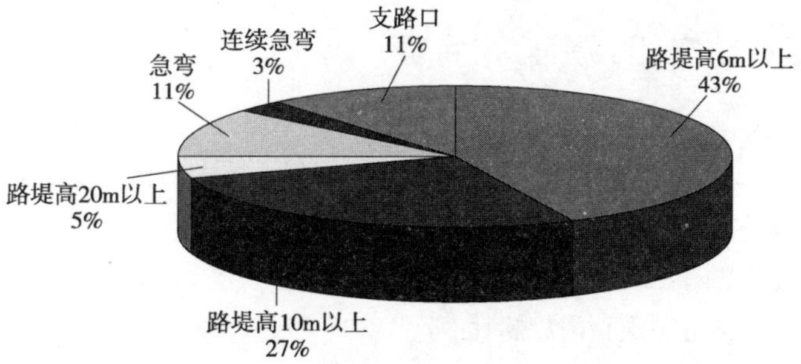

图 6-15 农村公路客运事故多发路段类型统计图

6.4.2 客运事故形态分布特征

对重庆市 2006～2012 年县道、乡道客运事故形态进行统计分析，如图 6-16 和图 6-17 所示，县道、乡道历年事故以碰撞和剐擦为主，占事故总数的 85% 以上，主要与道路急弯所引起的视距不良及支路无序接入有关。

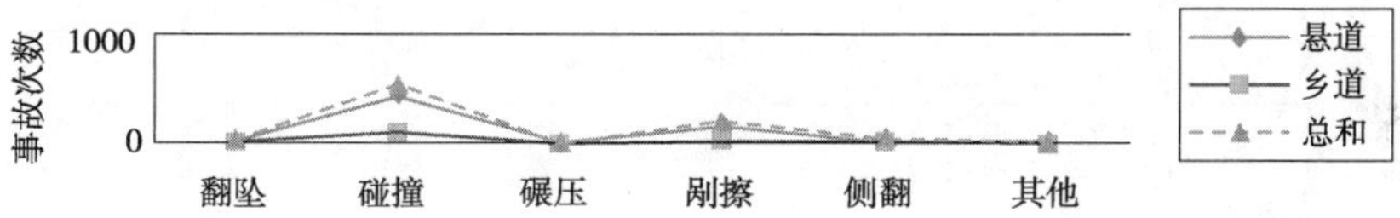

图 6-16 县道、乡道客运事故形态分布图

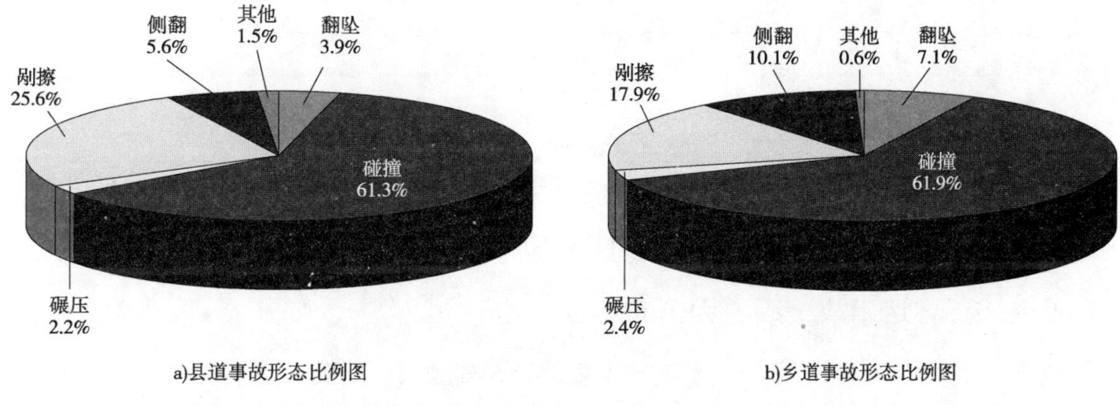

图 6-17 县道、乡道客运事故形态比例图

大部分发生在无防护设施或防护设施强度不够（如水泥混凝土防撞墩或防撞桩）的高路堤危险路段。翻坠车事故是交通事故最严重的一类，极易产生二次次生事故，增大了事故烈度，扩大了事故后果，特别容易发展成重特大交通事故。

6.4.3 客运事故时间分布特征

客运事故与人流量、交通环境都有着密切的关系。经调研发现，山区农村居民出行客运事故主要分布在以下时间段：重大节假日（包括春节前后在外务工人员的返乡）、农村赶集、学校放学和红白喜事。尤其是红白喜事和春节期间在外务工人员返乡，农民包车出行现象突出，此间发生的重大交通事故较多。

6.4.4 客运事故车辆因素分布特征

(1)车辆因素更容易引发死亡人数较多的事故。

(2)引发事故的车辆因素主要包括制动失效、爆胎、机械故障和转向故障。

(3)事故率最高的客运车辆是大型客车。

(4)制动失效引起的事故所占比例最高。

(5)爆胎引起的事故也占有很大的比例。

6.4.5 客运事故车型分布特征

通过统计图6-18可以发现,微、小型客运车辆事故率低于大、中型客运车辆,说明微、小型客车的安全性优于其他两种车辆,可能是微、小型车比较容易被驾驶人控制操作以至不易发生事故的缘故。

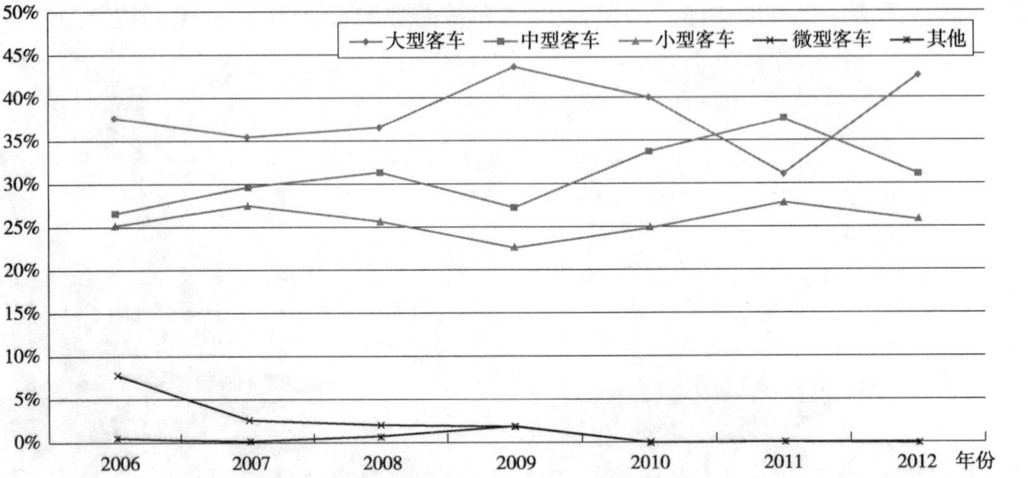

图6-18 重庆山区农村公路客运事故车型分布统计

6.4.6 客运事故肇事原因分布特征

根据统计资料可知,造成交通事故的主要因素是驾驶人。驾驶人因素包括操作不当、驾驶技术不到位、疲劳驾驶及交通违法违章等。据调查,农村公路客运车辆驾驶人原因引发的事故数量占总事故的63.4%,如图6-19所示,其中驾驶人交通违法违章占事故总量的58%,违法违章情况主要包括超速行驶、逆行、违法变更车道、违法超车等;不良车况也是引发客运交通事故的重要原因,由不良车况引发的客运交通事故占客运总事故量的19%;不良天气和道路条件也成为事故直接原因,但数量较少,占6.6%;其他原因占11%。从以上统计数据中不难看出,驾驶人是引发客运事故的主要原因。

针对驾驶人引发客运交通事故的原因进行具体划分,分为交通违法违章、操作不当、无证驾驶、疲劳驾驶。交通违法违章又包括超速行驶、逆行、违法变更车道、违法超车、违法倒车、违法调头、违法会车、违法抢行、违法占道行驶、违反交通信号等;操作不当包括制动不当、转向不当、加速控制不当等,各种原因分布比例如图6-20所示。

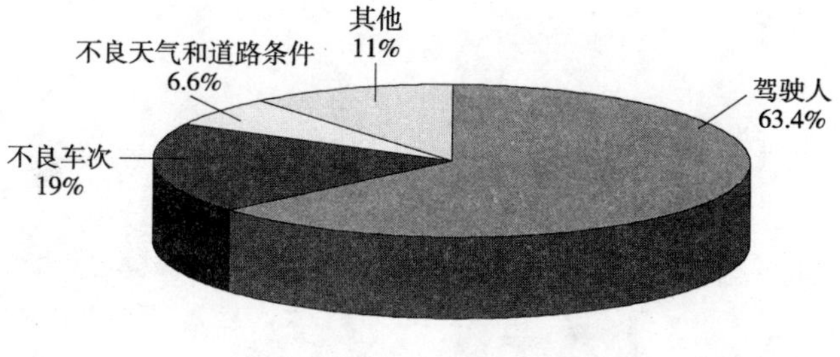

图 6-19　交通事故直接原因比例

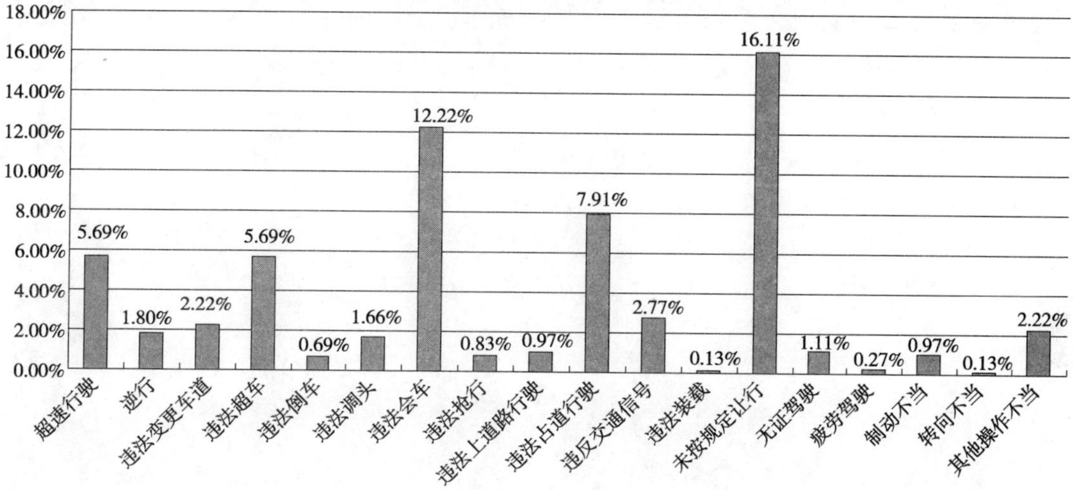

图 6-20　驾驶人因素原因比例分布

从图 6-20 可以看出,驾驶人交通违法违章占据了驾驶人因素原因的绝大部分,主要是大部分驾驶人未经严格的交通安全法律法规培训教育,一般只懂得简单的操作技巧便驾车上路,导致他们时常违反相关交通法律法规而引发交通事故,而无证驾驶和疲劳驾驶主要是监管不力引起的。因此,要减少驾驶人引发的交通事故,必须从管理体制上着手,加强监管力度,加大教育力度,从源头上来减少交通事故的发生。

6.5　农村公路设施和客运车辆存在的主要安全问题

6.5.1　农村公路设施存在的主要安全问题

通过调查发现,在实际公路建设过程中,普遍存在通过降低设计时的公路技术等级以节省建设资金的现象;建成后的公路部分路段路幅狭窄,甚至没有路肩和路缘带,公路的线形常常不能满足该等级公路标准要求,急弯和连续急弯多,纵坡和横坡搭配不合理,边坡无治理,无排水设施,路侧临崖、临渠。农村公路设施存在的主要安全问题主要为以下几个方面。

(1)线形不良或组合线形不良。

公路平纵线形设计上的不足,出现急弯、连续急弯、陡坡、连续下坡、急弯和陡坡组合等典型路段,如图 6-21 和图 6-22 所示。

图 6-21 连续急弯道路

图 6-22 连续上下坡道路

(2)路幅宽度较窄。

会车时容易发生不按规定路线行驶、侵占对方车辆行驶路线、高速抢行会车或会车距离太近等现象,易诱发交通事故,如图 6-23 和图 6-24 所示。

图 6-23 单车道错车

图 6-24 长距离路幅过窄

(3)部分公路路基填土高于接入道路。

部分公路路基填土高于接入道路现象普遍,路基在垂直方向上产生较大落差,同时,部分道路接入点之间距离太近或对向接入,对主路车流干扰严重,易诱发交通事故,如图 6-25 和图 6-26 所示。

图 6-25 接入点坡度大

图 6-26 道路对向接入

(4)路面破损。

水毁或超载车辆造成路面破损而又没有及时修复,如图 6-27 和图 6-28 所示。

图 6-27　严重破损的路面

图 6-28　破损的路面

(5)视距不良。

公路线形不良,急弯、陡坡路段较多,并且部分路段视线受高山、树木等遮挡,行车视距受限,如图 6-29 和图 6-30 所示。

图 6-29　山区视距不良道路

图 6-30　急弯、陡坡与路侧障碍物

(6)安保设施匮乏。

目前,绝大部分农村公路安保设施匮乏。就重庆山区而言,县道和乡道上只设置了标志牌、示警柱、示警墩等一些安全设施,少部分特别危险路段设置了波形护栏和缆索护栏,波形护栏和缆索护栏的设置里程甚至不到县道、乡道总里程的 2%。大多数路段上没有任何安全防护设施,村道上除了少数几个交通标志外,几乎就没有安保设施。在农村公路长下坡路段上,也没有任何减速设施,如图 6-31 ~ 图 6-34 所示。原本道路线形较差的农村公路加上落后的安全设施,使得农村公路的安全性让人担忧。

图 6-31　示警柱

图 6-32　标志牌、示警柱

图 6-33　示警墩

图 6-34　缺乏标志牌及示警桩

6.5.2　农村公路客运车辆存在的主要安全问题

(1)农村公路车辆安全性差。

部分地区农村客运车辆通勤频次较低或无客运线路,农村公路上三轮车、摩托车、拖拉机、中巴车等安全性较差的车辆非法载客,这些车辆通常为提高效益超速、超载行驶,给农村客运安全带来重大交通安全隐患。

(2)农村公路车辆违法行为增多。

县乡、乡村间私营客、货运车辆大部分无车辆牌证、定期检验率低。据调查,山区农村摩托车、低速货车、三轮汽车检验率不到 50%。一些农村地区驾驶人很少对车辆进行维护维修,不少车辆缺乏法定保险,驾车人容易逃避肇事责任。

(3)部分农村公路重型车比例高,公路容易损坏。

通过对农村公路的调研发现,超载车辆为了逃避省道交纳的各种费用,便把行车路线转向农村公路(图 6-35)。农村公路不堪重负,载重车辆严重超载、超限,致使公路沉陷、翻浆,桥涵、护岸坍塌严重。修建公路时,沿线乡镇自筹资金、银行贷款、投工投劳等,已经付出了巨大的代价,但维护的速度远远赶不上损坏的速度。农村公路不能设站、设卡治超,导致了公路缺乏有效的监管,超载问题得不到有效的解决,公路损毁现象严重。长此以往,将极大地降低农村公路、特别是旅游公路的使用寿命。

图 6-35　载重车辆多的农村公路

6.6 低等级公路线形对客运车辆运行安全性的影响研究

6.6.1 农村客运车型状况分析

根据《营运客车类型划分及等级评定》(JT/T 325—2010),将客车车型定为4种,分别是:微型客车,其车身长度小于3.5m;小型客车,其车身长度为3.5~6m;中型客车,其车身长度在6~9m之间;大型客车,它的车身长度为9~12m。2013年JT/T 325进行了修订,将微型客车划归乘用车,并在原小型、中型、大型三类客车基础上,增加了特大型客车,其车身长度为12~13.7m。

据调查,2012年全国主要山区省份营运客车共计41.36万辆,按JT/T 325—2013划分,其中客车类型分布见表6-13,包括:大型客车2.37万辆,占5.73%;中型客车10.16万辆,占24.56%;小型客车5.07万辆,占12.27%。由此可知,山区公路客运以中、小型客车为主。

山区省份营运班线客车类型分布(单位:辆)　　表6-13

山区省份	客车总计	大型	大型占客车比例(%)	中型	中型占客车比例(%)	小型	小型占客车比例(%)
内蒙古	49892	1423	2.85	6004	12.03	1761	3.53
广西	37142	6312	16.99	11256	30.31	3829	10.31
重庆	32527	2843	8.74	10032	30.84	6219	19.12
四川	77964	3246	4.16	25541	32.76	15543	19.94
贵州	38325	2183	5.7	9439	24.63	11855	30.93
云南	53886	2323	4.31	14896	27.64	2993	5.55
西藏	5362	283	5.28	1335	24.9	381	7.11
陕西	52585	1769	3.36	12266	23.33	4924	9.36
甘肃	37275	1924	5.16	6970	18.7	1642	4.41
青海	13897	272	1.96	1613	11.61	852	6.13
宁夏	14699	1099	7.48	2226	15.14	734	4.99
合计	413554	23677	5.73	101578	24.56	50733	12.27

以重庆为例,客车共计3.25万辆,包括:大型客车0.28万辆,占8.74%;中型客车1.00万辆,占30.84%;小型客车0.62万辆,占19.12%。

中型客车多为县际班车,运行在省道和县道上;小型客车则主要作为县内班车,大多运行在乡道和县道上。

6.6.2 农村客运车辆使用状况

山区农村地区公路客运车辆主要以中、小型客车为主，其中，中型客车座位数一般为29座，车身长不超过9m；小型客车座位数一般为19座或9座，车身长不超过6m。部分车型如图6-36所示。

图6-36 万达客车、东风客车、野马客车

（1）贵州农村客运车辆使用状况。

截止到2011年年底，贵州省全省发展农村客运班线3896条，农村客运车辆17777辆，座位数为251553座。

农村客运车辆的座位数方面，以贵州省湄潭县现有的471辆农村客运车辆为例进行说明：19座中巴车和8座小客车是主要的客运车型，分别占到总量的49.47%和41.40%，19座及以下车辆占到了总量的99.15%。根据县域的不同，农村客运车辆的座位数也略有不同，如关岭布依族苗族自治县目前全部为10座以上的客运车辆。湄潭县农村客运车辆荷载人数分布如图6-37所示，农村客运车型如图6-38所示。

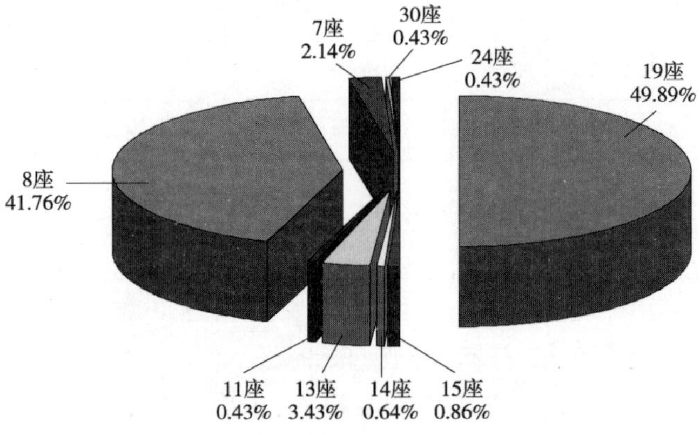

图6-37 湄潭县农村客运车辆荷载人数分布图

图 6-38　农村客运中巴车(左侧荷载 19 人,右侧荷载 8 人)

各类荷载人数车型外廓尺寸情况见表 6-14。

湄潭县农村客运车辆荷载人数车型外廓尺寸　　表 6-14

序号	核载人数(人)	外廓尺寸(mm)		
		长	宽	高
1	7	3500	1445	1895
2	8	3730 ~ 4970	1500 ~ 1690	1860 ~ 1935
3	11	5320	1690	2050
4	13	4850	2000	2495
5	14	5200	1700	2250
6	15	5995	2180	3060
7	19	5990 ~ 5996	2160 ~ 2270	2270 ~ 3110
8	24	6560	2270	2970
9	30	7450 ~ 8020	2268 ~ 2475	3120 ~ 3250

在农村客运车辆的品牌方面,不同县域差别较大,如湄潭县鸿运客运有限责任公司主要以上海通用五菱和贵州万达为主,如图 6-39 所示,关岭布依族苗族自治县内农村客运车则有金龙、金旅、依维柯、福田、金杯、全顺、云马、衡山、万达、东风、少林等。

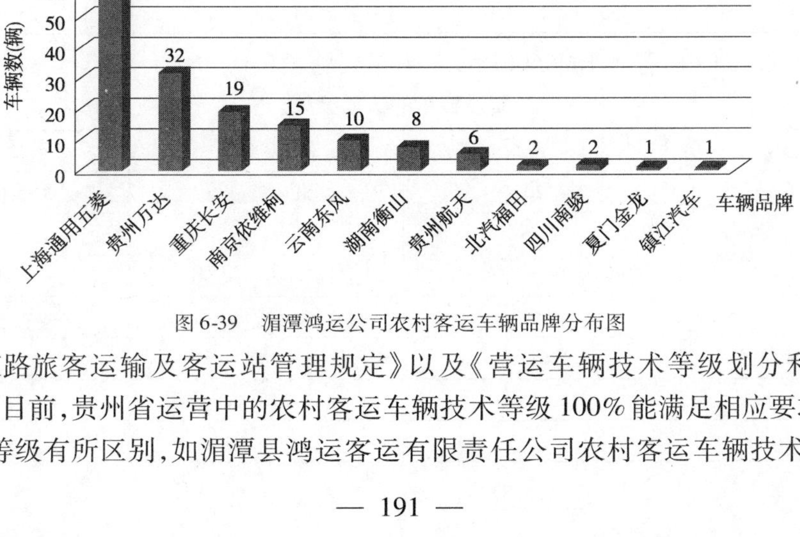

图 6-39　湄潭鸿运公司农村客运车辆品牌分布图

根据《道路旅客运输及客运站管理规定》以及《营运车辆技术等级划分和评定要求》(JT/T 198),目前,贵州省运营中的农村客运车辆技术等级 100% 能满足相应要求,但各县域间车辆技术等级有所区别,如湄潭县鸿运客运有限责任公司农村客运车辆技术等级达到一

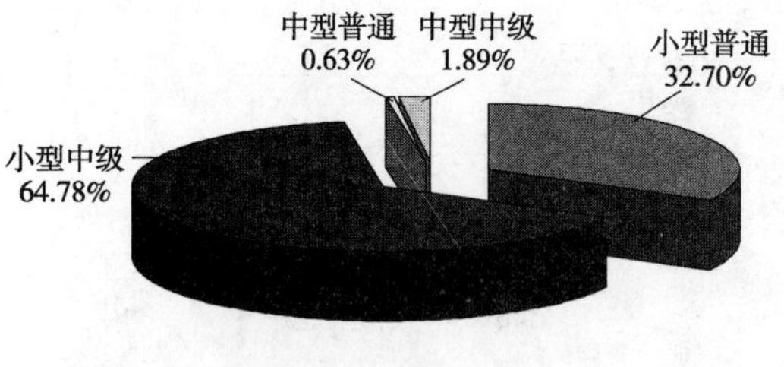

图 6-40　湄潭鸿运公司农村客运—营运客车类型

级的占 32.08%，二级占 67.3%，三级占 0.62%；石阡县启灵运输有限责任公司农村客运车辆则 100% 达到了一级。

按照《营运客车类型划分及等级评定》(JT/T 325)，贵州省农村客运车辆多以小型普通、小型中级为主，如湄潭县农村客运车辆中小型中级占 64.78%，小型普通占 32.7%，如图 6-40 所示。

(2)宁夏、甘肃农村客运车辆使用状况。

宁夏回族自治区农村客运以 19 座的中型客车为主，约占其全部客运车辆的 60%，主要用于班线运输；8 座以下的小型客车占 40% 左右，大部分用于乡到村的“区域经营”。

甘肃省农村客运车辆中 19 座以上客车占大部分，仅有少量 11 ~ 14 座中型面包车。

从六盘山地区农村客运车辆总体情况看，19 座(6m)车为主要车型，这类车能够在四级公路正常运行，但在等外公路上行驶起来有比较大的局限。目前，在等外公路上运行的主要是 8 座微型面包车，对农村公路路面窄、坡陡、急弯多的情况，还缺乏在质心高度、操控性、制动性能、动力性等方面的针对性开发设计，用于公路客运安全隐患相对较大。此外，对农村乘客出行带有较多农副产品和生产资料的需求考虑不足。

6.6.3　农村客运代表车型

根据以上农村客运车型调研结果，确定低等级农村公路客运车型为小型客车与中型客车。其中三级公路、四级公路客运车型为中型客车，等外公路客运车型为小型客车。在确定各车型的外廓尺寸时，一方面考虑了目前农村客运的主要车型，同时还参考了目前公路上运行的主流车型，综合确定以下车型指标，见表 6-15。其中中型客车比现行规范 6m 长的小型车略大，为该类车型的极限值。

低等级农村公路客运车型外廓尺寸规定　表 6-15

车辆类型	总长(m)	总宽(m)	总高(m)	轴距(m)	前悬(m)	后悬(m)	最大爬坡度	核载人数(人)
小型客车	6.0	2.0	2.5	3.3	1.2	1.2	≥25%	10 ~ 19
中型客车	7.0	2.25	2.8	4.0	1.0	2.0	≥25%	≥19

本章选用东风 19 座客车 KM6606PA，车辆参数见表 6-16。

营运客车的仿真参数　表 6-16

车辆参数	取　值	车辆参数	取　值
整备质量(kg)	4120	承载质量(kg)	1680
轴距(m)	3.3	轴数(个)	2
外廓尺寸(m)	5.995 × 2.250 × 3.110	最高车速(km/h)	105
前轮簧下质量(kg)	600	后轮簧下质量(kg)	600
簧上质心至前轴的距离(m)	1.687	簧上质心至后轴的距离(m)	1.613
前轮距(m)	1.750	后轮距(m)	1.586
前悬(m)	1.2	后悬(m)	1.495

6.6.4　农村公路条件对农村客车使用性能的影响

农村公路以三级公路、四级公路和等外公路为主,技术等级和路面铺装率较低,且公路往往弯多弯急、车道宽度窄、陡坡坡度长、路面状况差,而且农村公路基本上全是混合交通,对山区农村客车使用的影响因素主要集中在最小圆曲线半径、纵向坡度、纵坡长度、车道数和路面铺装情况,这些因素不仅影响着客车的运行速度,而且严重影响着客车的通过性、动力性和制动性等安全性能。

6.6.4.1　对车辆动力性的影响

在山区路段,车辆行驶时所受到的阻力包括滚动阻力、空气阻力、坡度阻力等。

(1)滚动阻力。

滚动阻力的大小与车轮负荷近似成正比,其比例系数称为滚动阻力系数,其值一般由试验确定。车辆在某些路面上以中、低速行驶时,滚动阻力系数值见表6-17。

滚动阻力系数 f 的数值　　表6-17

路面类型		滚动阻力系数	路面类型	滚动阻力系数
良好的沥青或混凝土路面		0.010～0.018	泥泞土路(雨季或解冻期)	0.100～0.250
一般的沥青或混凝土路面		0.018～0.020	干砂	0.100～0.300
碎石路面		0.020～0.025	湿砂	0.060～0.150
良好的卵石路面		0.025～0.030	结冰路面	0.015～0.030
坑洼的卵石路面		0.035～0.050	压紧的雪道	0.030～0.050
压紧土路	干燥的	0.025～0.035		
	雨后的	0.050～0.150		

(2)空气阻力。

空气阻力是指行驶车辆受到来自空气的阻碍作用。空气阻力大小与行驶车速、车辆的迎风面积、空气阻力系数、空气密度密切相关,一般空气阻力计算公式可表示为:

$$F_w = \frac{1}{2}C_D A\rho V^2 \tag{6-1}$$

式中:F_w——空气阻力(N);

C_D——空气阻力系数;

A——车辆的迎风面积(m^2);

V——车辆行驶速度(m/s);

ρ——空气密度($N \cdot s^2/m^4$)。

(3)坡度阻力。

坡度阻力是指当客运车辆在坡道上行驶时,车辆的重力沿坡道的分力,当车辆上坡行驶时,为阻力;下坡行驶时,则为动力。该力的大小可用公式表示:

$$F_i = \pm G\sin\alpha_0 \tag{6-2}$$

式中:F_i——坡度阻力,"+"表示是车辆下坡时;"-"表示车辆在上坡;

G——车辆的重力；

α_0——坡道的坡度角。

(4)加速阻力。

汽车加速行驶时,需要克服其质量加速运动时的惯性力,就是加速阻力。汽车的质量分为平移质量和旋转质量两部分。加速时,不仅平移质量产生惯性力,旋转质量也产生惯性力偶矩。为了便于计算,一般把旋转质量的惯性力偶矩转化为平移质量的惯性力,对于固定传动比的汽车,常以系数 δ 作为计入旋转质量惯性力偶矩后的汽车旋转质量换算系数。汽车的加速时的阻力可以表示为:

$$F_j = \delta m \frac{\mathrm{d}u}{\mathrm{d}t} \tag{6-3}$$

式中:F_j——加速阻力;

δ——换算系数;

m——汽车质量。

6.6.4.2　对车辆通过性的影响

车辆的最小离地间隙是山区客运车辆通过性的重要指标,它反映的是汽车无碰撞通过有障碍物或凹凸不平的地面的能力。最小离地间隙越大,车辆通过有障碍物或凹凸不平的地面的能力越强,但质心偏高,降低了稳定性;最小离地间隙越小,车辆通过有障碍物或凹凸不平地面的能力就越弱,但重心低,可增加稳定性。所以车辆的最小离地间隙选取要适中,具体可根据当地的地形地貌进行选择。

最小转弯半径是山区农村客运车辆选型的另一个重要指标。最小转弯半径是当转向盘转到极限位置,汽车以最低稳定车速转向行驶时,外侧转向轮的中心平面在支承平面上滚过的轨道圆半径。它在很大程度上表征了汽车能够通过狭窄弯曲地带或绕过不可越过的障碍物的能力。转弯半径越小,汽车的机动性能就越好。山区道路由于弯多且大,常出现 U 形或者更小转弯半径的弯道,所以对车辆的最小转弯半径要求比较严格。最小转弯半径和车体的大小有直接的关系,所以山区农村客运车辆体积上不能过于庞大。另外,车辆的纵向通过角、接近角和离去角也是影响车辆通过性的重要指标,在山区农村客运车辆选型中都需要根据具体的地貌加以选择。

6.6.4.3　对车辆爬坡性能的影响

从调研的情况来看,农村公路中四级公路和等外公路约占农村公路总里程的97%,农村客车在这种公路条件下运行,车辆应能适应四级及以下公路纵向坡度的影响,并应考虑未铺装路面行驶阻力的增加对车辆运行速度的影响。表 6-18 为《公路工程技术标准》(JTG B01—2014)要求的各等级公路的最大纵向坡度,表 6-19 为不同路面铺装层对车辆运行的影响。

不同等级公路的最大纵向坡度　　表 6-18

公路等级	高速公路				一级公路		二级公路		三级公路		四级公路	
计算行车速度(km/h)	120	100	80	60	100	60	80	40	60	30	40	20
最大纵坡(%)	3	4	5	5	4	6	5	7	6	8	6	9

路面铺装层对车辆运行的影响　　表 6-19

指　　标	混凝土与沥青路面	沥青矿渣混合路面	碎石路面	卵石路面	天然路面
滚动阻力系数	0.014	0.020	0.032	0.040	0.080
平均技术速度(km/h)	66	56	36	27	20

6.6.4.4　对车辆制动性的影响

车辆的制动性能是汽车的主要性能之一，它关系到行车的安全性。评价一辆汽车的制动性能最基本的指标是制动加速度、制动距离、制动时间和制动时方向的稳定性。制动时方向的稳定性，是指汽车制动时仍按指定方向的轨迹行驶。如果汽车因为紧急制动（尤其是高速行驶时）而使车轮完全抱死，是非常危险的工况。若前轮抱死，将使汽车失去转向能力；若后轮抱死，将会出现甩尾或掉头（跑偏、侧滑），尤其在路面湿滑的情况下，对行车安全造成极大的危害。ABS 能有效控制车轮保持在转动状态，提高制动时汽车的稳定性及较差路面条件下的汽车制动性能。

《机动车运行安全技术要求》（GB 7258—2012）规定："车长大于 9m 的公路客车、旅游客车和未设置乘客站立区的公共汽车，所有专用校车、危险货物运输车和半挂牵引车，总质量大于等于 12000kg 的货车和专项作业车及总质量大于 10000kg 的挂车，应安装符合 GB/T 13594 规定的防抱死制动装置。"山区农村客运车辆由于经济条件所限以及没有相关标准强制要求安装 ABS，大部分车辆都没有安装 ABS，这就降低了山区农村客运安全行车的安全保障。山区道路路况差、多雨道路易湿滑，道路附着系数小，行车容易发生侧滑，所以，建议山区农村客车选型应将配备 ABS 作为一项最基本的要求。

农村公路海拔高差变化很大，几公里的连续坡是比较常见的。农村客车在长大下坡上行驶时，由于长时间、反复使用制动器，加上客车有的制动器散热不良，经常出现制动热衰退现象，制动热衰退是引发道路交通事故的主要原因之一，因此预防和降低热衰退现象的发生率，是山区农村客车需要特别考虑的关键问题。

6.6.4.5　对车辆其他性能的影响

除了上述几项重要性能外，选择客货分离的车厢也比较符合山区农村客运的特点。因为客货分离有助于改善车厢内的环境，既没有占用车厢内旅客的空间，减小了超载的可能性，又解决了农民出行所携带行李过多的问题。另外，车辆的爬坡能力也是需要考虑的一个重要问题，山区道路坡多且坡度大，如果车辆的爬坡能力不足，将严重影响车辆的动力性，满足不了农民的基本出行。

6.6.5　低等级公路线形对客运车辆行驶稳定性影响的仿真分析

6.6.5.1　车辆动力学模型

侧向速度 v_y、横摆角速度 r、侧倾角速度 φ 为车辆运动自由度，车辆前进速度始终维持恒定。

车辆稳态行驶时，作用于车辆的侧向力、横摆力矩和侧倾力矩分别保持平衡，如式(6-4)。

$$\begin{cases}\sum Y-\sum F_y=0\\ \sum N-\sum M_z=0\\ \sum L-\sum M_x=0\end{cases}\tag{6-4}$$

式中：Y——地面作用于轮胎上的侧向力；

N——地面作用于轮胎上的外力横摆力矩；

L——地面作用于轮胎上的外力侧倾力矩；

F_y——车辆自身产生的侧向力；

M_z——车辆自身产生的横摆力矩；

M_x——车辆自身产生的侧倾力矩。

图6-41和图6-42所示分别为车辆xy平面内和侧倾平面内的受力分析图，由此可得车辆三自由度动力学模型为：

$$\begin{cases}m(\dot{V}_y+Vr)-m_Sh_S\ddot{\varphi}=2F_{yf}+2F_{yr}\\ I_z\dot{r}-I_{zx}\ddot{\varphi}=2F_{yf}l_f-2F_{yr}l_r\\ I_x\ddot{\varphi}-I_{xz}\dot{r}-m_Sh_S(\dot{V}_y+Vr)=(m_Sgh_S-k_f-k_r)\varphi-(C_f+C_r)\dot{\varphi}\end{cases}\tag{6-5}$$

式中：m——整车质量（kg）；

V_y——车辆侧向速度（m/s）；

$\dot{V}_y$——V_y的导数；

V——车辆前进速度（m/s）；

r——车辆横摆角速度（rad/s）；

m_S——车辆簧上质量（kg）；

h_S——簧上质量质心至侧倾轴的距离（m）；

φ——车身侧倾角（rad）；

$\dot{\varphi}$——φ的导数；

$\ddot{\varphi}$——对φ求两次导数；

F_{yf}——前轮侧偏力（N）；

F_{yr}——后轮侧偏力（N）；

l_f——前轮至整车质心的距离（m）；

l_r——后轮至整车质心的距离（m）；

I_z——整车质量绕z轴的惯性矩（kg·m^2）；

I_{xz}——簧上质量关于z轴和x轴的转动惯量（kg·m^2）；

I_x——簧上质量绕x轴的惯性矩（kg·m^2）；

k_f——前悬架的侧倾刚度（N·m/rad）；

k_r——后悬架的侧倾刚度(N·m/rad);

C_f——前悬架的侧倾角刚度(N·m·s/rad);

C_r——后悬架的侧倾角刚度(N·m·s/rad)。

式(6-5)是以车轮转角为主要因素决定的前后轮侧偏力(F_f 和 F_r)为输入,以车辆的侧向速度 V_y、横摆角速度 r,车身侧倾角 φ 及车身侧倾角速度 $\dot{\varphi}$ 为输出的车辆动力学微分方程。

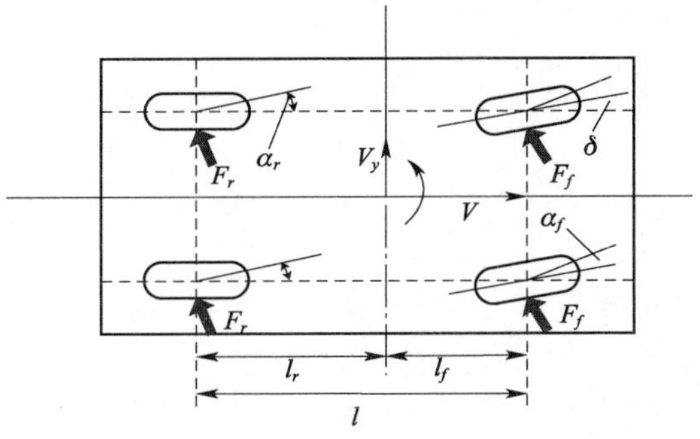

图6-41　车辆 xy 平面内的受力分析图

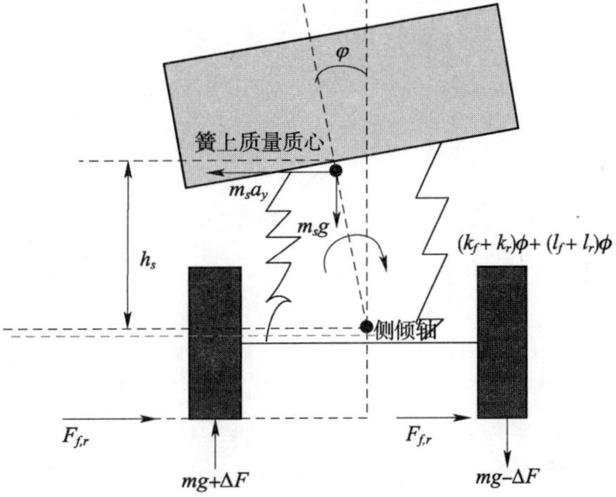

图6-42　车辆侧倾平面内的受力分析

侧向速度 v_y、横摆角速度 r、侧倾角速度 φ 为车辆运动的主要自由度,车辆前进速度并不维持恒定,而是时变的。此时,四自由度的车辆动力学模型可表示为:

$$\begin{cases} m(\dot{V}_x - V_y r) = 2F_{xf} + 2F_{xr} \\ m(\dot{V}_y + V_x r) - m_S h_S \ddot{\varphi} = 2F_{yf} + 2F_{yr} \\ I_z \dot{r} - I_{xz} \ddot{\varphi} = 2F_{yf} l_f - 2F_{yr} l_r \\ I_x \ddot{\varphi} - I_{xz} \dot{r} - m_S h_S (\dot{V}_y + V_x r) = (m_S g h_S - k_f - k_r)\varphi - (C_f + C_r)\dot{\varphi} \end{cases} \tag{6-6}$$

6.6.5.2　模型有效性的验证

(1)轮胎模型的选取。

利用建立的三自由度车辆动力学模型,选择线性轮胎模型,对前轮转角为0.05rad、行车速度为22.22m/s(80km/h)条件下的车辆进行动力学分析,获取车辆侧向加速度、横摆角速度、车身侧倾角和侧倾角速度的时变曲线,如图6-43所示。

由图6-43可知,当轮胎模型为线性时,指定仿真条件下的车辆运行参数曲线变化较为剧烈,超调量很大,表明车辆在给定一个角阶跃输入后车辆运行状态出现了短暂的快速变化阶段,而后趋于稳定。仿真结果与实际情况偏差较大,说明线性轮胎模型并不能很好地反映车辆真实的动力学特性。

同样,利用建立的三自由度车辆动力学模型,选择非线性魔术公式轮胎模型,对前轮转角为0.05rad,行车速度为22.22m/s(80km/h)条件下的车辆进行动力学分析,获取车辆侧向加速度、横摆角速度、车身侧倾角和侧倾角速度的时变曲线,如图6-44所示。

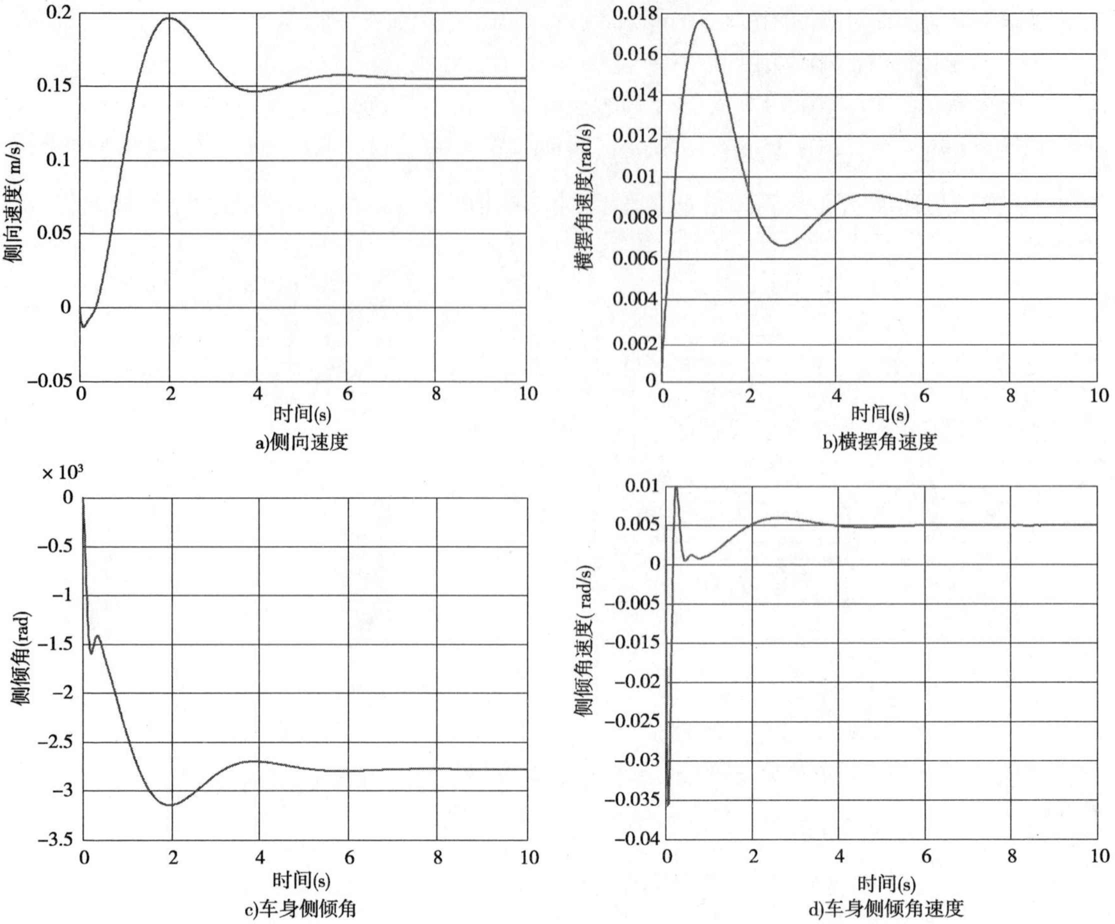

图 6-43　轮转角 0.05rad，行车速度 80km/h 时线性轮胎模型车辆运行参数时变曲线

由图 6-44 可知，当使用非线性魔术公式轮胎模型描述轮胎侧偏特性，进而进行车辆动力学分析时，指定仿真条件下的车辆运行参数曲线变化较为缓和，超调量较小，表明车辆在给定一个角阶跃输入后车辆运行状态出现了小幅度的不稳定情况，而后趋于稳定。仿真结果与实际情况相符，说明非线性魔术公式轮胎模型能够很好地反映车辆真实的动力学特性。

(2) 车辆动力学特性仿真结果。

应用 Trucksim 软件，在 Trucksim 的相应模块中设置同车辆动力学模型仿真相同的仿真参数和仿真条件，轮胎模型也使用魔术公式轮胎模型。通过 Trucksim 的仿真结果来验证所建立的整车动力学模型以及模型仿真分析过程的正确性，结果如图 6-45 所示。

通过上图的对比，验证了以上所建车辆动力学模型以及模型仿真分析过程的正确性和有效性。

6.6.5.3　道路模型的构建

在 Trucksim 道路环境信息界面中设置合适的道路模型，以考察公路平曲线设置、车辆行驶轨迹以及行车速度对车辆行驶稳定性的影响。

针对农村公路主要考察客运车辆在三级及其以下公路上行驶时的稳定性。三级及其以上公路的平曲线多由直线段、缓和曲线段和圆曲线段组成；而四级公路及等外公路的平曲线直接由直线段和圆曲线段组成。根据行业标准规范《公路工程技术标准》(JTG B01—2014)、《公路路线设计规范》(JTG D20—2006)以及交公路发[2004]372 号《关于印发农村公路建设指导意见的通知》文件附件《农村公路建设暂行技术要求》等的要求，农村公路的技术条件见表 6-20。

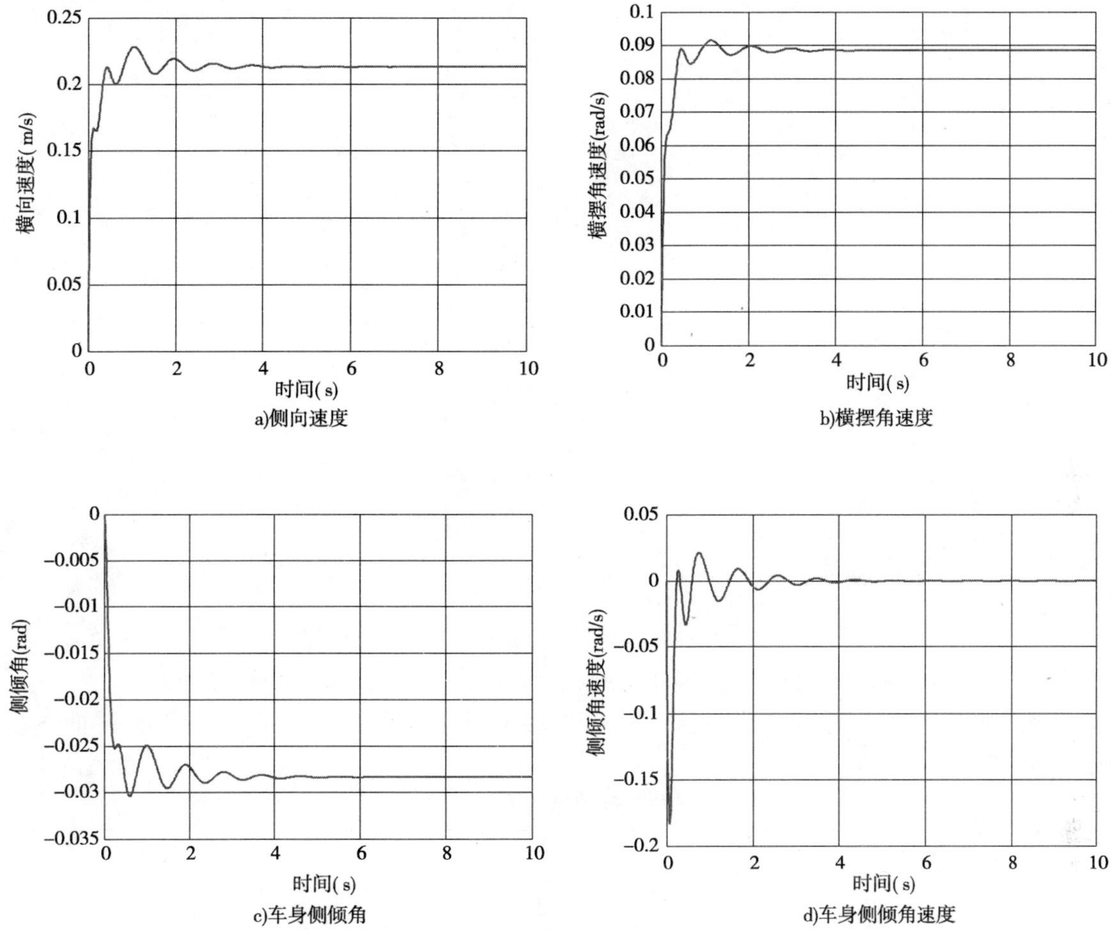

图 6-44　前轮转角 0.05rad，行车速度 80km/h 时非线性轮胎模型车辆运行参数时变曲线

农村公路技术条件　　表 6-20

参　　数	三 级 公 路		四 级 公 路
设计车速(km/h)	40	30	20
圆曲线半径一般值(m)	100	65	30
圆曲线半径极限值(m)	60	30	15
缓和曲线最小长度(m)	35	25	—
平曲线最小长度(m)	200	150	100
圆曲线最大超高(%)	8	8	8
圆曲线最小超高(%)	2	2	1.5

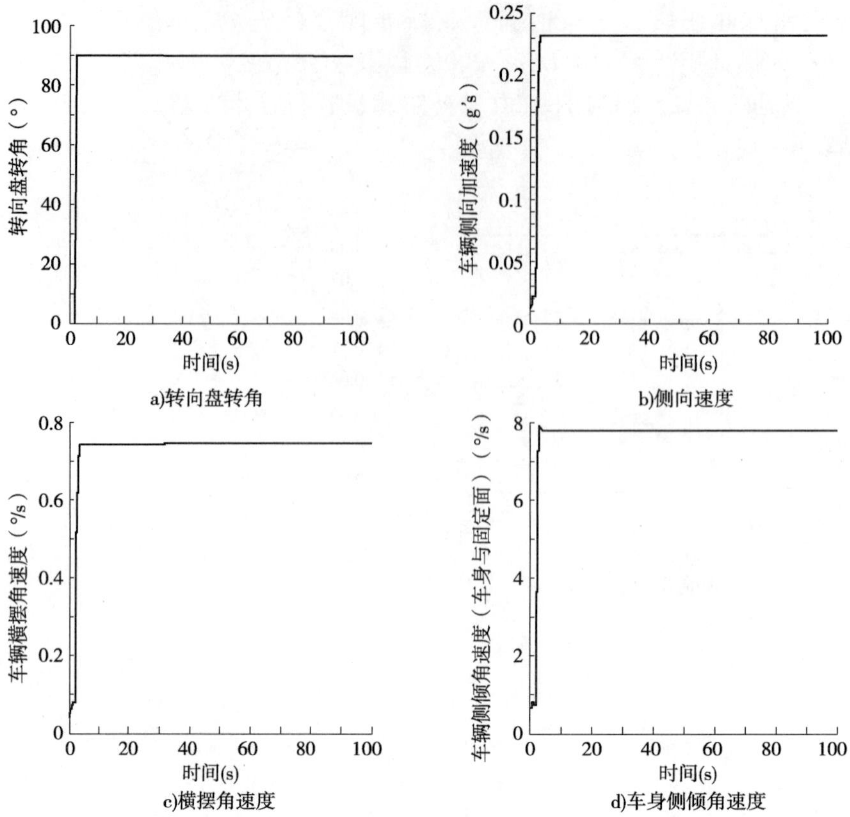

图 6-45　前轮转角 0.05rad，行车速度 80km/h 时车辆运行参数的 Trucksim 仿真结果

为方便路线设计，缓和曲线、圆曲线、缓和曲线的长度比值设置为 1∶1∶1。道路平曲线参数见表 6-21。

农村公路道路平曲线参数　　表 6-21

设计时速(km/h)	参　数	取　值　(m)
40	圆曲线长度	70
	圆曲线半径	60
	缓和曲线长度	70
30	圆曲线长度	50
	圆曲线半径	30
	缓和曲线长度	50
20	圆曲线长度	100
	圆曲线半径	15

试验中，圆曲线半径取极限值，超高统一取 2%，路段上的摩擦系数设为 0.85。

6.6.5.4　不同平曲线条件下车辆行驶稳定性分析

经过实车行驶轨迹数据采集和轨迹特征分析得知，车辆经过弯道路段时，行车轨迹可分为理想轨迹、正常轨迹、切线轨迹、漂移轨迹、修正轨迹和摇摆轨迹 6 种。行驶轨迹间的差异主要在于行驶轨迹的起始点和结束点相对于平曲线道路的中心线的起点和终点的位置，以及在弯道中部时行驶轨迹相对于道路中心线的偏移位置。不同的行驶轨迹起终点和相对道路中心线的偏离位置必然会造成驾驶人对车辆控制和车辆行驶稳定性的不同。为了考察不同平曲线道路条件下的车辆行驶稳定性,分别设计6种行驶轨迹,实验车辆的运行情况。

(1)设计速度40km/h。

在上述设计速度40km/h的道路上,构造6种车辆行驶轨迹。不同类型的行驶轨迹的构造参数如下。

①理想轨迹:行驶轨迹与道路中心线的最大偏移量为1m。

②正常轨迹:行驶轨迹与道路中心线的最小偏移量为1m;轨迹起点相对于道路中心线起点的提前距离为6m。

③切线轨迹:行驶轨迹与道路中心线的最大偏移量为2m;轨迹起点相对于道路中心线起点的提前距离为5m。

④摇摆轨迹:行驶轨迹与道路中心线的最大偏移量为2m;轨迹起点相对于道路中心线起点的提前距离为10m;轨迹终点相对于道路中心线终点的滞后距离为5m。

⑤漂移轨迹:行驶轨迹与道路中心线的最大偏移量为2m;轨迹起点相对于道路中心线起点的提前距离为10m;轨迹终点相对于道路中心线终点的滞后距离为5m。

⑥修正轨迹:行驶轨迹与道路中心线的最大偏移量为2m;轨迹起点相对于道路中心线起点的提前距离为5m。

车辆以40km/h的行驶速度、6种不同的行车轨迹通过平曲线路段,考察侧向加速度、横摆角速度、车身侧倾角及侧倾角速度的变化趋势。

6种不同轨迹上的车辆运行参数的时变曲线如图6-46所示。

由图6-46可知,车辆以40km/h的行驶速度沿着6种不同类型的轨迹行驶时,修正轨迹上的车辆行驶稳定性最差,理想轨迹次之,切线轨迹、漂移轨迹、摇摆轨迹和正常轨迹上的车辆行驶稳定性相差不大。而在Trucksim中构造的6种行驶轨迹的长度,修正轨迹的长度最低,而摇摆轨迹、正常轨迹和漂移轨迹拥有相同的长度,理想轨迹和切线轨迹的长度位于最短轨迹和最长轨迹之间,见表6-22。

设计速度为40km/h、圆曲线半径60m时的轨迹长度　　表6-22

轨迹名称	理想轨迹	正常轨迹	切线轨迹	摇摆轨迹	漂移轨迹	修正轨迹
轨迹长度(m)	212	231	227	231	231	198

对比轨迹长度和车辆在轨迹上的运行情况,可以推断,车辆通过弯道路段时所经过的路线长度决定了车辆行驶稳定情况。驾驶人选择的过弯轨迹越长,车辆在通过弯道时就拥有越好的行驶稳定性;驾驶人选择的过弯轨迹越短,车辆在通过弯道时就拥有越差的行驶稳定性。

(2)设计速度30km/h。

在上述设计速度30km/h的道路上,构造6种车辆行驶轨迹。不同类型的行驶轨迹的构造参数如下。

①理想轨迹:行驶轨迹与道路中心线的最大偏移量为1m。

②正常轨迹:行驶轨迹与道路中心线的最小偏移量为1m;轨迹起点相对于道路中心线起点的提前距离为3m。

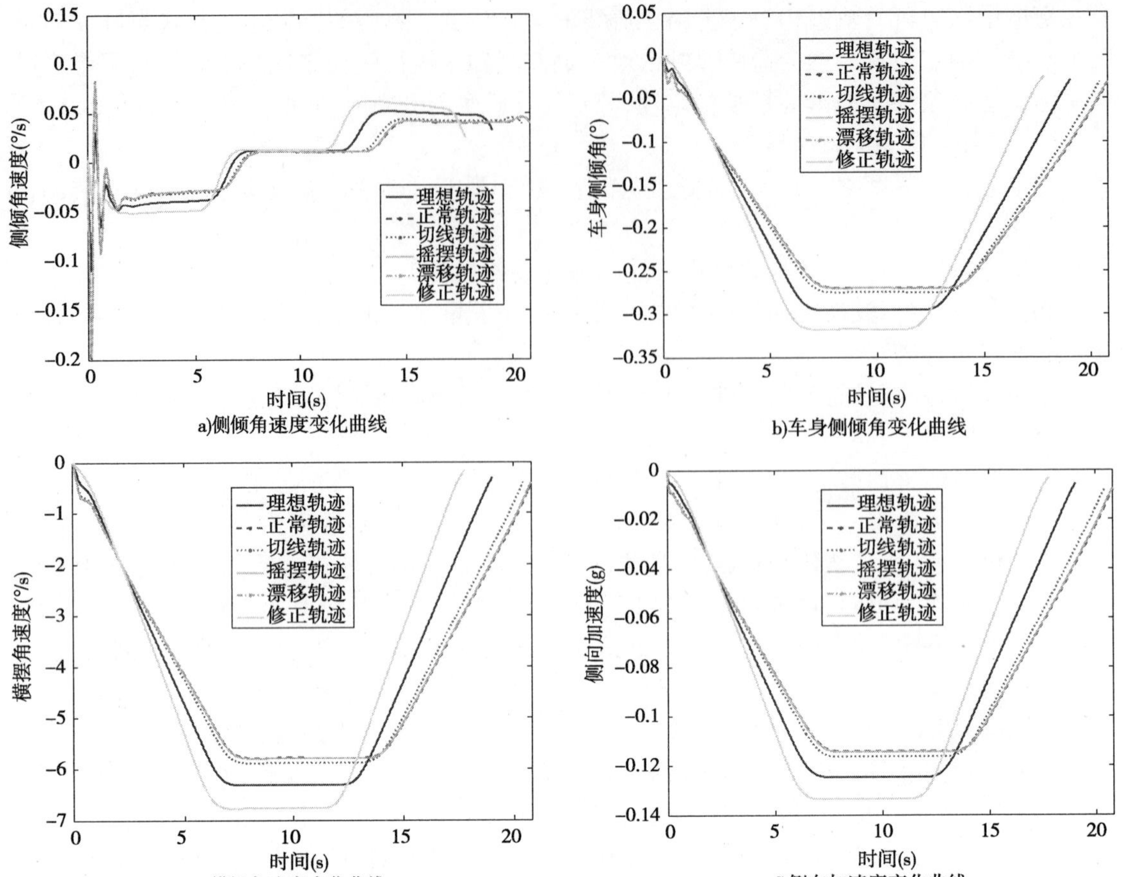

a)侧倾角速度变化曲线　b)车身侧倾角变化曲线　c)横摆角速度变化曲线　d)侧向加速度变化曲线

图6-46　六种轨迹上的车辆运行参数时变曲线

③切线轨迹：行驶轨迹与道路中心线的最大偏移量为1.5m；轨迹起点相对于道路中心线起点的提前距离为6m。

④摇摆轨迹：行驶轨迹与道路中心线的最大偏移量为2m；轨迹起点相对于道路中心线起点的提前距离为6m；轨迹终点相对于道路中心线终点的滞后距离为3m。

⑤漂移轨迹：行驶轨迹与道路中心线的最大偏移量为2m；轨迹起点相对于道路中心线起点的提前距离为6m；轨迹终点相对于道路中心线终点的滞后距离为3m。

⑥修正轨迹：行驶轨迹与道路中心线的最大偏移量为2m；轨迹起点相对于道路中心线起点的提前距离为5m。

车辆以道路设计速度30km/h、6种不同的行车轨迹通过平曲线路段，考察侧向加速度、横摆角速度、车身侧倾角及侧倾角速度的变化趋势。

车辆以6种不同类型的行驶轨迹通过设计速度为30km/h的道路平曲线时，车辆行驶稳定性情况如图6-47所示。

由图6-47可知，车辆以30km/h的速度通过道路平曲线时，以理想轨迹通过的车辆其行驶稳定性最差，以切线轨迹通过的车辆其行驶稳定性最好，以其余轨迹通过的车辆其行驶稳定性介于最好和最差之间。在Trucksim中构造的6种行驶轨迹的长度见表6-23。

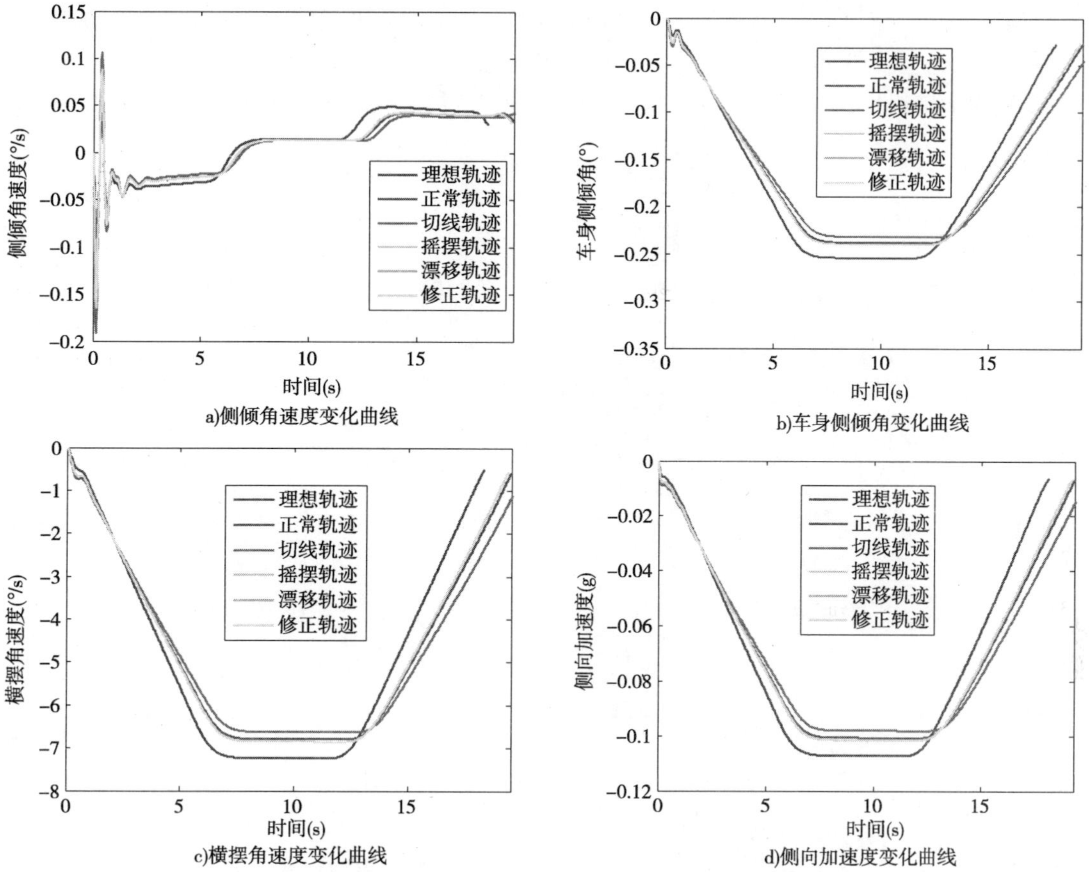

图6-47　六种轨迹上的车辆运行参数时变曲线

设计速度为30km/h,圆曲线半径30m时的轨迹长度　　表6-23

轨迹名称	理想轨迹	正常轨迹	切线轨迹	摇摆轨迹	漂移轨迹	修正轨迹
轨迹长度(m)	152	162	166	161	161	138

(3)设计速度20km/h。

在上述设计速度20km/h的道路上,6种行驶轨迹的构造参数分别如下。

①理想轨迹:行驶轨迹与道路中心线的最大偏移量为0.5m。

②正常轨迹:行驶轨迹与道路中心线的最小偏移量为0.5m;轨迹起点相对于道路中心线起点的提前距离为3m。

③切线轨迹:行驶轨迹与道路中心线的最大偏移量为0.5m;轨迹起点相对于道路中心线起点的提前距离为3m。

④摇摆轨迹:行驶轨迹与道路中心线的最大偏移量为1m;轨迹起点相对于道路中心线起点的提前距离为3m;轨迹终点相对于道路中心线终点的滞后距离为2m。

⑤漂移轨迹:行驶轨迹与道路中心线的最大偏移量为1m;轨迹起点相对于道路中心线起点的提前距离为3m;轨迹终点相对于道路中心线终点的滞后距离为2m。

⑥修正轨迹:行驶轨迹与道路中心线的最大偏移量为1m;轨迹起点相对于道路中心线起点的提前距离为3m。

车辆以道路设计速度20km/h、6种不同的行车轨迹通过平曲线路段，考察侧向加速度、横摆角速度、车身侧倾角及侧倾角速度的变化趋势。

车辆以20km/h的速度在6种不同类型的轨迹上行驶时，车辆行驶稳定性情况如图6-48所示。

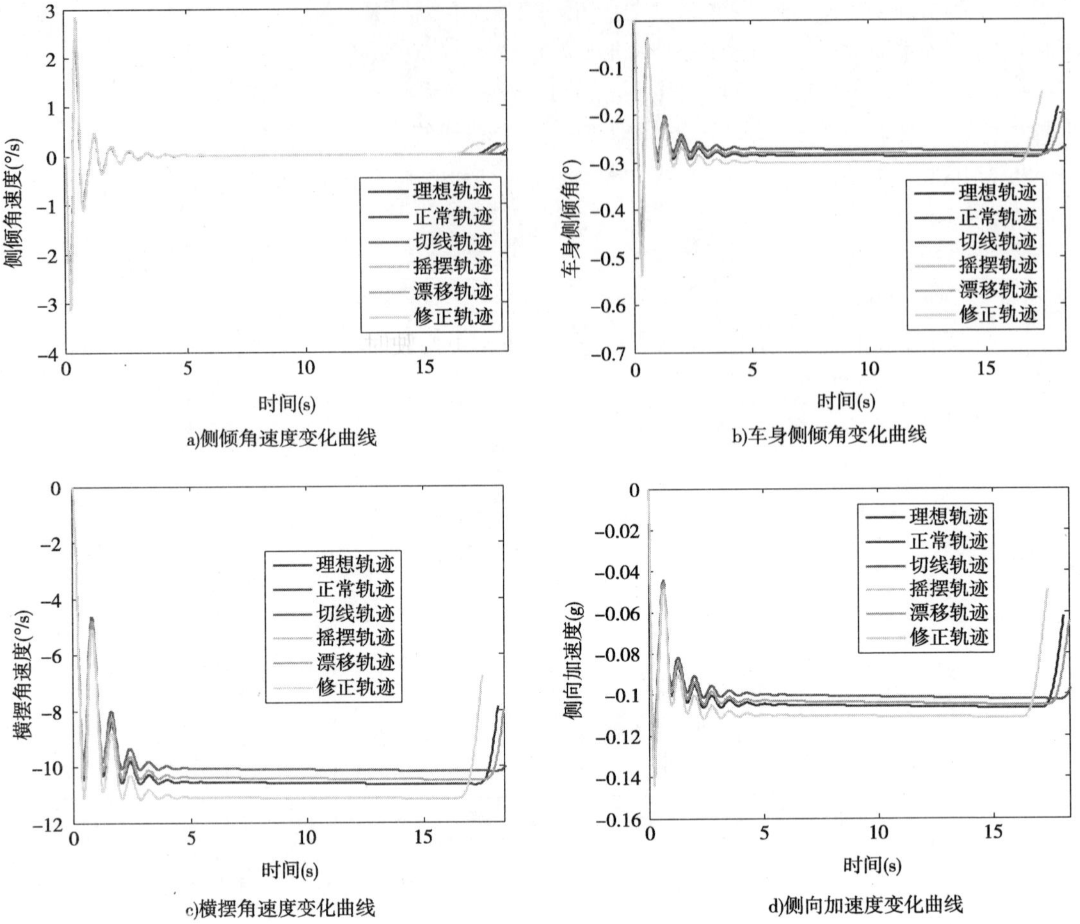

a)侧倾角速度变化曲线　b)车身侧倾角变化曲线

c)横摆角速度变化曲线　d)侧向加速度变化曲线

图6-48　六种轨迹上的车辆运行参数时变曲线

车辆在不包含缓和曲线的平曲线上、以不同的行驶轨迹行驶时，修正轨迹上的车辆行驶稳定性最差，而切线轨迹上的行驶稳定性最好。车辆行驶稳定性的差异主要体现在侧向加速度、横摆角速度和车身侧倾角上。设计速度为20km/h的道路平曲线上的轨迹长度见表6-24。同样的，轨迹长度与车辆行驶稳定性呈正比关系。

设计速度为20km/h时的轨迹长度　　表6-24

轨迹名称	理想轨迹	正常轨迹	切线轨迹	摇摆轨迹	漂移轨迹	修正轨迹
轨迹长度(m)	102	103.5	107	103.5	103.5	98

(4)设计速度15km/h。

在上述设计速度15km/h的道路上，6种行驶轨迹的构造参数分别如下。

①理想轨迹：行驶轨迹与道路中心线的最大偏移量为0.5m。

②正常轨迹：行驶轨迹与道路中心线的最小偏移量为0.5m；轨迹起点相对于道路中心线起点的提前距离为2m。

③切线轨迹：行驶轨迹与道路中心线的最大偏移量为0.2m；轨迹起点相对于道路中心线起点的提前距离为2m。

④摇摆轨迹：行驶轨迹与道路中心线的最大偏移量为0.5m；轨迹起点相对于道路中心线起点的提前距离为2m；轨迹终点相对于道路中心线终点的滞后距离为1m。

⑤漂移轨迹：行驶轨迹与道路中心线的最大偏移量为0.5m；轨迹起点相对于道路中心线起点的提前距离为2m；轨迹终点相对于道路中心线终点的滞后距离为1m。

⑥修正轨迹：行驶轨迹与道路中心线的最大偏移量为0.5m；轨迹起点相对于道路中心线起点的提前距离为2m。

车辆以道路设计速度15km/h、6种不同的行车轨迹通过平曲线路段，考察侧向加速度、横摆角速度、车身侧倾角及侧倾角速度的变化趋势。

车辆以15km/h的速度在6种不同类型的轨迹上行驶时，车辆行驶稳定性情况如图6-49所示。

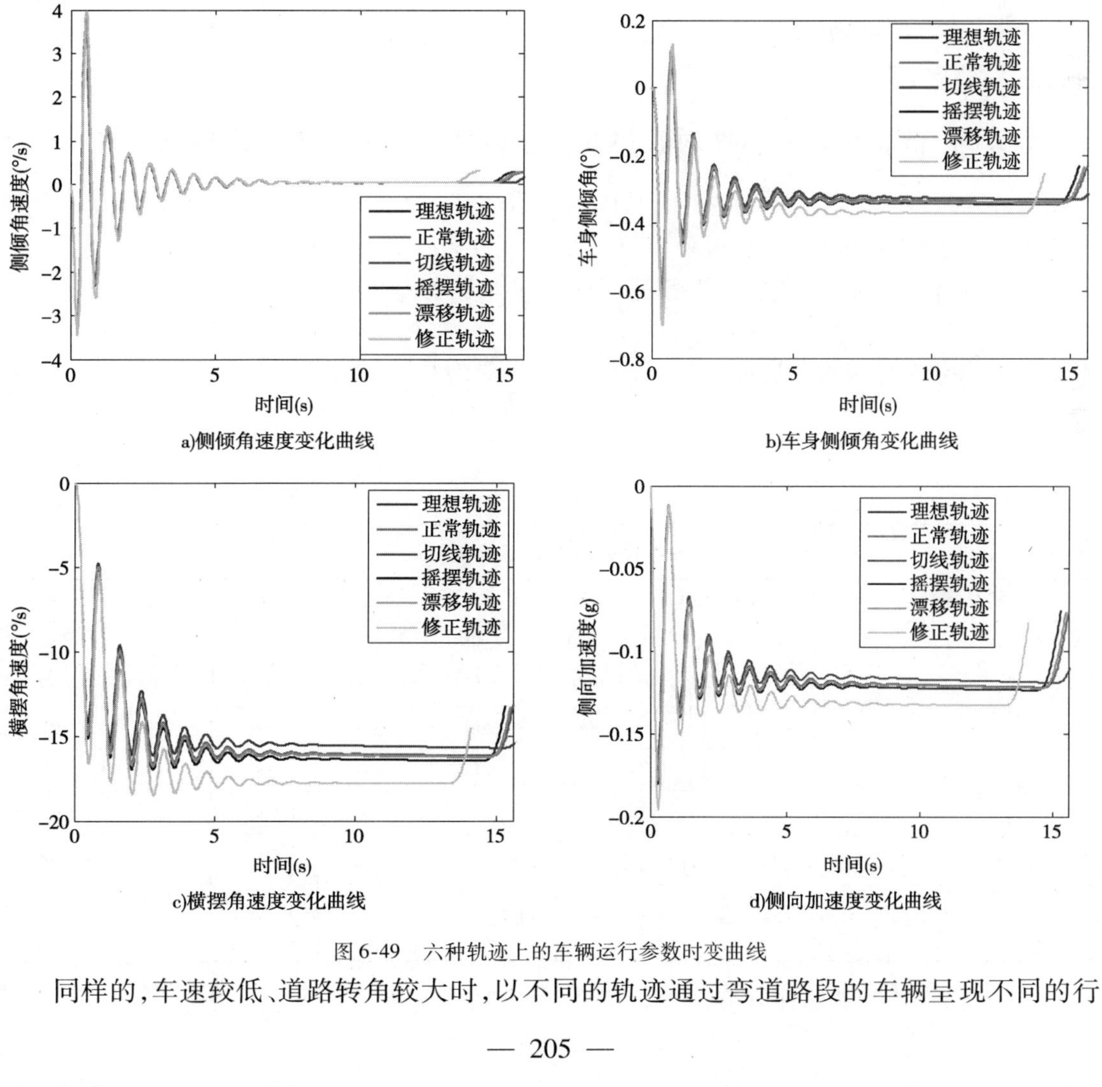

a)侧倾角速度变化曲线　b)车身侧倾角变化曲线　c)横摆角速度变化曲线　d)侧向加速度变化曲线

图6-49　六种轨迹上的车辆运行参数时变曲线

同样的，车速较低、道路转角较大时，以不同的轨迹通过弯道路段的车辆呈现不同的行驶稳定性。修正轨迹上的车辆行驶稳定性最差,切线轨迹上的车辆行驶稳定性最好,剩余4种轨迹上的车辆运行情况大致相同、差异较小。设计速度为15km/h的道路平曲线上的轨迹长度见表6-25。

设计速度为15km/h时的轨迹长度 表6-25

轨迹名称	理想轨迹	正常轨迹	切线轨迹	摇摆轨迹	漂移轨迹	修正轨迹
轨迹长度(m)	66	67.3	69.4	66.8	66.8	60.8

车辆在设计速度不同的平曲线上、以不同的方式通过弯道路段时,所带来的车辆行驶稳定性情况也是各不相同的。经过分析得知,不同种类的轨迹上的车辆行驶稳定性主要取决于车辆通过弯道路段时所行驶的路线长度。车辆通过弯道路段时的行驶路线越长,其行驶稳定性能越优异;且当不同类型的行驶轨迹拥有相同的轨迹长度时,车辆在其上的行驶稳定性是相同的。

在构建行驶轨迹时,令行驶轨迹的缓和曲线过渡角等于道路中心线的缓和曲线过渡角,行驶轨迹的圆曲线圆心角等于道路中心线的圆曲线圆心角。由此,不同的行驶轨迹实际上拥有完全相同的转弯角度。在轨迹长度相同的条件下,可以推算得知不同种类的行驶轨迹平曲线的曲率完全相同,仅仅是车辆行驶轨迹与道路中心线的交点位置、车辆占据对向车道行驶的路段等有所不同。

6.6.6 低等级公路纵坡对农村客车爬坡性能影响的仿真分析

农村公路多需要经过村庄、农田、基础水利设施等,为了尽可能地保护自然环境和当地地形、降低公路的修建费用,农村公路纵坡变化程度较大,常常遇到缓长、陡直的坡路。因此,通过对农村客车爬坡性能的研究,来了解农村客车能否满足农村公路行驶的需要。

表6-26为标准规定的公路最大纵坡。设计速度为30km/h的道路,其最大纵坡为8%。表6-27为各级公路纵坡长度限制。

公路最大纵坡 表6-26

设计速度(km/h)	120	100	80	60	40	30	20
最大纵坡(%)	3	4	5	6	7	8	9

各级公路纵坡长度限制(m) 表6-27

设计速度(km/h)		120	100	80	60	40	30	20
纵坡坡度(%)	3	900	1000	1100	1200			
	4	700	800	900	1000	1100	1100	1200
	5		600	700	800	900	900	1000
	6			500	600	700	700	800
	7					500	500	600
	8					300	300	400
	9						200	300
	10							200

经过查阅资料得知,东风19座客车KM6606PA的比功率是10。令满载车辆以30km/h

的初始速度爬坡，统计当车速下降至 10 km/h 时车辆已经驶过了多少距离以及车速下降为 0 时所驶过的距离。坡路的附着系数分别设定为 0.85、0.44 和 0.1。

6.6.6.1　路面摩擦系数 0.85 的仿真分析

路面摩擦系数为 0.85 时，车辆在不同坡度的坡道上的最长爬坡距离见表 6-28。

路面摩擦系数 0.85 时车辆的爬坡距离　　表 6-28

道路坡度(%)	车速下降至 10km/h 时的爬坡距离(m)
8	87
9	68.3
10	63

注：坡度为 3% ~7% 时，仿真得到的最低车速未低于 10km/h。

当道路坡度增加至 8% 以上时，车速由最初的 30km/h 下降到 10km/h 时，行车过的距离见表 6-29 所示。这种情况下，车辆仍然能够以低于 10km/h 的车速继续爬坡，爬坡距离不限。

6.6.6.2　路面摩擦系数 0.44 的仿真分析

路面摩擦系数为 0.44 时，车辆在不同坡度的坡道上的最长爬坡距离见表 6-29。

路面摩擦系数 0.44 时车辆的爬坡距离　　表 6-29

道路坡度(%)	车速下降至 10km/h 时的爬坡距离(m)
8	87
9	68.3
10	63

注：坡度为 3% ~7% 时，仿真得到的最低车速未低于 10km/h。

当道路坡度增加至 8% 以上时，车速由最初的 30km/h 下降到 10km/h 时，行车过的距离见表 6-30。这种情况下，车辆仍然能够以低于 10km/h 的车速继续爬坡，爬坡距离不限。

当车辆以 30km/h 的初始速度爬坡、道路的摩擦系数为 0.85 和 0.44 时，车辆行驶距离和车速的变化曲线如图 6-50 所示。

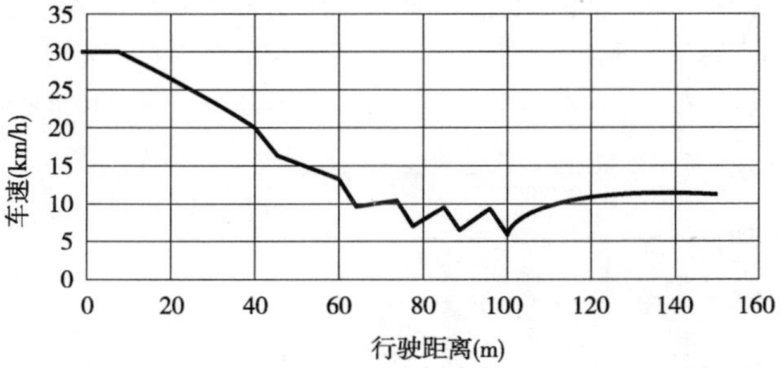

图 6-50　高附着系数条件下的车速变化

6.6.6.3　路面摩擦系数 0.1 的仿真分析

路面摩擦系数为 0.1 时，车辆在不同坡度的坡道上的最长爬坡距离见表 6-30。

路面摩擦系数 **0.1** 时车辆的爬坡距离　　表 6-30

道路坡度(%)	车速下降至 10km/h 时的爬坡距离(m)	车速下降至 0 时的爬坡距离(m)
4	310	365
5	144.9	165
6	113	127
7	89	100
8	74	81
9	60	67
10	55	63

注:坡度为 3% 时,仿真得到的最低车速未低于 10km/h。

当道路附着系数下降至 0.1 时,除极小坡度外,车辆均不能实现无限长度的爬坡。典型的低附着系数条件下、车辆爬坡时的行驶距离和车速的变化曲线如图 6-51 所示。

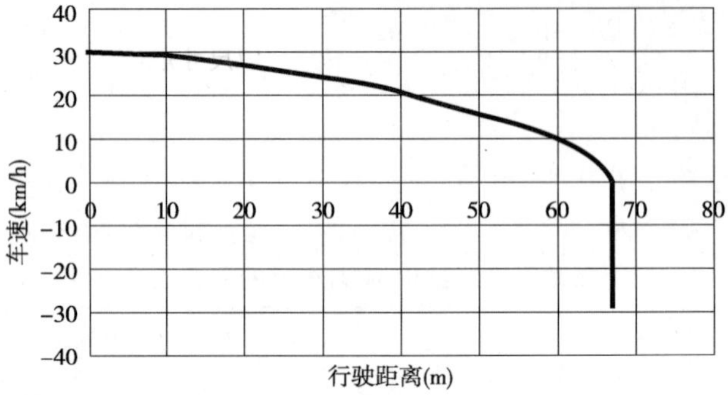

图 6-51　附着系数 0.1 时车辆爬坡行驶距离和车速的变化曲线

6.6.6.4　讨论与结论

由表 6-29 和表 6-30 可知,在道路附着系数较大、坡度较大时,车辆行驶速度由 30km/h 下降到 10km/h 的期间内,车连的爬坡距离仅在 70 m 左右,此后车辆将以较低的速度缓慢爬坡。虽然车辆能够爬坡成功,但是极低的车速和较大的发动机运转负荷会造成车辆排放污染物增加、动力性能减退。

在道路附着系数极低时(0.1),车速下降至 0 时的车辆爬坡距离与规定的道路坡长的比较结果如图 6-52 所示。由图 6-52 可知,附着系数的降低极大地降低了车辆的爬坡距离,如果道路坡度过长,车辆将无法完成爬坡任务。

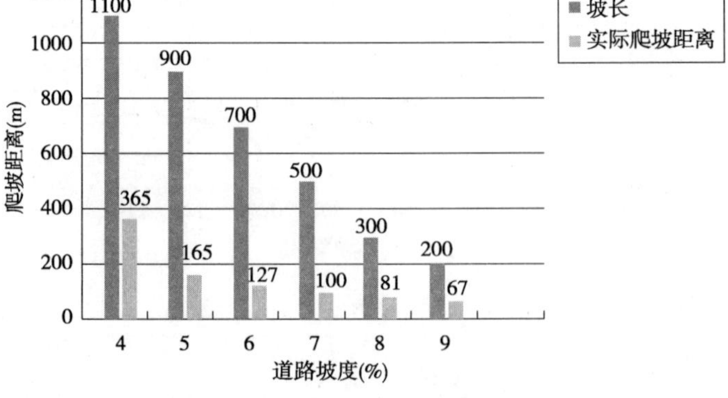

图 6-52　低附着系数条件下,实际爬坡距离和坡长的比较

由此可知,农村公路道路坡度的设置应该具体考虑道路使用车辆的具体情况,避免长缓坡道的设置。

6.7　针对典型农村客运车辆的农村公路线形设计指标适宜性研究

6.7.1　农村客运车型

根据以上农村客运车型调研结果,确定低等级农村公路客运车型为小型客车与中型客车。其中三级公路、四级公路客运车型为中型客车,同时考虑条件受限,四级公路的客运车型为小型客车。各车型的外廓尺寸在确定时,一方面考虑了目前农村客运的主要车型,同时还参考了目前公路上运行的主流车型,见表6-31。其中中型客车比现行规范6m长小型车略大,为该类车型的极限值。

低等级农村公路客运车型外廓尺寸规定　　表6-31

车辆类型	总长(m)	总宽(m)	总高(m)	轴距(m)	前悬(m)	后悬(m)	最大爬坡度(%)	核载人数(人)
小型客车	6.0	2.0	2.5	3.3	1.2	1.2	≥25	10~19
中型客车	7.0	2.25	2.8	4.0	1.0	2.0	≥25	≥19

6.7.2　设计速度

由于农村公路的等级一般较低,因此三级公路、四级公路的设计速度沿用规范值(表6-32)。

各级公路设计速度　　表6-32

公路等级	三级公路		四级公路
设计速度(km/h)	40	30	20

6.7.3　横断面指标

由于低等级公路一般穿越地形复杂的山区,空间有限,因此这里仅提出通行客运车型的最小横断面指标。

6.7.3.1　*路肩宽度*

路肩是与行车道相邻的道路组成部分,供临时停车和紧急情况下使用,同时也为路面提供横向支撑。调研表明,采用较宽的土路肩,主要考虑供少量非机动车使用。实践证明其使用率较低,慢行车甚至行人不在土路肩上行驶,而喜欢在条件较好的路面部分行驶。因此,低等级公路仍采用较窄的土路肩,且考虑到空间受限,因此低等级农村公路仅考虑路肩的横向支撑功能。

路肩应具有足够的宽度保证其功能的充分发挥,结合国内外经验,路肩实现路面侧向支撑功能所需要的最小宽度为0.5m(表6-33)。

路 肩 宽 度　　表6-33

道路等级	三级公路	四级公路
路肩宽度(m)	0.75(40km/h) 0.50(30km/h)	0.25(双车道) 0.50(单车道)

路肩上设置的标志、防护设施等不得侵入公路建筑界限，否则应加宽路肩。

6.7.3.2　车道宽度

车道的宽度应满足设计车辆宽度并能为车辆在车道内横向摆动和会车提供侧向余宽。其他影响车道宽度的因素还有交通量及组成、有无路肩及会车等。

(1)设计车辆宽度是道路设计代表车型的基本宽度。小型客车宽度为2.0m，中型客车宽度为2.25m。

(2)侧向余宽是为车辆行驶提供横向安全空间，是考虑车辆行驶中因驾驶不准确和横风等影响等造成的横向摆动等因素所需保证的安全距离，它与车辆行驶速度、交通量及交通组成等有关。根据相关研究成果，侧向余宽以0.25m为级差，其与车速的关系见表6-35。

(3)对于存在会车的双向双车道公路，根据经验，行车道应增加0.25~0.5m的净宽，作为会车安全措施。

综上，车道宽度等于设计车辆宽度、侧向余宽与会车安全间距之和，理论计算得出的车道宽度值见表6-34。

车道计算宽度　　表6-34

设计速度(km/h)	客运车型宽度(m)	侧向余宽(m)	会车安全间距(m)	车道计算宽度(m)
40	2.0	1.00	0.5	3.50
30		0.75	0.25	3.25
20		0.50		3.00
15		0.50		3.00

四级公路宜采用双车道，交通量小且工程艰巨的路段可采用单车道。此时，考虑客运车辆低速会车需求，路基宽度至少应大于2.0+0.5+2.0=4.5m，那么除去1.0m的土路肩，单车道四级公路车道宽度最小值应为3.5m。

综上，确定了低等级公路车道宽度，见表6-35。

车 道 宽 度　　表6-35

公路等级	三级公路		四级公路
设计速度(km/h)	40	30	20
车道宽度(m)	3.50	3.25	3.00(双车道) 3.5(单车道)

该指标与规范相同，增加了四级公路单车道情况。

6.7.3.3　路基宽度

根据以上路肩与车道宽度，可确定低等级农村公路路基宽度取值，见表6-36。

低等级农村公路路基宽度　　表6-36

公路等级	三级公路		四级公路	
设计速度(km/h)	40	30	20	
车道数	2	2	2	1
路基宽度(m)	8.5	7.5	6.5	4.5

该指标与规范部分相同，四级公路单车道情况下，路基宽度有所增加，并确定了15km/h的路基宽度指标。

6.7.3.4　农村公路建筑限界

在公路横断面设计中，公路标志、护栏、照明灯柱、电杆、管线、绿化、行道树以及跨线桥的梁底、桥台、桥墩等的任何部分不得侵入公路建筑限界之内。

根据公路在路网中的地位与位置，同一公路应采用相同的净空高度。三级公路、四级公路净高应为4.50m，受限路段净高不应低于3.50m。旁边有行人道时，其净高应为2.50m。

(1)当设置爬坡车道、错车道时，建筑界限应包括该部分的宽度。

(2)建筑界限的上缘边界线：

①不设超高的路段，上缘边界线应为水平线；

②设置超高的路段，上缘边界线应与超高横坡平行。

(3)建筑界限的边界线：

①不设超高的路段，两侧边界线应与水平线垂直；

②设置超高的路段，两侧边界线应与路面超高横坡垂直。

(4)三级公路、四级公路的路面采用沥青灌入、沥青碎石、沥青表面处治或砂石路面时，净空高度宜预留20cm。

6.7.4　平面指标

6.7.4.1　一般规定

三级公路平面线形应由直线、圆曲线、回旋线三种要素组成。四级公路平面线形可由直线、圆曲线两种要素组成。

平面曲线必须与地形、景观、环境等相协调，同时注意线形的连续与均衡性，并同纵断面、横断面相互配合。

6.7.4.2　圆曲线最小半径与超高

各级公路平面不论转角大小，均应设置圆曲线。在选用圆曲线半径时，应与设计速度相适应。根据车辆在曲线上的受力平衡，可得圆曲线半径的计算公式为：

$$R=\frac{V^2}{127(\mu \pm i)} \tag{6-7}$$

式中：V——行驶速度；

μ——横向力系数；

i——超高横坡度。

从横向力系数、超高和平曲线半径三者之间的关系可知，汽车在弯道上行驶时，随着横向力系数的不同，乘客的感觉也随之发生变化，直接影响到行车的安全、经济和舒适性。因此，在曲线上，如何综合考虑超高的设置和横向力系数的取值，关系到车辆在弯道上的行驶条件，不仅影响行车的安全性与舒适性，还对公路修筑的工程数量及造价有举足轻重的影响。根据已有舒适性感受试验，确定了不同速度条件下横向力系数阈值见表6-37。

各种速度下允许横向力系数 表 6-37

速度(km/h)	15	20	30	40
允许横向力系数阈值	0.17	0.17	0.16	0.15

根据公式,对于给定速度,超高和横向力系数之和与平曲线半径呈反比,与曲率呈正比。但超高和横向力系数各自与平曲线半径之间并没有简单的比例关系,它们各自的逻辑关系必须基于一定的假设。一般认为,超高、横向力系数各自与曲线半径呈曲线关系。

最大超高值的界定也是进行超高和横向力系数分配比例的一个重要参数。不同等级公路一般规定一个最大超高值。各曲线超高随着情况而变,存在两个极值,一个为零(即在公路直线段不设超高),另一个为规定的最大超高值。

由于在公路上行驶的车辆速度不一致,因此,最大超高的确定,不仅要考虑快速车,而且还要照顾到慢车的安全。对于载质量大的慢车,乃至因故障暂时停在弯道上的车辆,其离心力近于消失,为保持力学平衡,由超高产生的下滑力等于横向摩擦力,此时若超高设置过大,超出路面所能提供的摩阻系数,车辆就有沿着路面的最大合成坡度向下滑动的趋势。因此,最大超高必须小于最不利条件下轮胎与路面间的摩擦系数。

此外,公路上可用的最大超高率还由以下因素控制:

(1)低速运行车辆的频率和稳定性。农村公路通行客运车辆和农用车装载农作物,重心一般较高。且车辆停车的机会较多,车速一般较低,故不宜设置过大的超高横坡。

(2)地形条件,是平原还是山岭;

(3)地区类别,是乡村还是市区;

(4)气候条件,即冰雪天气的时间和数量;

(5)是否与自行车分隔。

应综合考虑以上这些因素,决定用于设计的最大超高。最大超高值应该是几个而不是一个,其差别可以反映出一般条件的不同。在气候相近、地形情况类似的区域应设置同一个最大超高值,以体现设计的一致性。

考虑以上因素和施工、养护以及适当增大超高横坡度比单纯加大平曲线半径,既减少了工程量,也可以达到安全目等各方面的原因,综合确定不同区域类型和道路等级最大超高取值见表 6-38。

农村公路圆曲线最大超高值(%) 表 6-38

三级公路	四级公路	积雪冰冻地区
8	6	6

存在冰雪因素的地区,经验表明 8% 的超高是使车辆停止或由停止再开动时的侧向滑动减到最小程度的理论最大值,同时必须考虑少数低速运行车辆的行车安全,所以考虑冰雪因素时各级公路以 6% 为最大值比较合适。

根据最大超高值和最大横向力系数可以求出极限最小曲线半径,计算结果见表 6-39。而一般值是使按设计速度行驶的车辆能保证其安全性与舒适性,而建议采用的值,参考国内外使用经验,确定圆曲线最小半径的一般值采用的横向力系数为 0.05-0.06。经计算取整得到圆曲线最小半径一般值见表 6-39。

最小平曲线半径计算表　　表 6-39

设计车速(km/h)	最大超高(%)	横向力系数阈值	推荐半径极限值(m)	推荐半径一般值(m)
40	8	0.15	60	100
30	8	0.16	30	65
20	6	0.17	15	30
15	6	0.17	10	20

注:“一般值”为正常情况下的采用值;“极限值”为条件受限制时可采用的值。

该指标与规范相同,并增加了 15km/h 的平曲线半径指标。

6.7.4.3　圆曲线加宽

三级公路、四级公路的圆曲线半径小于或等于 250m 时,应设置加宽。

圆曲线上加宽值的计算与平曲线半径、设计车辆的轴距及外廓尺寸等参数有关,同时也应考虑弯道上行驶车辆摆动和驾驶人的操作所需的附加宽度,因此,圆曲线上的加宽 B 由几何需要的加宽值 b 和汽车转弯时摆动的加宽值 b' 两部分组成。

(1)几何需要的加宽值 b。

客车在异曲线半径为 R 的弯道转变行驶时,车辆内侧后轮轨迹半径 R_1 及几何需要的加宽值 b 的几何关系如图 6-53 所示。

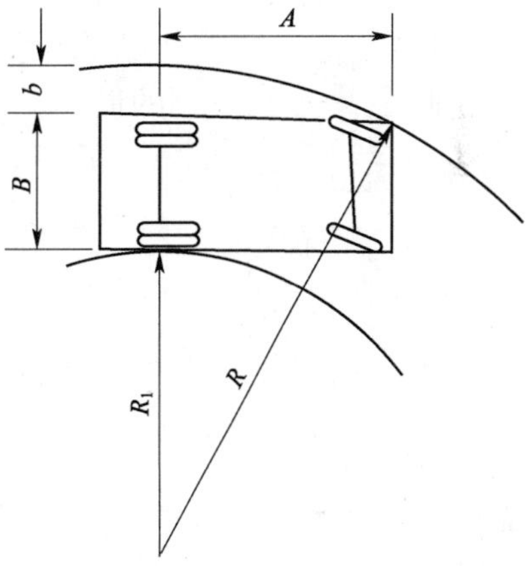

图 6-53　客车转弯行驶几何关系示意图

可得客车的加宽值为:

$$b = \frac{A^2}{2R} \tag{6-8}$$

式中:b——一个车道的加宽值(m);

R——平曲线半径(m);

A——客车前悬至后轴的距离(m)。

(2)汽车转弯摆动加宽值。

$$b' = \frac{0.05v}{\sqrt{R}} \tag{6-9}$$

式中:v——汽车转弯时的速度(km/h)。

综上所述,车道加宽值为:

$$B = \frac{A^2}{2R} + \frac{0.05v}{\sqrt{R}} \tag{6-10}$$

依据上述加宽值计算方法,以规范中分类的半径值区间为计算类别,最终得到客车车型对应各曲线半径范围的加宽值见表 6-40。

圆曲线路面加宽值(m)　　表 6-40

半　径	小型客车	中型客车	半　径	小型客车	中型客车
(250,200]	0.6	0.6	(50,30]	1.5	1.6
(200,150]	0.7	0.7	(30,25]	1.7(0.9)	1.8(0.9)
(150,100]	0.8	0.8	(25,20]	2.0(1.0)	2.2(1.1)
(100,70]	0.9	1	(20,15]	2.2(1.0)	2.5(1.3)
(70,50]	1	1.1	(15,10]	-1.4	-1.6

注:括号内数值为单车道加宽值。

由于车型外廓尺寸的不同,该指标与规范也不同,中型客车比规范规定略高,小型客车略低。

同时,采用基于 CAD 的机动车转弯设计软件 AutoTURN 来模拟车辆在曲线处的转弯行为,获取车身各特征点在转弯过程中的路径轨迹,以及所需的横向安全净空,进而可以确定车辆转弯过程中是否会侵入路侧净空和对向车道,以评价曲线加宽值是否合理(图 6-54)。结果表明,曲线加宽值能满足相应车型通行需要。

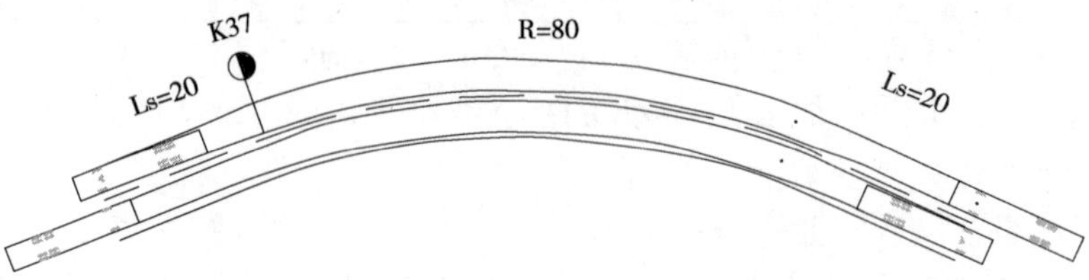

图 6-54　AutoTRUN 模拟车辆轨迹图

圆曲线上的路面加宽应设置在圆曲线的内侧。各级公路的路面加宽后,路基也应相应加宽。

四级公路设人工构造物。当因设置超高、加宽过渡段而在圆曲线起点、终点内侧边缘产生明显转折时,可采用路面加宽边缘线与圆曲线上路面加宽后的边缘圆弧相切的方法予以消除。

6.7.4.4　视距

(1)停车视距。

停车视距由两部分组成:一是驾驶人在反应时间内行驶的距离;二是开始制动到车辆停止所行驶的距离,即制动距离。另外应增加安全距离 5～10m。停车视距的计算公式为:

$$\mathrm{SSD}=\frac{V_1 t}{3.6}+\frac{V_1^2}{2gf} \tag{6-11}$$

式中:SSD——停车视距(m);

V_1——车辆纵向速度(m/s);

g——重力加速度(9.8m/s^2);

f——纵向摩阻系数;

t——驾驶人反应时间(s)。

三级公路、四级公路停车视距仍采用规范规定值。农村公路停车视距规定见表 6-41。

停车视距　　表 6-41

设计速度(km/h)	40	30	20	15
停车视距(m)	40	30	20	15

该指标与规范相同,并根据公式确定了 15km/h 指标。

三级公路、四级公路还应满足会车视距要求。双向行驶的三级公路、四级公路,按相向行驶的两辆客车会车同时制动停车的视距考虑,所以三级公路、四级公路的会车视距长度应不小于停车视距的 2 倍。当受地形条件或其他特殊情况限制、无法保证会车视距时,允许采用停车视距,但该路段应采取画线等分道行驶措施。

(2)下坡停车视距。

车辆制动距离随坡度的不同而变化。如果下坡较陡,尽管初速度、反应时间等其他条件都相同，但制动距离相比平坡要长，这是可以肯定的。规定的停车视距是以纵坡为0的平坦路面上的制动距离为基础，因此，应该考虑坡度对制动距离的影响，修正客车下坡停车视距。坡度修正采用下面的公式：

$$\mathrm{SSD}=\frac{V_0 t}{3.6}+\frac{V_0^2}{254(f\pm i)} \tag{6-12}$$

式中：i——坡度值，上坡取正，下坡取负。

下坡段客车停车视距规定见表6-42。

下坡段客车停车视距　　表6-42

设计速度(km/h)		40	30	20	15
纵坡坡度(%)	3～8	50	35	20	15
	9	—	35	20	15
	10	—	—	20	15

该指标与规范相同，并根据公式确定了15km/h指标。

对农村公路的下坡路段，应采用下坡段客车停车视距对相关路段进行检验。

(3)超车视距。

双车道公路上车辆速度存在一定差异，当快车追上慢车后，需要占用对向车道进行超车。为保证超车安全，避免与对向车辆发生碰撞，驾驶人必须能看到前面足够长度的车流空隙，以便在相邻车道上没有出现对向驶来的车辆之前完成超车而不阻碍被超车辆的行驶。快车超越前面慢车后再回到原来车道所需的最短距离即为超车视距。其主要由四部分组成：加速行驶距离(时间t_1)、对向车道行驶距离(时间t_2)、与对向车辆的安全距离(视超车车辆与对向车辆的速度不同而取15～100m)、超车过程中对向车辆的行驶距离：

$$S_{超}=\left(\frac{v_0}{3.6}\cdot t_1+\frac{1}{2}a\cdot t_1{}^2\right)+\frac{v}{3.6}\cdot t_2+S_3+\frac{v}{3.6}\cdot(t_1+t_2) \tag{6-13}$$

农村公路的超车视距规定见表6-43。

超车视距　　表6-43

设计速度(km/h)		40	30	20	15
超车视距(m)	一般值	200	150	100	65
	最小值	150	100	70	50

该指标与规范相同，并根据公式确定了15km/h指标。

双车道公路可根据情况间隔设置具有超车视距的路段。由于满足超车视距的路段较长，三级公路、四级公路很难达到要求，故采取划分允许超车路段和禁止超车路段的方式，保障行车安全。

平曲线内侧设置人工构筑物，或平曲线内侧挖方边坡妨碍视线，应对视距予以检查与验算。不符合规定要求时，可加宽路肩或将构造物后移，或设置交通安全设施。

6.7.4.5　回头曲线

农村公路自然展线无法争取需要的距离以克服高差，或因地形、地质条件所限不能采取自然展线时，可采用回头曲线。

两相邻回头曲线之间，应有较长的距离。由一个回头曲线的终点至下一个回头曲线起点的距离，设计速度为 40km/h、30km/h、20km/h、10km/h 时，分别应不小于 200m、150m、100m、50m。

回头曲线各部分的技术指标规定见表 6-44。

回头曲线技术指标 表 6-44

主线设计速度(km/h)	40		30	20	15
回头曲线设计速度(km/h)	35	30	25	20	10
圆曲线最小半径(m)	40	30	20	15	12
回旋线最小长度(m)	35	30	25	20	15
超高横坡度(%)	6	6	6	6	6
双车道路面加宽值(m)	2.5	2.5	2.5	3.0	—
单车道路面加宽值(m)	—	—	—	2.5	2.5
最大纵坡(%)	3.5	3.5	4.0	4.5	4.5

回头曲线前后的线形应连续、均匀、通视良好，两端以布设过渡性曲线为宜，且设置限速标志、交通安全设施等。

该指标与规范相同，参考 20km/h 指标，确定了 15km/h 指标。

6.7.5 纵断面指标

虽然农村公路客运车型的爬坡能力远远超过了规范的规定指标，但考虑到车辆在纵坡上停车倒溜的危险，以及农用车的行驶需求，这里仍按照规范规定确定纵坡指标。

6.7.5.1 最大纵坡与坡长

(1)最大纵坡与坡长规定。

公路最大纵坡应依据汽车的动力特性、道路等级、自然条件等因素，通过综合分析研究确定，并应考虑车辆行驶安全及工程和运营经济等因素。现行规范以货车为设计车型确定最大纵坡指标，其规定见表 6-45。最大坡长规定值见表 6-46。

最大纵坡 表 6-45

设计速度(km/h)	40	30	20
最大纵坡(%)	7	8	9

最大坡长 表 6-46

设计速度(km/h)		40	30	20
纵坡坡度(%)	4	1100(m)	1100(m)	1200(m)
	5	900(m)	900(m)	1000(m)
	6	700(m)	700(m)	800(m)
	7	500(m)	500(m)	600(m)
	8	300(m)	300(m)	400(m)
	9	—	200(m)	300(m)
	10	—	—	200(m)

(2)指标验证与优化。

考虑农村公路客运车型,采用车辆动力学仿真系统 CarSim 与 TruckSim 对小型客车与中型客车在陡坡上的运行进行模拟计算,以确定以上纵坡指标的适用性。

计算结果表明,规范规定纵坡指标均适用于中、小型客车,且有一定提升空间。考虑到农村公路尤其是山区公路,纵断面指标均较低,改造升级困难,因此对纵坡指标进行优化,以车辆能够在最不利情况下爬上纵坡为原则,确定了适用于中、小型客车的纵坡指标,见表 6-47。

最大坡长　　表 6-47

设计速度(km/h)		40	30	20	15
纵坡坡度(%)	4	1100(m)	1100(m)	1200(m)	1200(m)
	5	900(m)	900(m)	1000(m)	1100(m)
	6	700(m)	700(m)	800(m)	900(m)
	7	500(m)	500(m)	600(m)	700(m)
	8	(300)(m)	300(m)	400(m)	500(m)
	9	—	(200)(m)	300(m)	350(m)
	10	—	—	(200)(m)	200(m)
	11	—	—	—	(100)(m)

①规范中最大坡长的确定考虑载重汽车的爬坡性能,农村公路仍存在一定数量的农用车,因此三级公路、四级公路最大坡长沿用规范值。

②改建工程利用原有公路的路段、经技术经济论证,最大纵坡可增加 1%,其坡长不应大于表 6-48 内括号中的数值。

③四级公路位于海拔 2000m 以上或积雪冰冻地区的路段,最大纵坡不应大于 8%。

④当采用极限最小半径时,各级公路纵坡不应大于 5%。

(3)最小坡长。

公路纵断面相邻两个变坡点之间的最小长度(最小坡长),不应影响行车的连续性和安全性,以此为原则确定农村公路最小坡长见表 6-48。

最小坡长　　表 6-48

设计速度(km/h)	40	30	20	15
最小坡长(m)	120	100	60	40

6.7.5.2　连续纵坡

农村公路越岭线连续上坡(或下坡)路段,相对高差为 200 ~ 500m 时平均纵坡不应大于 5.5%;相对高差大于 500m 时平均纵坡不应大于 5%,且任意连续 3km 路段的平均纵坡不应大于 5.5%。

当连续上坡(或下坡)路段平均纵坡大于 5.5% 时,应在不长于 2km 处,设较平缓的缓和坡段,缓和坡段的纵坡不应大于 3%,长度不小于 40m。

6.7.5.3　合成坡度

限制合成坡度的目的是尽可能地避免陡坡与急弯的组合对行车的不利影响。合成纵坡的方向一般是斜向路基边缘。冬季路面有积雪、结冰的地区,车辆横移性增大;自然横坡陡峻的傍山路段，斜滑后果严重；非汽车交通比例高的路段，斜移将对非机动车造成较大伤害。

因此，低等级农村公路最大合成坡度取值为10%。当陡坡与小半径圆曲线相重叠时，宜采用较小的合成坡度。特别是在以下几种情况下，其合成坡度必须小于8%。

(1)冬季路面有积雪、结冰的地区；

(2)自然横坡较陡峻的傍山路段；

(3)非汽车交通量较大的路段。

6.7.5.4 竖曲线

为保证客运车辆正常行驶，不拖底，提供足够视距，低等级农村公路变更处也应设置竖曲线，竖曲线宜采用圆曲线。

(1)根据停车视距确定凸形竖曲线的极限最小半径：

$$R_{凸\min}=\frac{\mathrm{SSD}^2}{2\left(\sqrt{h_1}+\sqrt{h_2}\right)^2} \tag{6-14}$$

式中：$R_{凸\min}$——凸形竖曲线极限最小半径；

SSD——停车视距；

h_1——驾驶人视线高度，小型客车取1.2m，中型客车取2.0m；

h_2——障碍物高度，取0。

(2)按汽车前灯照视距离要求计算凹形竖曲线的极限最小半径：

$$R_{凹\min}=\frac{100\cdot\mathrm{SSD}^2}{200[0.75+\mathrm{SSD}\cdot(\tan1°)]} \tag{6-15}$$

根据计算结果，低等级农村公路竖曲线最小半径与长度见表6-49。

竖曲线最小半径和竖曲线长度 表6-49

设计速度(km/h)	40	30	20	15
凸形竖曲线极限最小半径(m)	670	380	170	100
凹形竖曲线极限最小半径(m)	560	360	190	120
竖曲线长度(m)	35	25	20	20

以上结果与现行规范相比，指标更高，其原因主要考虑农村公路路况较差，遗撒物较多，故障碍物高度取0，所以得到的指标比现行规范高，是出于对安全的考虑。

6.8 农村公路客运安全通行条件建议

依据研究成果，拟定了农村客运班线安全通行技术条件如下。

(1)在开通农村客运班线前，应当进行农村客运安全通行条件审核，确保农村客运班线途经公路的技术条件、安全设施，车辆技术要求、运行限速等相匹配。

(2)交通运输部门应当报当地人民政府同意，与同级公安、安全监管等部门联合开展农村客运班线安全通行条件审核工作。

对需途经条件受限公路的农村客运班线，还应当联合公路所在地乡镇人民政府开展农村客运班线安全通行条件审核工作，并明确通过车型、载客人数、通行时间、运行限速等安全限制性要求。

(3)经工程验收合格,有合格的工程验收档案,路线技术指标符合行业标准规范要求的四级及以上等级公路,可通行符合《营运车辆综合性能要求和检验方法》(GB 18565)要求的对应车长的营运客车。

①二级及以上公路,可通行符合《营运车辆综合性能要求和检验方法》(GB 18565)要求的各系列营运客车。

②设计速度为40km/h的三级公路,可通行符合《营运车辆综合性能要求和检验方法》(GB 18565)要求且车长不超过12m的营运客车。

③设计速度为30km/h的三级公路和双车道四级公路,可通行符合《营运车辆综合性能要求和检验方法》(GB 18565)要求且车长不超过7m的营运客车。

④单车道四级公路,可通行符合《营运车辆综合性能要求和检验方法》(GB 18565)要求且车长不超过6m的营运客车。

(4)农村客运线路的路基、路面和隧道的技术条件应符合交通运输部《关于印发农村公路建设指导意见的通知》(交公路发〔2004〕372号)的要求。

(5)农村客运线路的桥梁承载能力应满足客运车辆的通过要求,技术状况不得低于《公路桥梁技术状况评定标准》(JTG/T H21)规定的二类桥梁。

(6)农村客运线路的交通安全设施应满足以下要求:

①等级公路交通安全设施设置应符合国家和行业标准规范的要求。

②在漫水桥、过水路面等路段应设置警示标志和标杆。

③连续长陡下坡路段应设置减速带和警示标志,有条件的可设置避险车道。

④条件受限、设施条件无法满足等级公路要求的路段应在起始点设置告示标志。

⑤防护设施的设置应根据营运客车的最大允许总质量和运行限速,选定《公路护栏安全性能评价标准》(JTG B05-01)规定的对应防护等级。

第7章 低等级公路交通安全综合处治和改善

综合研究成果，总结公路安全保障工程实施经验，结合低等级公路开展公路安全生命防护工程的具体需求，本章介绍了低等级公路交通安全改善的原则和方法、典型路段处治方案和多种不良情况组合路段的综合处治。

7.1 低等级公路交通安全改善原则和方法

7.1.1 方案选择

低等级公路交通安全改善宜采取“主动”的预防和诱导，必要时辅以“被动”的防护措施。在深入论证分析的基础上，有条件时，可采用改进线形等土建工程措施，从根本上降低公路交通风险。可采用警示、诱导、提高通视距离等措施，改善公路行车环境。以护栏为代表的防护设施是“被动性”措施，是挽救驾乘人员生命的最后一道防线，必要时应进行适当的防护。不当的防护设施自身也可能成为一种障碍物，因此，防护设施的设置应充分论证，避免盲目设防和过度设防。

具体路段选择实施方案时，宜以排查结果为基础，针对主要风险因素，合理选用技术标准，采取针对性的处置措施。

7.1.2 完善交通标志和标线系统

标志标线系统方案应规范、明确、有效，应综合考虑公路条件和路网结构、交通条件、气象和环境条件等因素，设置规范、明确的交通标志标线系统。

交通标志设置应及时、明确，避免版面被遮挡；交通标志与交通标线配合使用时，两者应协调一致，所传递的交通信息不能相互矛盾。

标志材料、结构形式可因地制宜，合理采用铝合金、钢材、合成树脂、石材、木材等多种材料；可将标志内容施画于山体、石块等结构物上，在保证效果的前提下节省造价。

急弯、陡坡、视距不良及穿村镇等路段，可在路面施画限速值数字、“鸣笛”文字、喇叭标记或其他行车安全提醒文字，提醒驾驶人注意，必要时可在车行道边缘线或车行道分界线处设置突起路标。施画路面文字或图案标记时，应注意表面抗滑。

应重视公路中心线的应用。路面宽度大于或等于6m双向行驶的公路宜设置公路中心线。在不满足会车视距的路段，如急弯、陡坡等视距不良路段，应施画中心实线，禁止车辆不安全超车行为。在易发会车事故的路段，还可采用振动标线形式，也可同步设置突起路标或其他中央隔离设施等。

应重视车行道边缘线的应用。公路的窄桥及其上下游路段、采用设计极限指标的曲线段及其上下游路段、交通流发生合流或分流的路段、路面宽度发生变化的路段、路侧障碍物距车行道较近的路段、经常出现大雾等影响安全行车天气的路段及非机动车或行人较多的机非混行路段，宜在车行道边缘施画白色实线车行道边缘线。

7.1.3　系统化的路侧安全处置

路侧安全处置宜分三个层次进行：第一层次，尽可能地使车辆不偏离正常行驶车道，降低车辆冲出路外的可能性，所采取的技术对策属于主动预防性质；第二层次，通过提供路侧净区等技术手段，提高路侧宽容性，降低车辆冲出路外时发生事故的可能性；第三层次，无法提供净区时，设置必要的防护设施，尽可能地降低事故的严重程度。根据《公路安全生命防护工程实施技术指南》，系统化的路侧安全处置方案见表7-1。需要指出的是，表中所列为部分对策，实施时不能绝对化，需针对具体情况选择采用，以较高的效率实现最佳的安全效果。

系统化路侧安全处置方案　　表7-1

层　次	方　案
层次一：降低车辆冲出路外的可能性	设置或完善交通标志系统，加强对路侧危险路段的提示与警告
	设置或完善路面标线系统，如减速标线、振动标线等，提示前方路侧危险，提醒越界车辆
	合理设置和完善轮廓标，指示公路轮廓与边界
	合理设置和完善线形诱导标，指示公路线形
	有条件时，提供或改进照明设施
	对路侧植物进行修剪，保障视距
	必要时进行路面抗滑处理，如路面打磨粗糙，设薄层铺装路面等
	有条件时进行路肩硬化或加宽
	必要时设置物理性减速设施，如减速丘、减速路面等
	有条件时改善公路线形，如截弯取直，增大曲线半径，设置合理超高，改进缓和曲线，消除不良线形组合等
层次二：提高路侧宽容性	有条件时，提供路侧净区，消除路侧净区内的障碍物
	有条件时，消除路面与路肩间的边坎
	避免路缘石的不合理使用
	有条件时，设置宽浅排水边沟或边沟上加盖板，满足排水要求，提高行车安全
	有条件时，改进横向排水设施，如涵洞的设计，设置与路面或坡面齐平的篦子等
	尽量减少路侧杆柱，将杆柱设置在距离车道更远的地方或被撞击可能性低的位置，如曲线内侧等
	对路侧设施或障碍物进行标识，如设置警告标志、粘贴反光膜或喷涂反光漆等，提高其视认性

续上表

层　次	方　案
层次三:降低事故后果严重程度	设置满足防撞等级要求的护栏
	对不满足要求的警示墩、挡墙等进行改造
	进行安全的护栏端头设计
	不同防撞等级或不同刚度的护栏之间良好过渡
	及时修复被撞击后的护栏
	有条件时,在出口三角区、中央分隔带护栏端部等处设置缓冲吸能设施
	有条件时,采用可解体消能的杆柱设施
	有条件时,在必要位置设置避险车道

7.1.4　保障视距

对于弯道、凸形竖曲线等路段应进行视距检验。弯道内侧植物或边坡杂物等阻碍行车视线时,通过修剪树木、清除杂物等措施改善视距。弯道内侧山体、土丘等阻碍行车视线时,宜适当削挖山体或土丘,改善视距,但应注意削挖措施对山体稳定的影响,避免带来其他不良后果。

平面交叉口宜留出通视三角区空间,该区域可种草或栽植低矮灌木,但不得设置广告牌等通视障碍物,如图 7-1 所示。

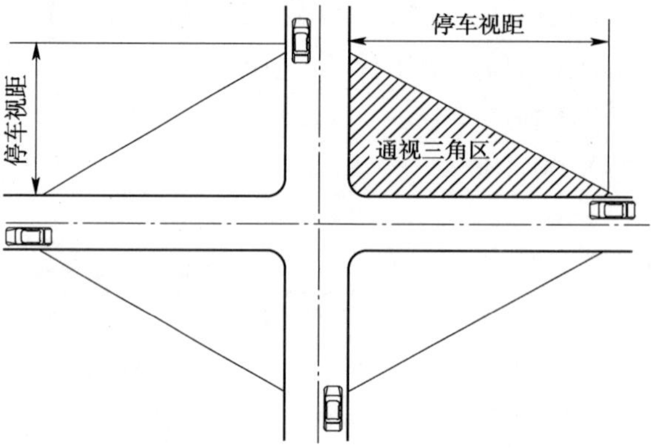

图 7-1　平面交叉口通视三角区示意图

受实际条件限制,无法完全满足视距要求时,应进行必要的交通工程处置,如设置凸面镜、禁止超车、让行控制等措施。

7.1.5　速度控制

方案设计时应注重速度控制策略的分析,车速较快带来较大风险的路段,需进行必要的速度控制。可采用设置限速标志、减速标线、减速丘和减速路面等措施,使驾驶人控制车速。减速设施形式的选择应考虑减速效果、行车舒适性、路面排水和日常养护等因素。设置减速丘时,应充分论证,避免设置不当,成为新的安全隐患,同时,应注意设置相应的标志标线进行预告、警告。

7.1.6　沿线服务设施

综合考虑交通量、车辆组成、公路线形和沿线城镇分布情况，在车辆易出故障或距离城镇比较远的路段，可设置停车区和观景台。设置停车区和观景台时，应充分利用施工弃土，充分考虑停车安全。

7.1.7　其他

在易发生车辆侧滑的路段，检查路面抗滑性能，结合路面维修养护计划确定路面防滑处理措施。其他相关设施的选用应坚持因地制宜、经济实用和符合标准规范等基本原则。

7.2　典型路段处治方案

根据低等级公路自身条件及交通事故特点，低等级公路实施安全改善典型路段的道路特征和事故可能发生的严重后果见表7-2。

低等级公路安全改善重点实施路段特征　　表7-2

公路特征		可能发生的严重后果
急弯路段	曲线外侧具有陡崖、深沟、水库、干线公路、铁路等险要特征	车辆冲出路侧，发生坠崖、落水等事故或冲到干线公路、铁路上发生事故
	桥头接急弯路段	车辆碰撞桥头或冲到桥下
连续长下坡路段	连续长下坡末端路侧分布有村镇、民宅、集市、平面交叉口、学校等	车辆速度过快或制动失灵冲入民宅、集市，或在交叉路口发生碰撞事故
	弯坡外侧是陡崖、深沟、水库湖泊、干线公路、铁路等	同急弯路段
穿村镇路段	人车混行，缺少标志	车辆碰撞行人或冲入村庄
	村镇设置在连续长下坡下半段	同连续长下坡路段
平面交叉口	平面交叉口设置在连续长下坡下半段	同连续长下坡路段
	视距不足	发生车辆碰撞或冲撞行人等事故
	驶入主线的支路坡度过大、交角过小，增加驾驶人操作难度	车辆侧撞、翻车等事故

表7-2列出了典型路段的隐患类型和常用措施，在进行方案设计时，应坚持“诱导先行、防护并重”原则，根据实施路段的道路特征及可能发生的事故后果，选择一种或者多种措施组合的方式进行处治。

7.2.1　急弯路段

弯道视距、超高、路面条件、线形组合等方面存在的问题均是急弯路段发生事故的重要因素，易造成两车相撞、车辆冲出路外等事故。急弯路段的隐患类型及处治见表7-3。

急弯路段隐患类型及措施　表7-3

隐患类型	可选处治措施	安全效果	养护成本及内容	造　价
视距不良(曲线内侧山体或树木遮挡)	修剪树木或切除山体开通视距	★★★	低(定期修剪弯道内侧树木,确保树木生长不影响视距)	高(移除山体);低(清理树木)
	在曲线外侧设置凸面反光镜;施画禁止超车标线;设置鸣笛警告标志、减速设施、视线诱导设施	★★☆	较高(存在凸面反光镜丢损情况,更新维护频率高)	低
路侧险要(曲线外侧是陡崖、深沟、水库等)	设置相应等级的护栏	★★★	高	高
	受经济或地理条件限制无法设置护栏时,设置诱导、警示、禁止超车、减速等主动引导设施	★★☆	低	低
桥头接急弯路段	桥头设置路侧护栏,并与桥梁护栏连接	★★★	低(混凝土护栏) 高(波形梁钢护栏)	高
	桥头设置警示标志,曲线外侧设置视线诱导设施	★★☆	低	低
	桥头路段设置减速设施	★☆☆	较高	低
路面湿滑(山体阴坡路面冬季易结薄冰的路段或其他)	设置"路面湿滑"警告标志	★☆☆	低	低
	路面设置粗集料薄层铺装	★★★	较高	较高
超高不足	工程改善超高	★★★	低	较高
	根据道路条件设置限速设施	★☆☆	低	低
不良线形组合(连续长下坡接弯道,凸曲线接弯道等)	示警桩	★☆☆	低	低
	护栏	★★★	高(波形梁钢护栏)	较高
			低(混凝土护栏)	高
	急弯路段路基路面加宽	★★★	低	高
	设置道路走向警告标志及限速设施	★☆☆	低	低

7.2.2　连续长下坡路段

连续长下坡路段一般依山傍崖,相对高差大,且下坡末端地势较为宽阔,多存在集市或村落，车辆长时间或频繁刹车可能导致制动效果减弱或失效，引发交通事故。连续长下坡路段的隐患类型及处治见表7-4。

连续长下坡路段隐患类型及措施 表7-4

隐患类型	可选处治措施	安全效果	养护成本及内容	造价
连续长下坡（末端路侧有村镇、居民建筑、集市）	设置警示标志	★☆☆	低	低
	设置块石路面辅助降速	★★☆	中	较高
	在连续长下坡末端或中下部设置避险车道	★★☆	中（需对避险车道制动床集料翻松养护）	高
	设置刚性护栏使村庄建筑与公路隔离	★★☆	高	较高
弯坡	见急弯路段处治			

7.2.3 穿村镇路段

穿村镇的低等级公路两侧居民、摊点或集贸市场较多，存在混合交通，容易引发车辆冲撞行人、车辆碰撞等事故。穿村镇路段的隐患类型及处治见表7-5。

穿越村镇路段隐患类型及措施 表7-5

隐患类型	可选处治措施		安全效果	养护成本及内容	造价
混合交通	设置村庄、学校等警告及限速标志		★☆☆	低	低
	设置人行横道标线或警示车辆注意行人的标志		★☆☆	中	低
	在校区设置横穿公路保护措施（安全岛、庇护区），特定时间限速，设置人行横道		★★☆	低	中
	在人口密集的学校门口、集贸市场等地方设置太阳能黄闪灯，警示车辆减速避让		★☆☆	中	中
	实施路宅分家，利用灌木丛、花坛等设施将公路与路侧住户隔离		★★☆	低	中
	通过路面变化降低速度	块石路面	★★☆	低	高
		设置减速丘	★★★	中	较高

7.2.4 平面交叉口

因路权不明确、视距不良、主路或支路坡度过大或交角过小等因素，影响行车安全。平面交叉口的隐患类型及处治见表7-6。

平面交叉口隐患类型及措施 表7-6

隐患类型	可选处治措施	安全效果	养护成本及内容	造价
道路优先权不明	设置“停”“让”等标志和标线明确优先权	★☆☆	低	低
	支路口设置块石路面（适合南方无冰雪地区）	★★☆	低	高
	支路口设置减速丘降低车速	★★★	中	较高

续上表

隐 患 类 型	可选处治措施	安全效果	养护成本及内容	造价
缺乏平面交叉口警示设施	主路上设置警告标志(有条件地区设置夜间自发光警告标志或警示标牌)	★☆☆	低	低
指路标志信息不全	完善指路标志设计	★☆☆	低	低
视距不良	移除影响视线通透的障碍物,如清除或修剪通视三角区内的树木或农作物等	★★★	低	较高

7.3　多种不良情况组合路段的综合处治

低等级公路很多路段都存在多种典型路段特征,在实际设计中,针对有两种及以上不良情况组合的路段,宜根据事故资料,分析事故形态及事故原因,针对主要风险因素,采取相应措施。

【示例1】 下坡、急弯、视距不良、路侧险要路段,车辆下坡速度较快,车道宽度较窄,弯道半径较小,山体遮挡造成视距不良,无法保证会车视距,易发生对撞事故和车辆冲出路外的翻坠事故。弯道外侧边坡较高且有水体存在,车辆一旦冲出路外,事故后果严重。

主要处置措施:下坡路段前设置下坡或急弯警告标志;必要时可设置限速或建议速度标志;进入弯道前设置减速标线;设置路侧护栏和线形诱导标;修整山体、清除杂草乱石以改善视距,无法移除影响视距的障碍物时,可设置凸面镜;修整路侧边沟;大修时适当调整超高、拓宽路面等。示例如图7-2所示。

a)处置后

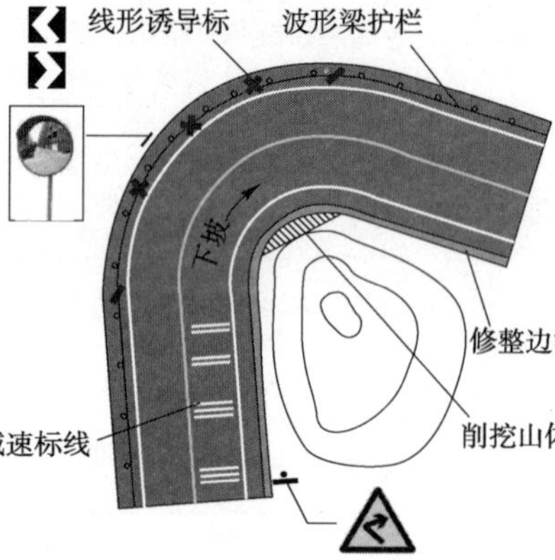

b)处置方案示例

图7-2　下坡、急弯、路侧险要、视距不良组合路段处置示例

【示例2】 公路穿越村庄路段为急弯路段,车道宽度较窄,弯道半径较小,房屋及山丘遮挡造成视距不良,无法保证会车视距,易发生对撞事故。两侧房屋密集,行人、非机动车较多,出行带有突然性,视距不良给行人安全带来风险。

主要处置措施:移除部分山丘,改善弯道内侧视距;弯道前的路面施画"急弯"图形标记或设置急弯警告标志;弯道处施画中心黄实线,公路边缘施画注意前方路面状况标记;弯道前的下坡路段设置物理性减速设施(减速丘或减速路面),提示驾驶人控制车速,视需要设置限速或建议速度标志等。示例如图7-3所示。

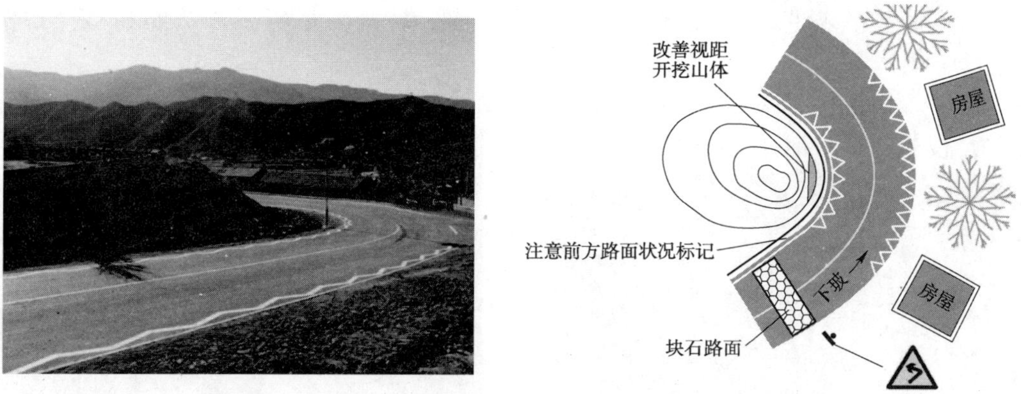

a)处置后　　b)处置方案示例

图 7-3　穿村路段与视距不良的急弯路段组合处置示例

【示例 3】　穿越集镇、村庄路段中存在小型支路口，受房屋或其他障碍物遮挡，视距不良，驾驶人不容易觉察到交叉口的存在，也不能观察到相交道路的车辆或行人情况。

主要处置措施：在穿越集镇、村庄路段前设置限速标志、村庄警告标志或注意行人等警告标志；有条件时可在交叉口对向设置反光镜，弥补视距的不足；支路进入主路前设置减速丘和相应的标志标线，强制车辆在进入主路前减速；支路口处设置停车让行标志和标线等。示例如图 7-4 所示。

a)处置前　　b)处置后

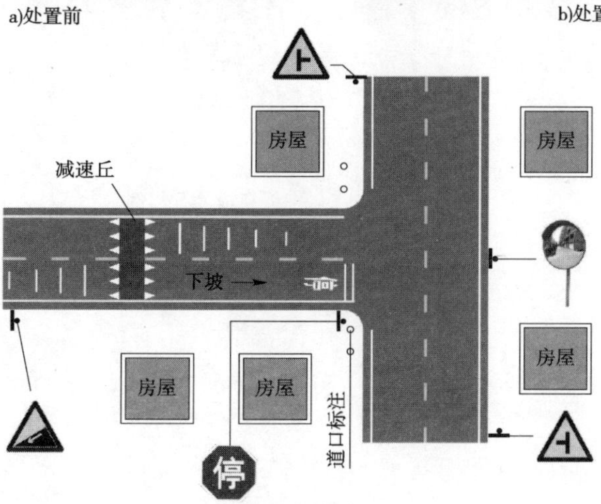

c)处置方案示例

图 7-4　穿村路段与小型支路口组合

【示例4】 下坡路段末端，桥头接小半径曲线，易发生车辆驶出路外和碰撞桥头的事故。

主要处置措施：将桥梁护栏延伸、外展隐入山体；曲线路段设置中心实线；曲线外侧设置视线诱导设施或轮廓标；曲线前的直线段设置减速标线等。示例如图7-5所示。

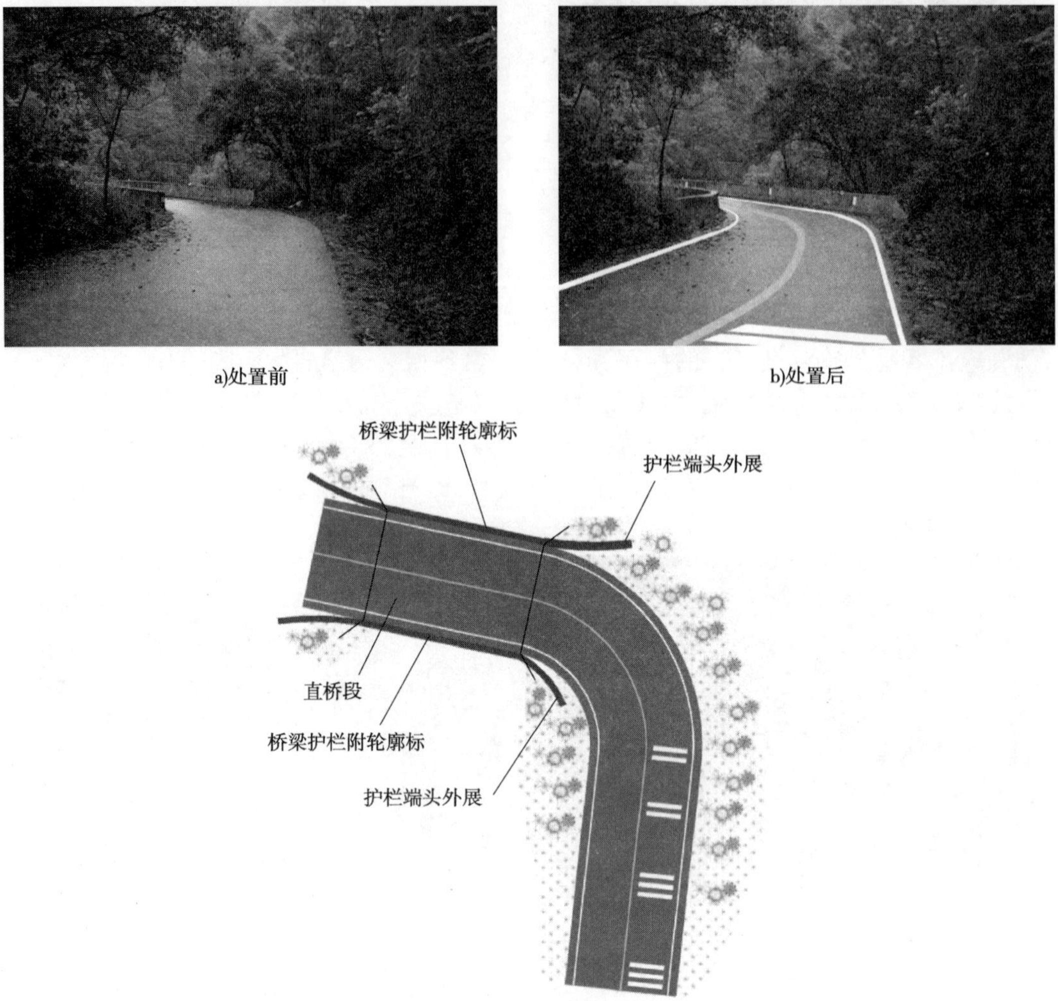

a)处置前 b)处置后

c)处置方案示例

图7-5 桥头接小半径曲线路段处置示例

第 8 章　农村地区驾驶人交通行为改善技术

多项国内外研究均表明，在人车路道路交通系统中，人的因素是事故的主要致因。基于以人为本、宽容设计的理念，充分利用工程处置技术有助于提高公路交通安全水平。但是，从人的角度提高国民交通安全素养，才能从根本上改善公路交通安全水平，这需要从教育、技术、管理等诸多方面逐步完善，需要长期的渗透和过渡。本章将重点讨论农村地区驾驶人交通行为特征，并提出农村地区驾驶人驾驶行为与安全意识提升方法。

8.1　农村交通现状特点

近年来，随着国家社会主义新农村建设的稳步推进，农村发生了翻天覆地的变化，农村经济和基础设施建设得到了的较快发展，农民群众物质文化生活水平逐步得到提高。特别是农村公路的通行条件和公路网络得到了较大的改善，给农村群众出行提供了便利的交通条件。在国家摩托车下乡补贴政策的刺激下，农村机动车数量逐年成倍猛增。但是，在农村公路交通建设迅猛发展和农村机动车数量快速增加的同时，需清醒地认识到，我国农村地区仍以县、乡、村低等级公路为主，兼具各类特殊地貌，地形多样，结构复杂，农村辖区公路多为依山而建，临水临崖路段多，路窄、坡陡、弯急、路况较差，自然条件恶劣，且受经济条件限制，农村驾驶人驾驶的车辆安全性能较低，从客观条件上来说，农村驾驶人在驾驶过程中遇到更多的挑战与困难，在农村公路交通管理工作中，仍然面临农村公路交通防护设施不完备、农村公路点多面广管理难度大、交警部门警力严重不足等一些亟待解决的“顽疾”，致使农村公路交通事故发生率居高不下，成为摆在各级人民政府及主管部门面前的一道重大难题。安全驾驶对于农村驾驶人来说，意味着更严苛的要求。农村地区经济基础较差，导致农村交通安全教育薄弱，农村驾驶人从安全意识、知识结构、行为方式、能力及习惯各方面，体现出其交通行为安全性需要大幅度提升。

8.1.1　农村驾驶人驾驶机动车类型

近年来，我国农村地区经济发展较快，机动车已经走入农村的千家万户，尤其是摩托车已成为农村家庭必备的交通工具。从经济条件、生存方式和地理环境出发，摩托车、低速货车和微型载客汽车是我国农村驾驶人驾驶的主要车型。

(1)农村摩托车上牌照情况有所改善，但检验率较低。

我国的二轮摩托车数量较大，其中有四分之三是在农村，几乎每个农村家庭都有 1 辆或

1辆以上摩托车。另外,近两年农村的电动车数量快速增长,许多60岁以上的老人都在驾驶二轮、三轮电动车。农村的摩托车、电动车除了代步功能外,大多还用于农业生产,经常出现在田间地头。

由于农村驾驶人普遍文化程度偏低、法律意识淡薄,加上往返城里要花个把月时间,机动车注册办证不方便,摩托车无牌现象极为严重,且绝大部分摩托车主上路心切,不经反复练习,而是一开始就在车多人挤的路上骑行。但随着部分省、市公安交通管理部门采取了严格的加强摩托车管理的政策与措施,改善了部分摩托车无牌无证上路的情况。例如,各地摩托车经销商普遍开展摩托车“带牌销售”或注册登记“代理代办”服务,部分地区摩托车类机动车远程查验功能已覆盖部分县市乡镇,解决了过去车主注册登记需跑遍县城税务、保险、公安交管等部门的问题,实现足不出户办理注册登记的大减负,从而有效地提高车主办理摩托车注册登记的热情和意愿。但是,由于各地公安交通管理部门警力严重不足、年龄老化等问题,致使农村地区不同程度地存在管理漏洞,以及因农村居民法律意识淡薄等原因,摩托车类机动车检验率处于较低水平,年检率都未能达到50%。

(2)低速货车逐年减少,微型载客汽车呈增加趋势。

随着经济收入的不断增长,群众对汽车的需求不断增长,农村地区轻型普通货车逐步替代低速货车,微型载客汽车成为农村地区驾驶人驾驶的主要机动车类型之一。目前,我国农村地区微型面包车数量较大,有相当一部分面包车非法载客营运,并常有超载现象。

8.1.2 农村驾驶人主要交通违法行为分析

常见的农村交通违法行为主要有摩托车驾驶人不戴头盔、无牌无证、超限超员、滥用远光灯、酒后驾驶,其次为农用载货汽车驾驶人超载与人货混装。

(1)不戴头盔。

部分群众对佩戴安全头盔的认识仅停留在应付交警检查的层面上,认为交警检查主要注意力是放在客车检查上的,而不戴头盔只是小问题,且戴头盔麻烦会影响发型、头部转动不便、视线受阻,始终抱有没那么容易发生交通事故的侥幸心理,因此不戴头盔情况非常普遍。

(2)涉牌涉证。

由于法律意识淡薄,相关知识缺乏,加强侥幸心理和受商家不良诱导,许多群众认为小排量的轻便摩托车、弯梁二轮摩托车、三轮拼装摩托车、三轮电动车不需要入户上牌,驾驶上路不需要机动车驾驶证,致使这两类违法行为比较多。一般市面上销售的品牌摩托车以4000~8000元之间、排量在100~150c之间的产品为主,仍有相当数量的农村驾驶人认为,购买摩托车后再去上牌办证及培训驾驶证较为麻烦;也有部分群众文化水平不高,甚至不识字,无法参加驾驶证培训,因此,购买摩托车后就直接上路行驶。还有些经销商针对老人、未成年人这一特殊消费群体,私自销售部分价格在3000元左右、排量在48~90c之间,且不符合国家发展和改革委员会《车辆生产企业及产品公告》要求的老人代步车和燃油助力车,甚至是拼装车,无牌车辆屡禁不止。部分群众未能按时让摩托车参检,对机动车报废的认知以车辆能否开动为标准,令驾驶报废车、逾期未检验机动车上路的违法行为突出。许多农村群众对摩托车定期进行安全技术检验的重要性、法定性的认识不足,加上管理不到位、检验不方便,检验要就要修车、买保险,费用较多,许多摩托车特别是不经常进城的摩托车很少进行检验,认为车子好不好自己懂,很少进城上大路交警抓不着。这些主观、客车因素的存在,造成农村大量摩托车逾期检验。

(3)超限超员。

《道路交通安全法实施条例》第五十四条规定,摩托车载物,高度从地面起不得超过1.5m,长度不得超出车身0.2m;两轮摩托车载物宽度左右不得超出车把0.15m。很多农村地区每逢收获季节,在摩托车后座搭个架,左右挎个大框,装满了农作物或水果,从后面看,出现"只见车在走而未见骑车人"的情景,超限严重。很多农村家庭出门走亲访友,一家子乘坐一部摩托车,通常在三四人之间,甚至有五六人,超载现象也很常见。因安全意识、法律意识相对淡薄,农村地区公共交通工具不足,加上管理不到位,导致农村驾驶人忽视安全,多拉快跑,超员、违法载人现象突出,主要体现在:二轮摩托车、电动车"三搭四搭"现象多;三轮摩托车、三轮电动车车斗车厢载人,甚至驾驶位也搭载乘客;社会车辆违规超员接送学生、幼儿,一些私人幼儿园购车、租车当作"校车"使用;每逢圩日、民俗日、红白喜事、文体活动,农村微型面包车超员现象更加普遍。

(4)滥用远光灯。

由于大部分农村驾驶人未经过正规培训,农村道路照明设施也不完备,因此,晚间驾车出行,自始至终使用远光灯,而会车刺目灯光令反方向车辆驾驶人瞬间"失明",安全隐患非常大。如果对向驶来的是小型汽车或大型货车,甚至是超限车,恰巧又斗气开启远光灯"还以颜色"的话,发生交通事故的概率骤然上升。

(5)酒后驾驶。

虽然国家加大了对酒驾的处罚力度,"喝酒不开车、开车不喝酒"的宣传家喻户晓,但因农村地区缺少公共交通,随着农村机动车辆的快速增长及农村群众各种文化娱乐、人际交往出行的更加活跃,加上一些农村驾驶人自认为"山高皇帝远",没有交警查处,摩托车又轻便灵活、易操作,以为即便喝酒也能轻松驾驭、小心点不会出事等,酒后驾驶交通违法行为有增无减,交通事故特别是酒后驾驶摩托车交通事故居高不下。

(6)超载与人货混装。

在收获季节,农村载货汽车常常超载运行,同时为了兼顾劳力上山、下山,很多农用载货汽车,还有面包车、港田车、柴三机等类型机动车就直接搭载劳力。为了运送更多的农产品,有的还改变机动车结构,超限运输。

(7)超速行驶现象逐渐增多。

近年来,随着村村通公路、农村公路硬化建设等政策的落实,农村公路条件得到明显改善,大部分村与村、屯与屯之间的公路已改造硬化,大大提高了行车速度。但农村公路仍存在等级低、坡陡弯急、路幅较窄的问题,一些农村驾驶人看见路面好了就盲目开快车,特别是一些年轻人喜欢开英雄车,相互追逐竞驶,不注意控制车速和随意占道行驶,容易引发交通事故。

8.1.3　农村驾驶人交通事故特点分析

8.1.3.1　农村驾驶人交通事故总体特点

农村驾驶人引发的交通事故存在总量大、农忙和农作物收获季节事故多发和摩托车为主要事故车型等特点,具体表现在以下几个方面。

(1)县乡公路交通事故多,事故死亡率远高于其他公路。

(2)公路交通事故逐年增加,呈现上升趋势,除了万车死亡率外,其他各项指标基本上逐年增加。

(3)经济发达地区比不发达地区交通事故相对较多,死亡人数多;边疆县比内地县(市)交通事故相对多,死亡人数多。

(4)绝大多数交通事故都是由于驾驶人交通违法而引起的。根据近两年公路交通事故统计,因疏忽大意、超速行驶、措施不当、违规超车、不按规定让行、违规占道行驶、酒后驾车交通事故死亡人数占全部农村地区交通事故死亡总数的50%以上,占机动车驾驶人原因造成死亡总数的60%以上。

(5)摩托车驾驶人因交通违法造成的伤亡严重。据统计,交通事故中因摩托车驾驶人交通违法引发交通事故造成死亡人数和受伤人数,分别占死伤总数的约五分之一和四分之一。

(6)低龄机动车驾驶人成为农村交通事故的主要主体。据不完全统计,驾龄不足三年的驾驶人发生交通事故造成死亡人数超过总数的五分之一。

8.1.3.2 引发交通事故的违法行为特点

结合农村道路交通事故发生特点,分析集中的几个违法行为表现在以下几个方面。

(1)主动形成交通冲突的交通违法行为。这类违法行为集中在未按规定让行、逆向行驶及违法超车、跟车、变更车道、转弯、调头、倒车等过程中。许多农村驾驶人没有养成良好的驾驶习惯,会车不减速、弯道强超、占道行驶,在道路狭窄、弯多坡陡的县乡村公路更容易引发交通事故,同时,农村公路路口多,视线不好,一些驾驶人进出路口不注意观察,不主动避让直行车辆,常常引发严重的交通事故。

(2)严重危及交通安全的危险交通行为。这类危险交通行为包括:疲劳驾驶、严重超速行驶、严重超载行驶、醉酒驾车、驾驶机动车时拨打接听手机等。农村地区公路等级低,许多公路时速限制在60km甚至30km以下,但由于车辆相对较少,不少农村驾驶人不遵守限速规定,盲目开快车,导致事故发生,农村两轮摩托车“三搭四搭”超员现象相当突出,影响驾驶操控和车辆安全性能,加上驾乘人员常常不戴安全头盔,不时造成多人伤亡的交通事故。

(3)所驾驶的机动车存在严重安全隐患。驾驶安全设施不全或机件不符合技术标准以及其他具有安全隐患的机动车,如拼装车、报废车等。

8.1.3.3 不同车型的违法行为特点

农村驾驶人驾驶不同类型机动车发生交通事故,其引发交通事故的违法行为也各有特点,主要体现在以下几个方面。

(1)驾驶摩托车发生交通事故,引发交通事故的违法行为主要包括:无证驾驶、驾驶无号牌摩托车或未按规定审验的摩托车、驾驶人员未按规定佩戴安全头盔、超载行驶、超速行驶、饮酒醉酒驾驶、逆向行驶、闯红灯、通过路口未按规定让行等。无证驾驶摩托车,占农村摩托车驾驶人总数的四成以上。由于没有经过培训和考试,无证驾驶者驾驶技术相关对生疏,不会遵守交通规则,不少人成为“马路杀手”,自己往往也在事故中成为受害者。

(2)驾驶私人小型汽车发生交通事故,引发交通事故的违法行为主要包括:不按规定让行、疲劳驾驶、超速行驶、饮酒醉酒驾驶、闯红灯、通过路口未按规定让行、驾驶时拨打接听手机、违法变更车道、驾乘人员未按规定使用安全带等。

(3)驾驶营运客货车发生交通事故,引发交通事故的违法行为主要包括:疲劳驾驶、超载行驶、超速行驶、饮酒醉酒驾驶、闯红灯、通过路口未按规定让行、违法变更车道、违法超车、违法停车、违法调头、违法会车等。

农村地区摩托车保有量较高,而摩托车交通事故长期居高不下,且伤亡后果严重,位居各类肇事车型之首。分析主要原因,主要归咎于摩托车驾驶人主要存在交通安全意识和自我保护意识淡薄等问题。

8.2　农村地区驾驶人行为特性分析

农村公路建设日益完善,拖拉机、三轮汽车和低速载货汽车、摩托车等各种机动车已进入农村千家万户,为促进农村经济的发展和改善农民生活发挥了重要作用。但农村公路交通事故率居高不下,已成为影响构建和谐社会主义新农村的不利因素之一。安全驾驶行为与驾驶人的态度、知识、技能以及知觉和认知能力有关。驾驶人对安全驾驶的态度以及良好的驾驶行为习惯对交通安全起着至关重要的作用。研究发现,超速、疲劳驾驶、酒驾、驾驶过程中接打电话、非法变换车道等违法违规的驾驶操作是引起交通事故的直接原因,在农村公路上由于监管薄弱,驾驶人安全意识不强造成较多的违规甚至违法驾驶行为。

因此,本章基于《低等级公路安全防控关键技术研发与集成示范》课题开展的农村驾驶人的驾驶安全意识以及驾驶行为习惯调查,对农村驾驶人行为特性进行分析。

8.2.1　农村驾驶人基本情况调查

本次回收的378份有效问卷中,女性驾驶人有38位,男性驾驶人有340位,女性驾驶人占总人数的10%。目前,城市女性驾驶人的比例已经超过30%,且其增长速度远高于男性驾驶人数量的增长速度。对比可见,农村驾驶人中女性比例依然很低。

与城镇驾驶人相比,农村驾驶人普遍学历偏低。在回收的378份有效问卷中,其中学历为小学及小学以下的驾驶人为46人,具有初中学历的为178人,具有高中学历的为122人,学历为高中以上的为32人,如图8-1所示。由图可以看出,农村驾驶人主要是初、高中学历,比例占到总人数的79%。与早年相比,农村驾驶人的学历有上升的趋势,一方面由于义务教育的实施,农村大多数人都接受了初中及以上的教育;另一方面由于农村经济的发展,有部分大学生返乡发展。

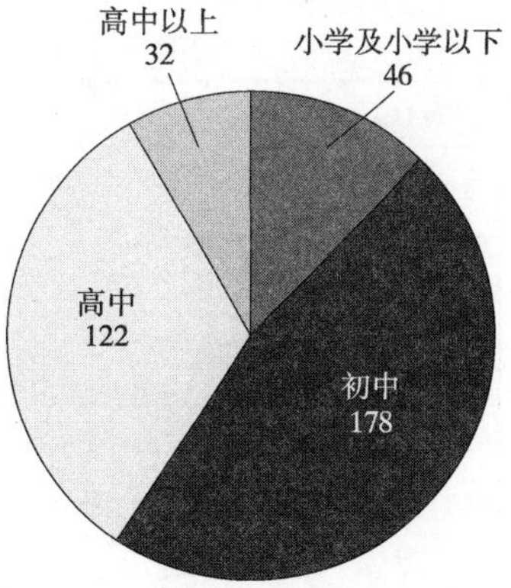

图8-1　驾驶人学历分布情况

在调查的378位驾驶人中,30岁以下的有76人,30~40岁的有138人,40~50岁的有115人,50岁以上的有49人。不同年龄段的比例分布如图8-2所示。

在对农村驾驶人驾龄的分布情况进行分析后发现,驾龄为5年以下的有165人,驾龄在5~10年的有132人,驾龄在10年以上的有81人,如图8-3所示。从图中可以直观地看到,驾龄为10年以下的驾驶人数量占比达到79%,而10年以上的仅占21%。这也从侧面反映出，随着农村经济的快速发展，农村机动车辆的保有量也大幅度上升，农村驾驶人的数量增加迅速。

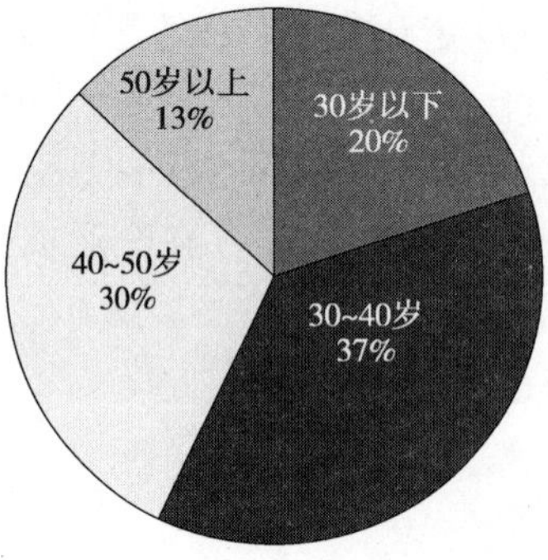

图 8-2　农村驾驶人年龄分布情况

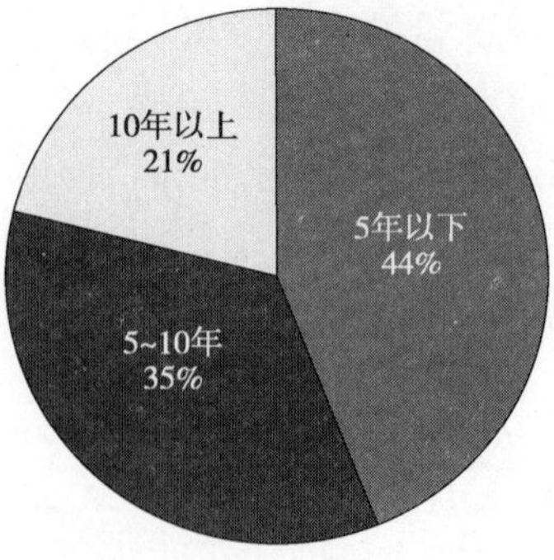

图 8-3　农村驾驶人驾龄分布情况

8.2.2　农村驾驶人交通行为调查

根据问卷中驾驶人对个人驾驶能力的评估、安全意识以及驾驶过程中不良驾驶行为的相关选择情况进行打分，24 个项目的整体得分情况见表 8-1。从表中可以看出，在对自己驾驶能力的评估上，3、6、10 三个项目的得分均高于 4 分，表明农村驾驶人对自己的驾驶能力有较高的评价。在与驾驶员安全意识相关的 8 个项目中，可以看到在项目 2 酒后驾车和项目 13 有证驾驶的意识上得分低于 3 分，能够意识到酒后驾车和无证驾驶对交通安全的影响。但是在其他的 6 个项目中得分均高于 3 分，尤其在项目 1 人员超载的问题上，得分超过 4 分，说明农村由于驾驶人对于超载的问题意识不够。由项目 9 的得分可以看出，农村驾驶人对于交通法规的认识还不是很深，大多数人对交通法规的了解仅限于驾照考试时的学习，在农村对于交规的宣传力度还不够。在与不良驾驶行为相关的 13 个项目中，驾驶过程中接听电话以及不系安全带的现象比较严重，逆行问题、转向灯的使用问题、在住宅密集区及路口处减速的问题相对比较好，得分均低于 3 分。

农村驾驶人驾驶行为调查整体情况　　表 8-1

项目编号	项 目 内 容	得分
1	如果我的车已经满员，但有亲戚或朋友需要搭车，我会让他上车	4.19
2	参加聚会并喝酒之后，我会坚持自己开车	2.55
3	我的驾驶技能足以驾驭所有类型的道路	4.19
4	在长时间没有得到休息后，如有需要我依然会驾车出行	3.83
5	为了节约成本，我会在车内尽可能多地装载货物	3.86
6	我是一个反应能力很快的人	4.23
7	在驾车时手机来电，我会边开车边接电话	4.25
8	当经过住宅比较密集的地方，我不会有意减速	2.84
9	我对现行的各项交通法规不大清楚	3.48
10	前方出现行人或车辆时，我能够迅速做出正确反应	4.07
11	如果路上没车或人，我会以最快的速度行驶	4.24

续上表

项目编号	项 目 内 容	得分
12	即使在弯道处,我也能快速地行驶	3.18
13	在农村公路上驾驶,有没有驾驶证关系不大	2.32
14	在公路上驾驶,我经常会紧急制动	3.50
15	在驾驶过程中,我不会注意安全标志、安全出口等安全设施	3.22
16	我不会在每次开车前对车辆及车内常用的设备进行常规检查	3.61
17	当接近路口时,我依然会全速前行	2.79
18	在行驶过程中,我不允许车辆插队到我的前方	4.01
19	当感觉前车车速比较慢时,我会想办法超过它	4.21
20	当发现路线错误,需要往回走,我会就地掉头	3.87
21	驾驶过程中,我不会系安全带	4.26
22	为了方便,我会直接将车停在马路边	3.05
23	在开车转向时,我总是会打开转向灯	2.39
24	如果反方向看不到开过来的车,我会到对侧车道行驶	4.01

8.2.3　性别对于驾驶行为的影响分析

表8-2显示了男性农村驾驶人与女性农村驾驶人在对自己驾驶能力评估、驾驶安全意识以及驾驶中不良驾驶行为上的得分。此处取不同性别在不同该类别问题上多个项目的平均值作为比较的指标,可以看出女性驾驶人在对自己驾驶能力的评估上得分低于男性,而在驾驶安全意识以及不良驾驶行为的得分上,女性驾驶人得分都低于3分,而男性驾驶人的得分均在3分以上。

不同性别农村驾驶人驾驶行为调查平均值　　表8-2

项　目	女　性	男　性	总　体
驾驶能力评估	3.52	4.23	4.16
安全意识	2.90	3.43	3.38
不良驾驶行为	2.82	3.67	3.58

从图8-4中可以比较直观地看到男性驾驶人与女性驾驶人在三类问题上的得分差异。

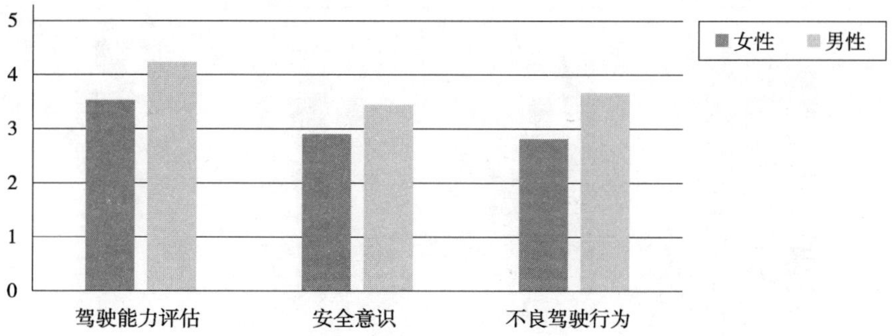

图8-4　不同性别农村驾驶人驾驶行为调查平均值差异

女性驾驶人对自己驾驶能力的评估较低,但仍认为自己能够较好地驾驶车辆,男性驾驶人对自己驾驶能力的评估则较高,对车辆的控制较为自信。然而,尽管男性驾驶人有信心在各种情况下很好地掌控车辆,但是其安全意识却较为薄弱,尤其是在驾驶过程中相比女性驾驶人更有超车的倾向,更不能容忍其他驾驶人的超车行为。而在农村男性与女性驾驶人中共有的特点就是驾驶过程中都会经常出现接听手机的行为,并且一般都不会系安全带。

由上述结果可以看出,在农村驾驶人中,与女性驾驶人相比较,男性驾驶人驾驶安全意识更为薄弱,且在驾驶过程中更容易出现不良驾驶行为。

8.2.4 学历水平对于驾驶行为的影响分析

表8-3列出了不同学历水平的农村驾驶人对自己驾驶能力评估、驾驶安全意识以及驾驶中不良驾驶行为的得分。从表中可以看出,在驾驶能力评估这类中,小学及以下学历水平的驾驶人对自己的驾驶能力评估得分最低,为3.89;而初中学历水平的驾驶人对自己驾驶能力的评估得分最高,为4.25分;高中及高中以上学历的农村驾驶人对自己驾驶能力的评估得分均为4.14。在对安全意识这一类调查中,高中学历的农村驾驶人得分最低,为2.88;小学及以下学历的农村驾驶人在此项上得分最高,为4.16。在不良驾驶行为这一维度上,高中以上学历的农村驾驶人得分最低,为3.06;初中学历的农村驾驶人得分最高,为3.89。

不同学历农村驾驶人驾驶行为调查平均值 表8-3

项　目	小学及以下	初中	高中	高中以上	总体
驾驶能力评估	3.89	4.25	4.14	4.14	4.16
安全意识	4.16	3.45	2.88	3.82	3.38
不良驾驶行为	3.12	3.89	3.45	3.06	3.58

从图8-5中可以比较直观地看到不同学历水平驾驶人在三类问题上的得分差异。在对自己驾驶能力的评估上,不同学历水平的驾驶人差异不大,他们均对自己的驾驶能力比较自信。而在安全意识这一维度上,高中学历的农村驾驶人安全意识明显要高于其他学历水平的驾驶人,学历最高与学历最低的农村驾驶人安全意识都较低。在不良驾驶行为这一维度上,初中学历的农村驾驶人最有可能出现不良驾驶行为,高中学历的驾驶人次之,小学及以下学历和高中以上学历的驾驶人出现不良驾驶行为的可能性最小。

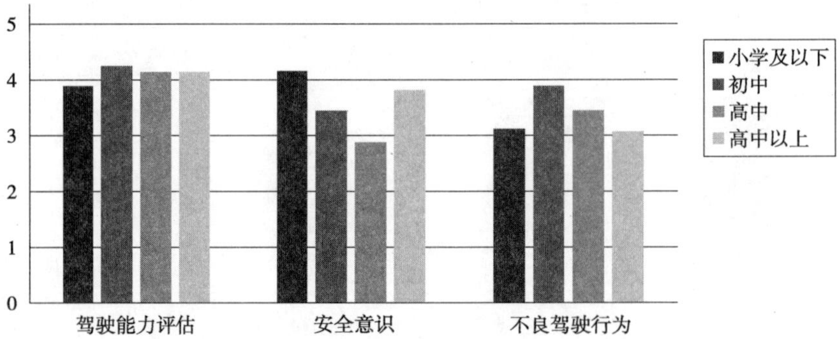

图8-5 不同学历农村驾驶人驾驶行为调查平均值差异

8.2.5　年龄对于驾驶行为的影响分析

表8-4列出了不同年龄段农村驾驶人在对自己驾驶能力评估、驾驶安全意识以及驾驶中不良驾驶行为上的得分。本次调查中，将农村驾驶人的年龄分为4段：30岁以下，30～40岁，40～50岁，50岁以上。在驾驶能力评估这一维度上，30～40岁的农村驾驶人得分最高，为4.33；50岁以上的驾驶人得分最低，为4.03。在安全意识这一维度上，30～40岁的农村驾驶人得分最低，为3.12；40～50岁的驾驶人得分最高，为3.65。在不良驾驶行为这一维度上，30～40岁农村驾驶人得分最低，为3.42；30岁以下农村驾驶人得分最高，为3.98。其中50岁以上农村驾驶人在安全带的使用上得分最高，为4.25，明显高于其他三个年龄组的得分。30岁以下的农村驾驶人在特殊路段减速的问题上得分最高，为4.64。

不同年龄段农村驾驶人驾驶行为调查平均值　　表8-4

项　　目	30岁及以下	30～40岁	40～50岁	50岁以上
驾驶能力评估	4.11	4.33	4.05	4.03
安全意识	3.34	3.12	3.65	3.57
不良驾驶行为	3.98	3.42	3.53	3.56

从图8-6可以比较直观地看出不同年龄段农村驾驶人在对自己驾驶能力评估、驾驶安全意识以及驾驶中不良驾驶行为上得分的差异情况。从图中可以看到，三个维度在不同年龄段的得分差异均不大。

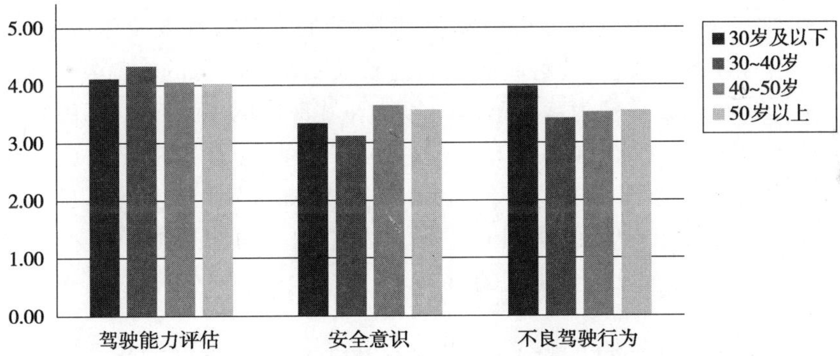

图8-6　不同年龄段农村驾驶人驾驶行为调查平均值差异

8.2.6　驾龄对于驾驶行为的影响分析

表8-5展示了不同驾龄农村驾驶人在对自己驾驶能力评估、驾驶安全意识以及驾驶中不良驾驶行为上的得分。本次调查将驾驶人的驾龄分为3段：5年以下（包含5年），5～10年（包含10年）及10年以上。在驾驶能力的评估这一维度上，5年以下驾龄的农村驾驶人得分最低，为3.95；10年以上的驾驶人得分最高，为4.48。在安全意识这一维度上，5年以下驾驶员的得分依然最低，为3.95；10年以上驾龄农村驾驶人得分最高为4.14。而在不良驾驶行为这一维度上三个驾龄段得分趋于一致。

不同驾龄农村驾驶人驾驶行为调查平均值 表8-5

项　　目	5年以下	5~10年	10年及以上	总　　体
驾驶能力评估	3.95	4.23	4.48	4.16
安全意识	2.92	3.50	4.14	3.38
不良驾驶行为	3.56	3.63	3.56	3.58

图8-7对三个维度上不同驾龄的农村驾驶人得分情况进行了对比。可以看出,在对自己驾驶能力的评估分数中,随着驾龄的增长而上升,说明随着驾龄的增长,驾驶人对自己对车辆的操控更为自信。在安全意识这一维度上,驾驶人的得分也随着驾龄的增长为上升,说明随着驾龄的增长驾驶人的安全意识反而下降。在不良驾驶行为这一维度上三种驾龄农村驾驶人的得分基本相当。

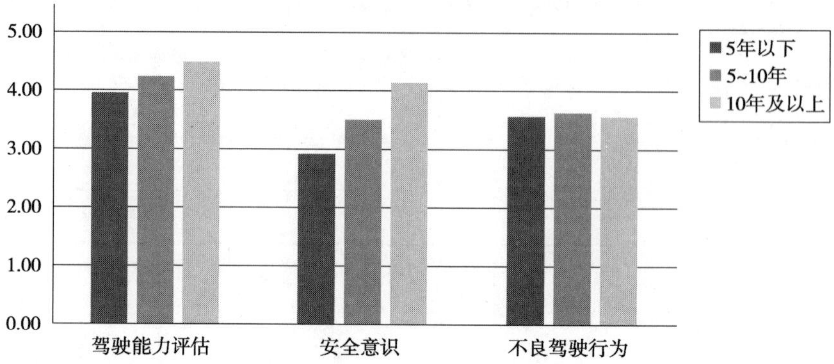

图8-7　不同驾龄农村驾驶人驾驶行为调查平均值差异

在对不良驾驶行为单个因素的分析中发现,驾龄低的驾驶人在安全带的使用上要好于驾龄高的驾驶人。且在超载问题上,驾龄高的农村驾驶人要比驾龄低的农村驾驶人更为严重,这可能与驾龄较高的农村驾驶人多为营运车辆的驾驶人,趋利的动机使得他们更倾向于超载。

通过上述分析可以看出,农村驾驶人普遍存在以下问题:首先是安全意识比较薄弱,对疲劳驾驶以及超载等对交通安全的危害的认识不够;其次是存在较多的不良驾驶行为,尤其是驾车时不系安全带及驾驶中用手机接打电话。由于对交通法规的了解不够,导致农村驾驶人在驾驶中经常会出现违规甚至违法的行为。

8.3　农村地区驾驶技能与安全意识提升改善技术

常规的驾驶技能和法规培训主要依靠驾驶员培训单位,驾驶人为了通过考试,一般只是应付了事,并未真正融入学习当中。近年来,结合交管部门宣教基地的建设,形成了一套防御性驾驶训练和沉浸式交通安全警示体验教育方法,对驾驶人驾驶技能与安全意识的提升改善卓有实效。

8.3.1　防御性驾驶训练教育方法

8.3.1.1　防御性驾驶概述

防御性驾驶起源于20世纪50年代美国人哈罗德·史密斯(Harold Smith)提出的"驾驶

不在于手和脚，而在于眼睛和头脑”的经典论述。因此，防御性驾驶又称“SMITH 系统”。

防御性驾驶是指驾驶人在行车过程中全面地观察驾驶环境，随时针对路况、车辆状况、行人及环境等信息进行分析、判断，准确地预测不确定的、潜在的危险因素并做出预估，及时采取避让、减速或停车等预防措施，避免发生交通事故。

防御性驾驶包括五大原则，分别是：放眼远方、留有余地、环顾四周、视线灵活、引人注意。其中环顾四周与视线灵活内涵较为接近，通常将其合二为一，各个原则的目的分别如下。

(1)放眼远方。放眼远方教会驾驶人建立三级距离感，准确判断安全间距、时距，及时采取适当措施保证行车安全。

(2)留有余地。留有余地教会驾驶人对周围车辆、行人或其他有可能影响本车驾驶的不安全因素保持足够的重视，根据路况动态采取必要措施，确保本车安全的驾驶空间。

(3)环顾四周、视线灵活。环顾四周、视线灵活教会驾驶人有意识地环顾周边，随时注意可能干扰本车安全的任何对象。

(4)引人注意。引人注意教会驾驶人有意识地引起或提示周围其他交通参与者的注意。

随着经济社会的发展，我国机动车保有量不断增加，驾驶人队伍不断壮大，道路交通事故发生率也居高不下。从事故原因分析发现，许多交通事故是可以避免的，关键是驾驶人是否掌握了有效的驾驶预防措施。防御性驾驶可以帮助驾驶人避免主动引起事故和被动卷入事故。因此，掌握并正确使用防御性驾驶技能对提高驾驶人素质，减少事故及事故隐患作用明显。

防御性驾驶的本质就是一系列连锁的事故预防方法体系，这些方法帮助驾驶人在繁忙交织的交通环境中正确地观察、思考并做出反应，不管路上的考验如何错综复杂，不管在什么地方驾驶，也不管驾驶什么车辆，都能做到提前观察、警觉，准确分析、判断，合理反应、操作。“驾驶在于眼睛和头脑”的论述，正是基于对行车中观察力、警惕性和思考决策能力的准确定位，因为视线永远先于车辆“抵达”前方，所以，及早发现险情、提前做好应对，给自己留有安全操作的时间和空间，永远都要比意外迫近时手忙脚乱更为稳健，也更为明智。

例如，当驾驶人行驶超越一辆停靠在路边的公共汽车时，如果驾驶人掌握了留有余地的防御性驾驶技能，预判到公共汽车前面很有可能会窜出刚下车的乘客，因此采取拉大与公共汽车的横向距离、降低车速、鸣笛等防范措施。这样的话，驾驶人就有足够的时间去应对紧急情况、有足够的空间距离去躲避危险。

总结来说，防御性驾驶的优势在于：

①防御性驾驶立足于构建和谐的交通关系；

②防御性驾驶注重的是整个交通环境系统的安全；

③防御性驾驶是从源头预防和制止不安全行为的思维方式；

④防御性驾驶是对驾驶人基本职业素养和稳定驾驶能力的更高层次的要求。

8.3.1.2　防御性驾驶训练方法

防御性驾驶训练采用分项训练、综合体验的方式进行，具体描述如图 8-8 所示。

针对防御性驾驶的放眼远方、留有余地、环顾四周、视线灵活、引人注意五大原则，结合复杂的交通环境以及频发的危险交通事件，设计 4 项训练方案：放眼远方训练、留有余地训练、环顾四周训练和引人注意训练。

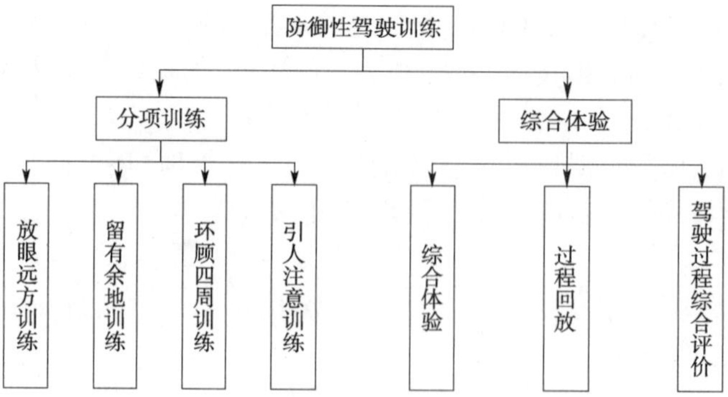

图 8-8　防御性驾驶训练方法

在分项训练的基础上，设计 1 段模拟驾驶场景，场景中包含典型防御性驾驶相关交通危险事件，为驾驶人提供综合的驾驶体验，并对体验者的模拟驾驶过程进行综合评价。

通过采用分项训练、综合体验的方式设计体验训练方案，可以使驾驶人更好地了解、学习和提高防御性驾驶技能。

(1)放眼远方训练。

在不同交通场景下进行不同时速的模拟驾驶，使体验者较为准确地掌握前方视野内车辆的距离、时距等信息，建立起三级时距区域感。在此基础上，能够采取适当的安全驾驶措施保证行车安全。

在模拟驾驶过程中，屏幕上给出必要的动态距离标识。视野区域被分为三个级别：3s 区域、6s 区域、15s 区域。不同视野区域内的交通对象与本车的时空交互信息，采用不同的颜色并以半透明的方式进行动态标识。

在虚拟交通环境中，值得注意的交通对象，如同向的车辆、附近的行人、信号灯等，采用信息标识框随动的方式进行提示。例如前方同向行驶的车辆，其车顶会有一个半透明的信息标识牌跟随车辆运行，信息内容包括：该车的速度、与本车距离、车头时距。标识牌的颜色随与本车时距不同而变化，以提示体验者注意时距，帮助体验者建立准确的距离感、建立三种视野范围区域感(图 8-9)。

图 8-9　防御性驾驶训练场景

在车流中设计相应的突发事件，通过这些事件加强体验者对车头时距及三级视野区域的认识。这些突发事件均与时距相关，例如：在高速公路上，左前车减速并向本车前方变道。在这些事件中，可疑交通参与对象均以高亮或闪烁方式显示，同时也带有时距、空间距离的标识。对于时距过近的车辆或交通参与者予以警告显示。

(2)留有余地训练。

在模拟驾驶过程中,训练体验者有意识地环顾周边,对车辆、行人或其他有可能影响本车驾驶的因素产生足够的重视,并根据路况动态采取必要措施,形成确保自身安全的行车空间。在交通环境中,设计相应的干扰本车正常驾驶的交通事件,从不同的角度和方位以不同类型的车辆或其他交通参与者不停地打破本车现有的安全驾驶空间,逼迫体验者不停地环顾四周,随时调整本车状态,以保持安全驾驶空间。

在模拟驾驶过程中,以本车为中心设计一个采用透明长方体表示的安全驾驶空间。当在此范围内无其他车辆或交通参与者时,驾驶空间表示体显示为绿色。根据本车及他车状态进行推算,数秒后有可能有他车侵入本车安全驾驶空间时,表示体的颜色将渐变为黄色,以提示驾驶人注意观察、保持空间。一旦有他车已经侵入本车的安全驾驶空间后,表示体颜色则变为红色(图 8-10)。

图 8-10 留有余地训练

(3)环顾四周训练。

在模拟驾驶过程中,训练体验者有意识的环顾周边、注意可能干扰行车的任何可疑对象。在交通环境中,设计相应的动态对象,其中有些对象的行为将干扰本车的正常驾驶,其他对象的行为对本车的正常驾驶并无影响。

真正的危险源对象的下方有明显标识,并以连线图的方式给出这些危险源对象的预测轨迹。其他的动态对象无标识及轨迹显示,以提示体验者哪些是真正的危险源,并及时做出响应(图 8-11)。

各类动态对象包括:

①路边行走的人群,跑动、嬉戏的儿童,跳广场舞的人群等(识别危险源及是否分散注意力);

②并行熟人的自行车,遇到障碍物电动车,载客乱窜的三轮车(识别非机动车常见危险动作);

③道路异常行驶(如 S 形行驶、醉驾等)的车辆,超载、超速的砂石车或停车场出来的车辆,路边停放起步的车辆(识别车辆危险源);

④路旁要倾倒的树(考察体验者是否会识别环境危险源);

⑤路边动态的 LED 广告屏,路边的事故

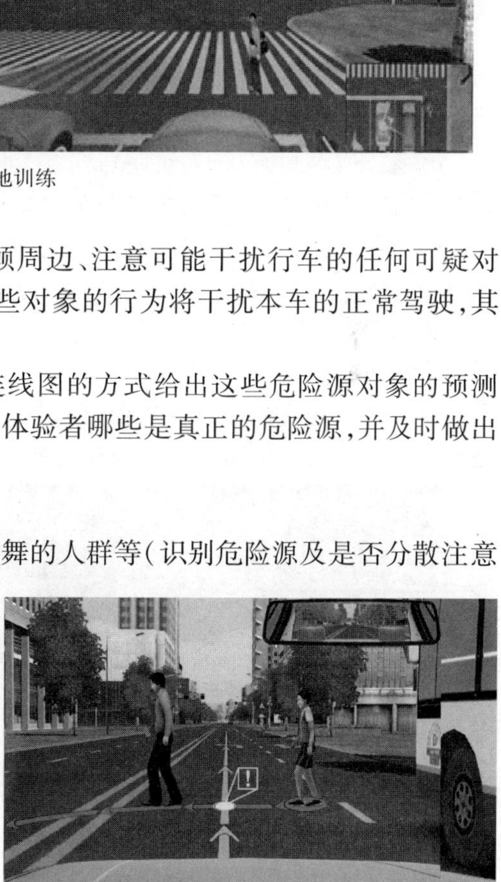

图 8-11 环顾四周训练

处理现场(考察体验者是否会分散注意力)。

(4)引人注意训练。

在模拟驾驶过程中,训练体验者有意识地吸引其他周围交通参与者的注意,所采用的交流方式主要包括灯光操作、鸣笛等。

这些交通参与者包括其他车辆、行人或非机动车,通过对于需要吸引注意的典型场景进行模拟。

①这些典型场景包括本车行为可能影响其他正常行驶的车辆,如:

a. 进入T形路口;

b. 从支路、辅道汇入主道车流;

c. 其他车辆并线后跨多车道并线;

d. 在光照不良的道路环境中使用灯光,让其他车辆辨识。

②另一类是与行人或非机动车的交互,如:

a. 有行人边玩手机边横穿公路;

b. 多辆非机动车并行行驶聊天阻挡道路。

③在模拟驾驶过程中添加相应的交通事件,通过训练体验者对于交通事件的处置方式,增强体验者在驾驶过程中与其他道路使用者的信息沟通:

a. T形路口鸣笛(高亮显示鸣笛的标志牌);

b. 从辅道或支路汇入主道车流;

c. 雨雾天气开近光灯;进隧道,开灯;

d. 前方道路中,有行人玩手机横穿公路(非人行横道区域);

e. 前方道路上,有多辆非机动车边聊天边并行,阻挡道路;

f. 公路上语音要求在路边停车处理车辆故障,画面提示打右转灯,画面提示停在应急车道打双闪灯。

在模拟驾驶过程中,当体验者需要引人注意时,系统从两个方面给出提示信息,一方面是视景画面的提示,可考虑显示必要的提示信息,如交通参与者的视野范围的动态显示,以提示本车驾驶人其他参与者是否感知到了本车的行车意图。另一方面是语音或声音提示,提醒本车驾驶人做出引人注意的相应操作(图8-12)。

图8-12　引人注意训练

(5)综合体验。

设计一段模拟驾驶体验路线,在模拟驾驶行车的过程中添加相关的交通危险事件,通过评估驾驶人对于交通危险事件的处置方式,考核驾驶人对于防御性驾驶技能的掌握程度。完成规定的驾驶任务后,系统会以防御性驾驶四个方面为主要考核标准对驾驶人的防御性驾驶技能掌握程度进行评分。

8.3.2 沉浸式交通安全警示体验教育技术

沉浸式的交通安全警示体验教育是通过典型事故案例影片还原再现,实现典型交通事故进行三维立体再现,并通过立体投影影像画面,配合环境仿真特效系统、音效模拟设备,为观众构建一个沉浸式、融入式的事故案例警示教育观影平台或教育课堂,由观众佩戴立体眼镜观看事故影片,真实体验事故发生过程,达到身临其境的目的,最终达到深刻的警示效果与教育目标。

8.3.2.1 典型事故警示教育案例选取

为了更好地把握当前农村地区驾驶人的交通安全宣教重点,切实贴合农村地区交通参与者交通安全宣教需求,所选案例要求驾驶人存在明显违法行为,事故发生人物、车辆、场景、过程等基本信息明晰,事故后果严重,社会影响恶劣。所选案例的驾驶人违法行为、肇事车辆特征、事故道路路段应能准确表现当前农村地区低等级公路道路交通环境,使观看者尽快融入影片环境中(表8-6)。

训练案例内容推荐 表8-6

案例类型	需重点表现内容	需收集信息内容
超速行驶肇事导致的交通事故	1.高速行驶引起的视觉效果; 2.出现紧急情况时的车辆较难控制现象等	人、车、路基本信息:事故发生时间、地点、天气、事故现场路面情况、道路交通流情况、事故车辆信息(品牌型号)、事故车辆驾驶人信息; 事故发生过程信息:事故车辆行驶路线信息、事故车辆行驶速度信息、驾驶人采取措施信息; 事故后果信息:死伤人员信息、事故车辆驾驶人处置信息、死伤人员家属信息等
微型面包车肇事导致的交通事故	1.微型面包车超速行驶引起的视觉模糊效果; 2.微型面包车超员、超载行驶引起的车辆操控难度变大现象; 3.通过窄路、操控不当现象等; 4.非法改装车辆,违法使用做校车等	人、车、路基本信息:事故发生时间、地点、天气、事故现场路面情况、道路交通流情况、事故车辆信息(品牌型号)、事故车辆驾驶人信息; 事故发生过程信息:事故车辆驾驶人血液酒精含量信息、事故车辆行驶路线信息、驾驶人采取措施信息; 事故后果信息:死伤人员信息、事故车辆驾驶人处置信息、死伤人员家属信息等
摩托车肇事导致的交通事故	1.超员、超载行驶引起的车辆操控难度变大现象; 2.超速行驶引起的视觉效果等; 3.急转、急停、随意变道等现象	人、车、路基本信息:事故发生时间、地点、天气、事故现场路面情况、道路交通流情况、事故车辆信息(品牌型号)、事故车辆驾驶人信息; 事故发生过程信息:事故车辆驾驶人连续驾驶时间或者驾驶前休息情况信息、事故车辆行驶路线信息、驾驶人采取措施信息; 事故后果信息:死伤人员信息、事故车辆驾驶人处置信息、死伤人员家属信息等

8.3.2.2　三维立体影片策划和制作

根据交通事故三维立体动画制作的相关因素，为达到理想的警示教育片制作效果，要求人物、环境、车辆能真实还原事故发生场景。

针对交通事故的策划应基于达到最佳教育效果的原则，依据教育心理学，拟定每集影片事故再现的时间，以 3min 左右为宜。针对每一起案例，研究确定需要突出和亮化的点，在事故发生过程阶段考虑从事故车辆驾驶人和旁观者两个视角表现，事故后果通过真实图片和旁白/文字来表现（图 8-13 ~ 图 8-16）。

图 8-13　车辆三维建模

图 8-14　场景建模效果图

图 8-15　碰撞特效展示

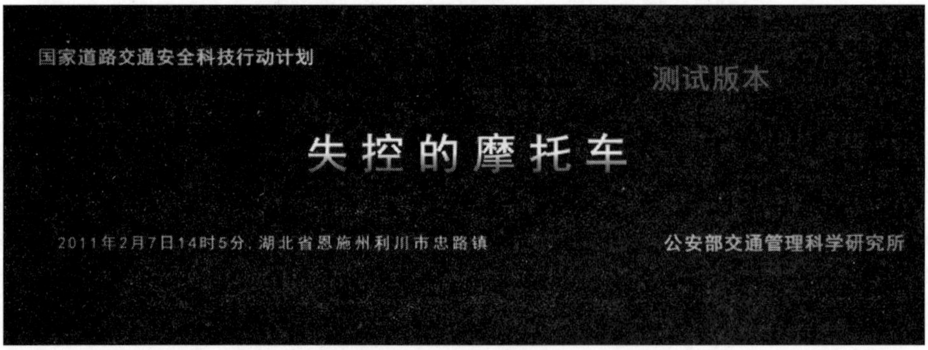

图 8-16　影片初始旁白

三维立体影片配合座椅撞击、抖动、下坠，面部吹风、雾水，脚部吹风等硬件交互真实还原体验者感受，给之以身临其境的感受，达到深刻的警示效果与教育目标(图8-17)。

图8-17　动感体验效果

参 考 文 献

[1] 中华人民共和国国家标准. GB 5768.2—2009　道路交通标志和标线 第2部分:道路交通标志[S]. 北京:人民交通出版社,2009.

[2] 中华人民共和国国家标准. GB 5768.3—2009　道路交通标志和标线 第3部分:道路交通标线[S]. 北京:人民交通出版社,2009.

[3] 中华人民共和国行业标准. JTG B01—2003　公路工程技术标准[S]. 北京:人民交通出版社,2003.

[4] 中华人民共和国行业标准. JTG B05—2015　公路项目安全性评价规范[S]. 北京:人民交通出版社股份有限公司, 2015.

[5] 中华人民共和国行业标准. JTG B05 - 01—2013　公路护栏安全性能评价标准[S]. 北京:人民交通出版社,2013.

[6] 中华人民共和国行业标准. JTG D20—2006　公路路线设计规范[S]. 北京:人民交通出版社,2006.

[7] 中华人民共和国行业标准. JTG D81—2006　公路交通安全设施设计规范[S]. 北京:人民交通出版社,2006.

[8] 中华人民共和国行业标准. CJJ 152—2010　城市道路交叉口设计规程[S]. 北京:人民交通出版社,2010.

[9] 交通部公路司. 公路安全保障工程实施技术指南. 北京:人民交通出版社,2007.

[10] 交通运输部公路局. 公路安全生命防护工程实施技术指南(试行). 北京:人民交通出版社股份有限公司,2015.

[11] 交通部公路司. 新理念公路设计指南. 北京:人民交通出版社,2005.

[12] 侯德藻,刘颖,于海霞. 公路路侧安全与防护技术[M]. 北京:人民交通出版社,2012.

[13] 杨少伟. 道路勘测设计[M]. 2版. 北京:人民交通出版社, 2008.

[14] 王松根, 高海龙. 平原地区安全保障工程设计手册[M]. 北京:人民交通出版社,2008.

[15] 贺玉龙,孙小端. 公路速度限制与速度控制技术[M]. 北京:人民交通出版社, 2011.